미중경제전쟁과 한국

미중경제전쟁과 한국

경제안보의 부상, 위기와 기회

손열 · 이승주 편

목차

책을 펴내며   007

서장   경제적 상호의존과 국가안보의 균형   011
       손열: 연세대학교/동아시아연구원

제1부 산업부문별 대응

제1장   반도체 산업 재편과 한국의 대응 전략   035
       배영자: 건국대학교

제2장   전기차 배터리 공급망 재편과 핵심광물 확보방안   065
       김연규: 한양대학교

제3장   중국 전기자동차(EV) 산업의 부상과
       한국의 경제안보에 주는 함의   096
       이왕휘: 아주대학교

제4장   미중 전략 경쟁 속 금융 상호의존 강화:
       패러독스 혹은 무기화의 서막?   127
       이용욱: 고려대학교

제5장   미중 전략 경쟁 속 군사인공지능의 정치경제   157
       전재성: 서울대학교

제2부 주요국별 대응

제6장 미-중 기술패권 경쟁에 따른 미국과 유럽연합의 경제안보 정책   191
이효영: 국립외교원

제7장 중국의 경제안보: 개념과 전략   213
김용신: 인하대학교

제8장 지정학/지경학의 이중 도전과 한국의 경제안보 전략 연속성과 변화   233
이승주: 중앙대학교

일러두기
본문에서 필자가 인용한 문헌은 해당 내용 끝 괄호 안에 저자와 발표 연도를 표기하여 제시하였고, 각 장별 참고 문헌에 그 서지 사항과 출처를 명기하였다.

책을 펴내며

지구화(globalization)가 지구촌의 경제적 번영을 이끌었던 시대가 지나가고 보호주의와 자국우선주의, 포퓰리즘이 횡행하는 뉴노멀(new normal)이 등장하면서 한국은 시련의 와중에 있다. 2017년 미국우선주의를 내걸고 TPP에서 탈퇴를 선언한 트럼프 정권은 한국을 한미 FTA 재협상으로 압박하고 무역법 232조(국가안보조항)을 들어 철강과 알루미늄 수입에 관세장벽을 부과하여 충격을 주었다. 보다 큰 도전은 2018년 개시한 미중무역전쟁이었다. 미중 양국은 관세조치를 상호 부과하면서 대립하였고 첨단기술과 산업을 지목, 기술패권 경쟁에 돌입하여 세계경제의 분단(디커플링)을 이끌었다.

2020년대 들면서 미중경쟁은 무역전쟁으로부터 국가안보와 연계되는 전략경쟁으로 확대되었다. 바이든 정권은 트럼프 정권의 대중강경노선을 계승하여 중국을 미국주도 국제질서 건축에 유일한 경쟁상대로 지목하고, 군사전용이 가능한 첨단기술의 유출방지와 중요 전략물자의 확보를 위해 수출통제, 대미투자 심사 강화, 화웨이 등 중국기업의 정부조달 금지, 공급망의 회복탄력성 강화책을 발표하고 반도체-과학법, 인플레감축법 등을 통해 동맹국과 파트너국과 연대를 도모하며 중국경제의 분리를 가속화하였다.

이에 대해 중국은 신뢰할 수 없는 엔티티리스트(entity list), 수출관리법, 외상투자안전심사법, 반외국제재법 등 미국과 동일한 규제

조치로 맞받아쳤고, 내수 확대에 의해 미국시장에 대한 의존 축소를 추진하여 미국의 디커플링 전략에 대항하고자 했다. 나아가 2022년 공산당 제20차 당대회에서 시진핑 주석은 미국의 공급망 차단 전략에 대한 반격력과 억지력을 구비하는 과학기술의 "자립자강"의 공급망 전략을 내세웠다.

이렇듯 미중의 분단과 대립은 한국에 거대한 도전으로 다가왔다. 한국에게 미국과 중국은 양대 교역국이고 초국적 공급망을 구성하는 핵심 파트너인 동시에 안보적으로 사활적인 대국이다. 이 두 대국으로부터 한국은 한편으로 디커플링의 압력(즉, 미국으로부터 한국의 대중 디커플링 요구), 다른 한편으로는 경제강압의 압력(즉, 한국의 대미 경사에 따른 중국의 경제 보복)이란 이중의 압력에 처해 있다. 그리고 무엇보다도 그 사이에서 한국 경제의 생명선인 반도체와 자동차의 경쟁력 유지란 절대절명의 과제를 안고 있다.

미국은 한편으로 안보와 인권 및 가치를 공유하는 신뢰할 수 있는 국가간에 공급망을 구축하는 이른바 "프렌드쇼어링(friend shoring)"을 제창하여 한국 등 동맹국과 파트너국을 편입하고자 하는 동시에, 중국과의 디커플링을 우려하는 이들을 달래기 위해 이른바 "디리스킹(de-risking)"을 천명하였다. 중국과 경제적 상호의존 관계 자체는 유지하되 관계구조 내 의존이나 불균형에서 나오는 리스크의 시정 혹은 감축을 목표로 하는 개념이라 할 수 있다. 그럼에도 불구하고 국가안보 리스크를 어떻게 정의하고 그 범위와 대응 강도를 어떻게 설정하는가에 따라 한국에 대한 디커플링 압력이 좌우될 것이다.

이 책은 미중경제전쟁이 한국에 주는 영향과 한국의 대응을 다루고 있다. 미중 전략경쟁에 의해 점증하는 지정학적 리스크(혹은 국가안보 리스크)로 혼란에 처한 세계경제질서의 현상과 과제, 그리고 경제적 상호의존과 국가안보 관계를 규정하는 디리스킹 전략의 결과로 한국은 어떠한 영향을 받고 있으며 어떻게 대응해 왔는지를 규명하고자 한다. 경제적 상호의존과 국가안보 관계에 대한 이론적 검토와 미중경제전쟁의 추이를 개관한 후, 제1부에서는 산업부분의 사례분석을 다루고 있다. 제1장(배영자)는 반도체, 제2장(김연규)은 배터리와 핵심광물, 제3장(이왕휘)는 자동차(EV), 제4장(이용욱)은 금융, 제5장(전재성)은 군사인공지능을 핵심사례로 하여 미중전략경쟁과 한국의 대응을 분석하고 있다. 이어 제2부는 주요국의 경제안보 대응을 다룬다. 제6장(이효영)은 미국과 EU, 제7장(김용신)은 중국, 그리고 이 책의 결론 파트인 제8장(이승주)은 한국의 경제안보정책의 연속성과 변화를 추적하고 있다.

지난 2022년 10월 EAI 국제정치경제 패널의 8인의 필자는 매월

공부모임을 통해 기존연구문헌을 검토하며 문제의식의식을 가다듬었고, 집필주제를 나누어 연구를 수행해왔다. 이 책의 공동편집자인 이승주 중앙대 교수는 기획부터 출판까지 전 과정을 함께 하였다. 그의 헌신과 봉사에 깊이 감사드린다. 공부와 집필 과정에서 심예나 EAI 인턴장학생이 많은 수고를 하였고, 편집과정에서는 이주연 연구원의 도움이 컸다. 끝으로 이 책은 해석 정해영 선생 장학문화재단의 정재문 이사장의 재정 후원으로 이루어졌다. 깊이 감사드린다.

인왕산이 내다보이는 서재에서
손열

서장

경제적 상호의존과 국가안보의 균형

손열 | 동아시아연구원 원장, 연세대학교 교수

I. 들어가며

세계에서 가장 중요한 양자관계인 미중관계가 전략적 경쟁 상태로 돌입하면서 경제적 상호의존과 국가안보의 관계에 대한 이론적, 실천적 관심이 분출하고 있다. 21세기 들면서 양국간 교역과 투자의 지속적 확대는 양국뿐만 아니라 세계경제 성장의 동력이었던 반면, 미중 전략 경쟁이 가속화하면서 상호의존의 축소나 절단, 이른바 디커플링(decoupling) 시도가 곳곳에서 일어나고 있다. 미국과 중국은 서로에 대해 관세 장벽을 높이고 투자를 제한하며 주요 기술의 통제를 확대하고 있다. 그 여파는 양국 경제뿐만 아니라 양국과 긴밀한 경제 관계에 있는 제3국들에도 몰아치고 있으며 지구촌의 안전과 번영을 위협하고 있다. 과연 미중 양대국간에 경제적 상호의존과 국가안보 경쟁은 양립할 수 있는가? 경제적 상호의존은 어떻게, 어느 정도 안보 갈등을 야기하는가? 경제와 안보가 서로 연계되어 있다면 그 국제적, 국내적 기반은 무엇인가? 경제-안보 연계의 강도와 방향은 변화하는 것인가? 미중의 경우 향후 변화의 방향은 디커플링 쪽인가?

한국에게 미국과 중국은 양대 교역국이고 초국적 공급망을 구성하는 핵심 파트너인 동시에 안보적으로 사활적인 대국이다. 따라서 양국간 전략 경쟁이 무역전쟁과 기술전쟁으로 비화하는 경우 한국에 주는 경제적, 전략적 딜레마는 가중될 수 밖에 없다. 이미 한국은 2010년대 미중 전략경쟁이 점증하는 속에서 미국의 환태평양 경제 동반자 협정(Trans-Pacific Strategic Economic Partnership: TPP) 교섭 참가 요청에 중국의 반발을 고려하여 소극적으로 임했고, 중국의 아시아인프라투자은행(Asian Infrastructure Investment Bank: AIIB) 참가 요청에 미국의 반대를 우려하여 마지막 단계까지 유보적 입장을 보였으며, 미국의 사드(Terminal High Altitude Area Defense: THAAD) 체계 도입에 따른 중국의 경제 보복을 감수해야 했다(Sohn 2019). 최근 전략산업부문에서 중국 의존도 저하를 꾀하는 미국의 〈인플레감축법(Inflation Reduction Act: IRA)〉과 〈반도체·과학법(CHIPS and Science Act)〉 실시에 따라 한국은 중국과의 경제적 상호의존의 감축을 요구받고 있다.

이 글은 미중 경제전쟁의 성격과 향배를 분석하는 차원에서, 먼저 경제-안보 연계(nexus), 보다 구체적으로 경제적 상호의존과 국가안보 관계에 대한 이론적 검토를 한 후 2010년대 중반 이래 미중 경제관계를 사례로 하여 그 변화의 흐름을 추적하고, 미중 디커플링과 디리스킹(de-risking) 논쟁을 통하여 한국에 주는 실천적 함의를 제시하고자 한다.

II. 경제적 상호의존과 국가안보 관계

21세기 들어 신자유주의적 지구화(neoliberal globalization)이 진전되면서 국경을 횡단하는 자본, 상품, 서비스, 정보, 인적자원의 흐름(flow)을 통해 공급망(supply chain)은 지구적 범위로 확대와 심화를 거듭해 왔고, 국가들은 경제적 상호의존 관계의 네트워크에 편입되었다. 동시에 경제적 상호의존의 수혜가 불균등하게 나타나면서 승자와 패자가 등장하여 대내적, 대외적 정치갈등이 일어났다. 빈부격차와 재분배를 둘러싼 사회적, 정치적 갈등이 만연하면서 외부로부터 적을 찾아 대립하는 경우도 나오고 있다(Eichengreen 2018). 한편, 미국의 상대적 쇠퇴와 중국의 부상은 강대국 전략경쟁으로 이어져 국가안보를 위해 경제적 상호의존을 조절, 활용, 남용하려는 유인이 커지는 계기를 마련했다. 특히 국가간 경제적, 전략적 우위를 점하는 데 사활적인 첨단기술은 민군 겸용 기술의 성격을 띠고 있어서 지정학적 차원에서 이를 보호, 육성하고 우위를 지키는 과제가 중차대한 전략적 도전으로 등장했다.

이렇듯 지구화, 전략경쟁, 기술 진보에 따라 경제-안보 연계, 보다 구체적으로 경제적 상호의존과 국가안보의 연계 문제가 현실적으로 중요해 지고 있다.[1] 경제적 상호의존과 국가안보 관계에 대해서는 두 가지 이론적 입장이 있다. 이른바 자유주의적 전통에서는 경제적 상호의존의 진전이 정치적 협력관계를 추동한다고 본다(Doyle 1997, Ch. 8; Oneal and Russett 1997). 무역과 투자가 증가할수록 민간 행위자 및 국가 행위자 수준의 접촉과 소통이 빈번해져서 정치적 협력의 환경을 만들어낸다는 것이다. 보다 세련된 논거는 외국과의 경제적 거래가 경제적 이득을 창출하게 되면 이해관계자들이 그 국가와의 정치적, 군사적 협력을 지지한다는 것이다. 이들은 정치적 리스크나 갈등이 무역으로부터 얻는 이득을 위협하기 때문에 정책결정자에게 정치적, 군사적 갈등을 회피하도록 압력을 가한다는 것이다. 요컨대, 자유주의 주장의 핵심은 자유롭고 개방된 경제질서가 국가안보 혹은 국제안보관계의 유지에 기여한다는 것이다(Keohane 1990).

이에 반해 현실주의적 전통에서는 경제 접촉의 증가가 안보갈등의 유인이 된다는 것, 따라서 국가는 대외교역을 축소할 정치적 명분을 갖는다는 입장을 견지한다. 대표적으로 길핀(Gilpin 1981)은 무

---

[1] 경제적 상호의존과 국가안보 관계에 관한 연구사 검토는 Robert Gilpin, 1977, "Economic Interdependence and National Security in Historical Perspective", in Klaus Knorr and Trager, *Economic Issues and National Security* 19-66; Michael Mastanduno, 1998, "Economics and Security in Statecraft and Scholarship", *International Organization* 52:4, 825-54; Rawi Abdelal, and Jonathan Kirshner, 1999/2000, "Strategy, Economic Relations and the Definition of National Interests", *Security Studies* 9:1/2, 119-156; Jean-Marc Blanchard et al. (eds.), 2000, *Power and Purse: Economic Statecraft, Interdependence and National Security* New York: Frank Cass; Edward Mansfield and Brian Collins (eds.), 2003, *Economic Interdependence and International Conflict* Ann Arbor: University of Michigan; Victoria Pistikou, 2017, *Economic Interdependence and National Security* London: Lap Lambert; Mikael Wigell, Soren Schovin, and Mika Aaltola (eds.), 2019, *Geo-economics and Power Politics in the 21th Century* London: Routledge 등이 있다.

역(혹은 경제적 상호의존)의 이득은 국가간에 불균등하게 배분되며, 이는 국가간 권력관계를 변화시키고 군사갈등의 원인이 된다고 보았다. 즉, 상호의존이 초래하는 비경제적 외부효과 때문에 국가들은 상호의존을 선택적으로 추구한다는 것이다(Grieco 1988; Gowa 1994). 구체적으로 허쉬만(Hirschman 1945)은 『국력과 대외교역의 구조(National Power and the Structure of Foreign Trade)』란 명저에서 비대칭적 상호의존의 정치적 결과를 분석하면서 강압효과(coercion effect)와 영향효과(influence effect)란 개념을 제시하였다. 전자는 비대칭적 상호의존 관계 속에서 덜 의존적 국가가 보다 의존적 국가에 행하는 경제 강압의 효과를 말하며, 후자는 비대칭적 상호의존이 사회 행위자의 경제적 유인을 변화시켜 국내정치에 영향을 미치고 나아가 국가이익을 재정의하게 만드는 효과를 말한다. 요컨대, 자국 경제가 대외적으로 의존할수록 거래 흐름(flow)의 연결이 차단될 경우 피해가 커지게 되므로, 상대방의 이득에 민감하고 자국의 취약성(vulnerability)을 인식하여 외교정책을 바꾼다는 것이다.

여기서 중요한 것은 정치·안보적으로 민감한 사안이 되는 대외 거래 흐름의 연결성(connectivity)이다. 연결성이 안정적으로 보장되는 경우 국가는 경제적 상호의존과 국가안보 이익을 양립할 수 있다. 연결성을 보장하는 튼튼한 국제레짐(예컨대 자유무역협정)이 존재하는 경우, 정치적 갈등에도 불구하고 경제 상호의존이 유지되는 이른바 '정경분리'가 지켜질 수 있는 것이다. 반면, 연결성이 취약할 경우, 경제적 상호의존과 국가안보는 상호 배치 상태가 되어 지정학적, 정치적 이익을 위해 경제적 이익을 희생하거나, 혹은 경제적 이득의 확대를 위해 지정학적, 정치적 이익을 타협해야 한다. 나아가, 파렐(Farrell)과 뉴먼(Newman)이 지적하듯이 특정 국가는 상대국의 취약성을 활용/착취할 수 있는 위치에서 경제수단을 '무기화'하여 상대국의 외교정책에 영향을 미친다(Farrell and Newman 2019). 이들은 상호 연결성이 높은 지구 공급망에서 차지하는 우월적 위치를 활용하여 타국의 급소(chokepoint)를 공략한다.

상호의존의 무기화는 이른바 지경학(geoeconomics)의 주요 수단이다. 지경학이란 지정학적 목표 성취를 위해 경제적 수단을 사용하는 것을 말한다. 볼드윈에 따르면 외교정책적 목표를 추구하기 위하여 경제적 수단을 선택하는 '경제 책략(economic statecraft)'이기도 하다(Baldwin 1985). 2010년대 이래 국제정치에서 지경학이 전면 부상한 배경에는 신자유주의적 지구화의 진전과 그에 대한 반작용이 자리하고 있다. 지구화에 따른 상호의존의 증가는 관련 행위자들에 이득을 가져다주는 동시에 의존의 비대칭성을 초래하고 있어, 특정국이 이를 전략적으로 활용할 유인이 커지게 된 것이다. 블랙웰(Blackwell)과 해리스(Harris)는 지경학적 권력이 외교무대의 주요 수단이 되었음을 강조하면서 특히 국가자본주의적 성격을 갖고 있는 중국, 러시아 등이 국유기업과 국부펀드의 위력을 활용하여 세력권을 확대하는 전략을 추구하고 있음을 지적한 후 미국의 지경학적 전략대응을 요구하고 있다(Blackwell and Harris 2017).

여기서, 상호의존의 무기로서 수출규제나 수입규제, 금융제재 발동은 자국 기업이나 소비자의 경제활동에도 제한을 가하는 것이기 때문에 특정 집단의 경제적 손실을 초래한다. 예컨대, 미국이 중국에 제재를 가하는 경우 중국과 거래 비중이 큰 미국기업은 자국 정부에 손실을 탄원하게 된다. 이에 정부는 지경학적 수단, 구체적으로 연결성의 차단과 같은 상호의존의 무기화를 정당화하기 위해 타국의 위협을 강조하고 민족주의를 환기하며 국가안보적 목표를 부각한다. 여러 경제적 조치를 경제안보(economic security)란 이름으로 정당화하는 것이다.

본래, 경제안보란 외부의 '경제적 리스크'에 대해 가용한 여러 경제적 수단을 활용하여 국민의 생명과 재산, 사회질서, 영토 보전을 확보하는 것이라 정의할 수 있다. 여기서 경제적 리스크란 한 국가의 경제에 주는 충격 혹은 경제를 해치는 요인들이 군수산업이나 기간산업, 법질서, 정치적 안정 등에 실질적인 위험을 주는 경우이다. 전통적으로 재해나 재난이 여기에 해당한다. 3.11 동일본 대지진이나 코로나 19 팬데믹, 러시아-우크라이나 전쟁 등은 원자재 수급 곤란이나 공급망 교란을 야기한 리스크로 꼽을 수 있다. 1997년 외환위기나 2008년 리먼 사태 등 금융위기도 '국가 부도'라는 체계적 위기를 불러오는 경제 리스크의 원천이다. 한편, 오늘날 경제안보를 소환하는 새로운 원천은 바로 국가의 행위이다. 국가는 정치적, 경제적, 전략적 이익을 위해 타국에 경제적 압박이나 유인책을 구사하여 정책 변경을 강요, 유도한다. 이렇듯 타국의 위협에 대한 방어로서 경제안보가 대두되는 것이다. 나아가 강대국들은 경제안보 개념을 보다 적극적이고 확장적으로 정의하여 여러 지경학적 수단을 안보 논리로 포장하고 있으며, 이에 따른 일본과 한국 등 제3국의 경제안보

대응을 추동하고 있다(Lee 2024).[2]

그렇다면 지경학적 수단의 전략적 효능, 혹은 상호의존 무기화의 실효성은 어떠한가? 여러 연구들은 대외 거래 흐름의 연결성에서 나오는 의존(dependence)과 취약성(vulnerability)의 동학을 분석해 왔는데, 국가간 영향력 효과나 강압 효과는 경제력의 강약보다는 취약성의 정도에 달려있으며, 취약성의 정도는 상호의존의 구조와 유형에 달려있다고 본다. 다시 말해서 경제적 상호의존이 국가안보에 주는 영향은 당사자간 무역의 규모보다는 공급망의 결합도, 네트워크의 양태(네트워크상 위치), 재화의 대체 가능성(대체 공급원 유무, indispensability), 시장의 크기(시장의 대체 가능성), 시장접근 상의 규제와 표준 등 구조적 장벽, 기축통화 의존도 등 다양한 측면에서 연결성의 결과로 나타난다. 또한 상대국의 영향력 행사가 자국에 주는 고통에 저항하는 정도의 차이를 가져오는 정치적 변수도 중요하다. 예컨대 상대국의 국가성(stateness) 즉, 국가 자율성, 국가능력, 정당성(legitimacy) 등이 높을수록 의존과 취약성이 낮아진다는 것이다 (Blanchard et al. 2000). 그렇다면 미중관계는 어떠한가?

---

[2] 미국 국가안전보장전략(National Security Strategy) 2017은 경제안보의 정의를 "국가안보의 주 요소로서 경제적 활력, 번영, 성장을 유지하는 능력"으로, 국방부는 "미국의 경제적 이익을 보호하거나 발전시켜 비경제적 도전을 물리칠 수 있는 물질적 자원을 소유하는 능력"으로 하여 적극적이고 공세적 개념을 부여하고 있다. 중국도 '총체적 국가안보관'에 입각하여 "국가 경제의 지속적 발전을 유지할 수 있는 상황과 능력"으로 경제안보 개념을 정의하고 있다. 양대국은 사실상 국가안보의 기반으로 경제안보를 정의하고 국가가 국제경제거래에 광범위하게 개입하고 타국에 경제적 위협을 가할 수 있는 명분을 마련하였다(The White House 2017).

III. 미중 경제관계

중국이 경제대국으로 발돋움한 과정은 미국과의 상호의존의 심화 과정이라 할 수 있다. 중국은 2001년 세계무역기구(World Trade Organization: WTO)에 가입한 이래 무역대국으로 도약하였고 국제분업 네트워크에 깊숙이 편입되었다. 2001년 세계 수출 비중이 4%에 불과했던 중국은 2018년 15%를 차지하여 세계 최대 무역국이 되었고 같은 기간 1인당 GDP는 4배로 불어났다. 이러한 성장의 배경에는 수출을 흡수해 주는 거대한 미국시장이 있었다. 미국의 대외무역에서 중국이 차지하는 비중은 수출의 경우 2.1%에서 7.3%, 수입은 8.3%에서 21.1%로 크게 증가하였고, 중국의 대외수출에서 대미 수

〈그림 1〉 미국의 대중무역, 1985-2018

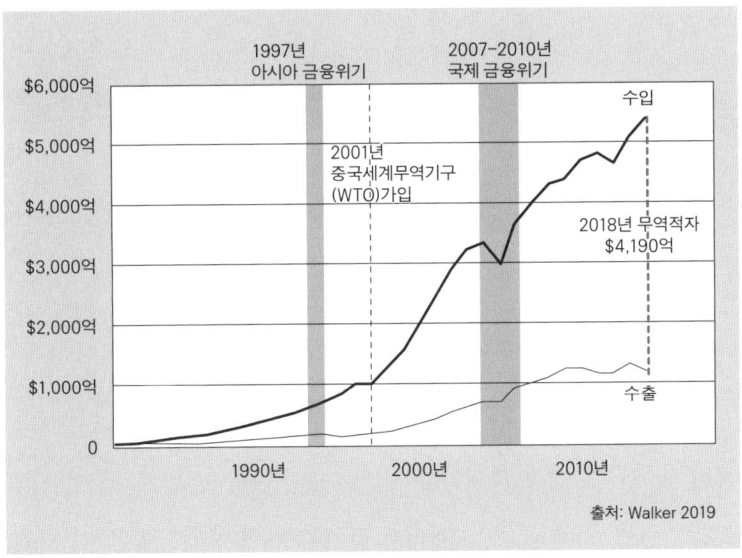

출처: Walker 2019

출은 2001년 6.5%로부터 2018년 16.3%로 증가하였다(〈그림 1〉 참고).

수출품목은 초기 섬유, 직물, 피혁, 완구, 잡화류 등 경공업 제품 중심에서 컴퓨터 등 전기 기기와 정밀기기 등으로 바뀌었고, 제품 수출 중 중국에 거점을 두고 있는 외국자본이 차지하는 비중은 2020년 42.9%에 이르렀다. 이들은 중국에 생산거점을 확보하여 조립, 제조한 "Made in China" 제품을 미국에 대량 수출하는 가공무역을 하고 있다. 애플(Apple)의 사례처럼 자사가 설계한 주요 부품을 일본, 한국, 대만 기업에게 위탁생산하고 최종 조립은 중국에 있는 기업에 아웃소싱하는 구조이다. 애플과 같이 중국의 대미 수출 중 미국계 기업이 차지하는 비중은 2018년 23.1%에 이르는 것으로 분석되고 있다(田村太一 2022, 40). 이처럼 미중무역관계는 복합적 상호의존 패턴이 심화되어 왔다.

미중 경제 상호의존은 미국의 대중(對中) 관여정책에 의해 지지되었다. 빌 클린턴 정부 이래 미국은 세계화 전략 추진 하에 중국을 국제사회에 편입하고 공통이익을 추구하며 중국의 자유화를 유도하는 건설적 관여정책을 지향하였다. 중국을 아시아태평양경제협력체(Asia-Pacific Economic Cooperation: APEC)와 WTO 등 미국 주도 국제질서에 미국 주도 국제질서에 편입시키는 등 다자주의와 외교, 국제제도, 경제적 관여를 중시하는 자유주의 입장에 선 것이다(Miller 2017).

미중 경제 관계가 대전환의 순간을 맞이한 때는 2018년이다. 대통령 선거기간 대중 무역적자 삭감을 공언했던 트럼프는 취임 직후 2017년 4월 중국과 100일계획에 합의하여 적자 삭감에 나선 한편,

2018년 행정명령으로 중국 제품에 대규모 보복관세를 부과하였고, 중국이 맞보복으로 대항하자 무역전쟁을 시작했다. 미국의 대중정책은 상호의존을 기본으로 하는 관여정책에서 적대적 무역(adversarial trade) 개념에 입각한 현실주의적 경쟁정책으로 전환한 것이다.

정책 전환의 출발점은 확대일로의 무역불균형이다. 중국이 WTO에 가입한 2001년에서 2018년 사이 중국의 대미 수출총액은 7.5배로 증가한 반면 수입은 5.4배에 머물렀고, 미국의 대중무역적자는 같은 기간 20.2%에서 48.1%로 상승하였다. 미국의 무역불균형의 반을 중국이 차지하는 지경에 이른 것이다. 트럼프 정부 무역정책의 핵심인물인 라이트하이저(Robert Lightheizer) 미국무역대표부(Office of the United States Trade Representative: USTR) 대표는 무역불균형의 원천으로 중국의 경제체제 자체를 지목하였다. 그는 이전 정부들이 중국을 다른 민주주의/시장경제국가와 동일하게 취급하는 결정적 실수를 범했다고 비판하였다. 미국의 대중무역적자는 중국의 중상주의 산업정책, 경제정책 조작, 노동 및 환경 남용 등에 의한 것이며, '공정한 경쟁의 장(level playing field)' 만들기없이 중국을 WTO 가입시킨 탓이라는 것이다. 그는 특히 외국자본에 대한 중국의 기술이전 강요, 기술 탈취(산업스파이, 사이버 침공 국가관여), 외자기업 지분 제한 및 활동 억압 등을 "약탈적 산업정책"이라 부르며 이를 통해 중국기업의 경쟁력 강화를 꾀하고 나아가 수출 경쟁력을 확보하여 미국의 제조업을 붕괴시키고 양질의 일자리를 빼앗았다고 주장하였다(Lighthizer 2023).

트럼프 정부가 무역불균형 시정과 제조업 일자리 회생을 위해 취한 수단은 대중 관세폭탄이다. 라이트하이저는 중국의 수출이 미국 시장에 크게 의존하고 있으며 미국의 평균관세율이 낮으므로 대중 관세인상은 중국에 충격을 줄 수 있는 대단히 유효한 정책이라 보았다. 2017년 8월, 그는 1974년 무역법 제301조에 기초하여 중국의 기술이전 등 지식재산권 관련 정책과 관행 조사를 실시하였고, 그 결과로 외국기업이 중국에서 사업을 할 경우 중국에 기술이전 강요, 기술 거래의 차별적 조치, 중국 정부 지원 미국 기업 자산 획득, 지식재산권 및 기업비밀의 사이버 탈취 등을 적시하였다. 보복조치로 미국은 500억불 상당 중국수입품(우주, IT, 로보틱스, 기계 등)에 25%의 관세를 부과하였고, 중국이 동일 규모의 보복관세로 대항하자 추가로 미국 200억불 상당 중국 수입품에 10% 관세 부과를 선언하였다.

미중무역마찰이 중국의 불공정 무역관행에 대한 보복관세로 전개된 점은 과거 미일무역마찰의 경우와 유사하다. 미일무역마찰이 절정에 다다랐던 1980년대 후반부터 1990년대 초반, 미국의 무역적자에서 일본의 비중은 무려 65%에 이르렀다. 미국은 무역 불균형의 원인이 일본의 불공정 무역관행에 있으며 이는 일본정치경제체제의 구조적 문제에서 비롯되었다고 인식했다. 이에 미국은 관세보복카드를 행사하며 일본의 분야별 자유화 조치를 압박한 바 있다. 한편 미중무역마찰의 출발점은 단순한 무역불균형 시정이 아니라 중국의 생산능력 확대와 기술 추격, 군사 기술 혁신 등 지정학적 경쟁자로서 중국과의 마찰이란 측면에서 일본과의 무역마찰과 차이가 있다. 중국에 대한 관세 장벽 설치는 중국과 공급망 분단과 기술 분리를 통해 미국의 중국의존 감축과 중국의 추격 저지를 추구하는 수단이기도 하다.

트럼프 정부의 "국가안전보장전략(The National Security Strategy 2017)"은 중국을 수정주의 세력으로 규정하고 강대국 경쟁의 부활을 공언하면서, 경제성장과 국가안보의 기반이 되는 신흥기술(emerging technologies), 특히 민군겸용기술을 주도하여 중국에 대한 미국의 전략적 우위를 유지, 강화한다는 목표를 설정하였다(The White House 2017). 이에 따라 미국은 범정부적으로 중국에 대한 기술 유출 저지를 위해 신흥기술의 혁신 시스템으로부터 중국을 배제하는 형태로 다양한 정책을 구사하였다. 중국에 대한 기술 유출 방지를 위해 2019년 〈국방수권법〉하에서 수출통제를 강화하는 〈수출통제개혁법(Export Control Reform Act of 2018: ECRA)〉과 외국기업의 대미투자를 심사하는 권한을 확대, 강화하는 〈외국투자리스크심사현대화법(Foreign Investment Risk Review Modernization Act of 2018: FIRRMA)〉을 포괄하였다. 상무부는 엔티티 리스트(entity list, 안보, 외교정책상 이익에 반하는 조직을 게재하는 명단)에 중국 기업 게재를 확대하여 미국 첨단기술 및 제품의 금수조치를 확대하였다. 요컨대 트럼프 정부의 대중경제정책은 무역불균형 해소와 제조업 일자리 창출이란 경제적 동인과 함께 국가안보를 내걸며 중국과 전략 경쟁의 수단으로 추진하는 지경학적 요인의 결합이라 하겠다.

중국의 대항조치는 경제안보 차원에서 이루어지고 있다. 제7장(김용신)에서 보듯이 시진핑의 중국은 경제안보를 총체적 국가안보의 기초로서 "국가 경제의 지속적 발전을 유지할 수 있는 상황과 능력"으로 폭넓게 정의하고 있다. 이에 따라 미국의 무역공세와 기술 디커플링을 경제주권과 경제 생명선 보호 차원에서 대항하면서 미국과 유사한 형태로 〈수출관리법〉을 제정하고 미국의 대중제재에 동조하는 제3국 기업을 견제하는 조치를 잇따라 내어놓았다. 그 이면에는 "自主創新" 혹은 "중국제조 2025"에서 보듯이 기본적으로 첨단기술의 해외의존도를 낮추고 국산화를 추구하는 전략, 특히 미국에 대한 과도한 의존도를 낮추는 전략을 기본으로 하고, 공급망에서 중국에 대한 의존도를 높여 타국의 공급 중단에 대한 반격력과 억지력을 갖춘다는 전략이 자리하고 있다. 미국의 디커플링에 대항하는 중국의 디커플링 전략이라 하겠다.

IV. 제3국에 대한 디커플링 압력

트럼프 정부가 중국에 대해 수입규제, 수출통제, 대내투자관리의 강화에 나섰다면 바이든 정부는 이를 계승하며 대외투자규제 즉, 미국 기업의 중국투자규제 조치까지 취하였다. 또한 트럼프 정부가 화웨이 등 개별기업을 표적으로 하여 규제를 실시하였다면 바이든 정부는 출범 직후부터 포괄적 규제에 나서 반도체 등 전략물자의 공급망 전반의 재편이란 차원에서 중국 견제를 꾀하였다. 특정 신흥기술의 유출/이전 방지 차원을 넘어서 공급망에서 중국을 배제하거나 중국 의존도 감축을 꾀하는 경우, 미국은 공급망에 참여하는 신뢰할 수 있는 국가 특히 동맹국이나 동지국(like-minded countries)의 협조를 필요로 한다. 전략물자의 공급망 재편은 주요 거점을 미국내 두는 온쇼어링(onshoring), 미국내로 회귀하는 리쇼어링(reshoring)과 함께 동맹국 및 동지국에 이전하는 프렌드쇼어링(friendshoring)을 추진하는 것이기 때문이다.

바이든 정부는 "인도-태평양 전략(2022)"을 통해서 '인도-태평양경제프레임워크 (Indo-Pacific Economic Framework),' '미-아세안 파트너쉽,' 그리고 쿼드(Quadrilateral Security Dialogue: 약칭 Quad)와 한미일 협력같은 소다자 네트워크로 동맹국, 동지국 연대를 추진해왔다(The White House 2022). 그러나 중국 배제와 대중포위망 구축의 색채가 강할수록 중국의 반발과 보복을 우려하는 국가들의 비판이 나오게 된다. 아세안 국가들을 필두로 쿼드의 중추국 인도도 중국과의 경제적 디커플링에 부정적으로 반응하고 있다. 나아가, 2022년 8월에 성립된 미국의 〈인플레이션감축법〉과 〈반도체·과학법〉으로 인해 핵심 동맹국인 유럽연합(European Union: EU)과 일본, 한국도 반발하기 시작했다.

제2장(김연규)과 제3장(이왕휘)에서 보듯이 인플레이션감축법은 기후변화 및 에너지 안보 대책으로 북미산 전기차(Electric Vehicle: EV)의 구입에 최대 7,500달러 세액공제를 제공하는 법안으로서, 한편으로 EV 분야에서 급성장하는 중국에 대항하기 위해 차량용 배터리에 중국산 주요광물 사용을 견제하려는 의도인 동시에 미국내 현지 생산을 강요하는 보호주의 수법이기 때문에 동맹국의 반발을 초래했다. 이들은 EV 우대책 요건 완화를 강력히 요구하였고 EU는 대항책으로 EU 기업이 미국으로 생산거점을 이전하지 않도록 보조금 공여를 허용하고, 지원 기금을 창설하는 조치를 취했다.

한편, 반도체 사례를 다룬 제1장(배영자)을 보면 미국은 2,800억 달러 규모의 연구개발예산과 산업보조금을 조성하고 두 가지 목표를 내걸었다. 첫 번째 목표는 2030년까지 국내 대규모 반도체 제조 클러스터를 만들어 최첨단 반도체칩을 제조하는 역량을 확보함과 동시에 반도체 후공정(packaging), 연구개발설비 등을 포함한 견고한 반도체 공급자 생태계를 조성하는 것이다. 두 번째는 미국 반도체 제조업체가 자동차나 의료기기 등에 사용되는 중저가 레거시 칩도 생산하여 안정적인 공급망을 구축한다는 것이다. 이를 위해 미국은 한국과 대만기업의 최첨단 공정을 자국에 투자하여 건설하게 하는 한편, 일본과 네덜란드 반도체 장비 기업들로 하여금 중국 수출규제에 동참하게 하며, 한국 기업(삼성과 SK하이닉스)의 중국 현지 생산 역량 및 첨단기술 협력을 제한하는 가드레일 규정을 설치하였다. 미국의 대중 디커플링과 자국 우선주의 제조업 육성 전략인 반도체 지원법에 따라 한국기업은 미국정부의 보조금을 수령하여 현지 생산을 강요받는 동시에 중국 현지 공장이 반도체 제조장비를 조달하는 경우 엄격한 제한을 받게 되었다. 그 결과 중국 공장의 기술진보가 둔화되어 중국 경쟁기업의 추격을 허용할 가능성이 높아지는 사태를 맞은 것이다

V. 디커플링 vs. 디리스킹

이렇듯 미국의 전략은 공급망으로부터 중국을 배제하거나 중국의존도를 축소하기 위해 동맹국 및 동지국에 디커플링의 압력을 가하는 동시에 자국 우선의 보호주의를 추구하는 것이어서 EU를 중심으로

미국의 압력에 대한 반발이 본격적으로 나타났다. 2023년 3월 우르줄라 폰 더 라이엔(Ursula von der Leyen) EU 집행위원장은 중국과의 디커플링은 가능하지도, 바람직하지도 않다고 비판하며 이른바 디리스킹 개념을 공론화하였다. 중국 경제와의 분단을 과도하게 추구하는 미국 전략에 대한 견제로서 전략물자의 중국의존도를 낮추고 반도체와 같은 중요기술/산업부문을 보호하는 대신 여타분야에서는 중국과의 무역을 지속하겠다는 개념이다(von der Leyen 2023).

이러한 유럽의 견제에 호응하여 제이크 설리반(Jake Sullivan) 미국국가안보보좌관(National Security Advisor)은 디리스킹 개념을 수용하였다(Sullivan 2023). 그는 경쟁국으로부터 초래되는 리스크를 감축, 제거하고 경쟁국 의존도를 낮춘다는 의미로 디리스킹을 정의하고 있다. 설리반은 리스크 감축 혹은 제거의 대상으로 두가지 범주를 제시하였다. 첫째는 "미국에 군사적으로 도전하는 일부 국가와 좁게 한정된 기술" 즉, "군사적 균형을 좌우하는 기술" 등 국가안보적 리스크로서, 이 분야에서는 중국과의 단절 즉, 리스크의 제거가 불가피하다고 보았다. 사실상 디커플링에 가깝다. 둘째는 경제적 리스크로서 중국경제나 자원에 대한 과도한 의존도, 중국의 시장진입 저해행위(지식재산권 탈취, 사이버 해킹, 차별적 경쟁정책, 반간첩법 등) 등에 대해서는 중국과의 단절이 아니라 적절한 무역정책이나 산업/기술정책을 통해 미중간 책임있는 경쟁관리("manage competition responsibly")와 건강한 경제 경쟁("healthy economic competition")을 만들어가야 한다고 주장하였다. 이는 리스크의 제거라기보다는 감축을 의미한다.

폰 더 라이엔이나 설리반이 정의하는 디리스킹 개념은 디커플링과 차이가 드러난다. 디커플링이 관계성 혹은 연결성의 단절이나 분단 즉, 경제적 상호의존 관계의 단절 혹은 분단을 목표로 하는 개념이라면 디리스킹은 관계성 자체보다는 관계구조 내 의존이나 불균형에서 나오는 리스크의 시정 혹은 감축을 목표로 하는 개념이라 볼 수 있다. 따라서 관계성 자체의 분단 보다는 관계성을 유지하면서 비대칭적 의존을 교정하여 리스크를 저하하는, 따라서 보다 안정적이고 건강한 관계성으로 발전시킨다는 의미를 가진다.

여기서 관건은 어떤 문제가 국가안보적 리스크인가에 있다. 희소자원 혹은 중국에 과도하게 집중된 자원이나 전략물자의 범위를 어디까지 안보 리스크로 한정할 것인지, 또한 첨단기술의 경우 국가안보적 함의를 어디까지 판단할 것인지. 설리반은 "좁은 마당, 높은 담장(small yard, high fence)"으로 표현하고 있으나 리스크의 안보화는 대단히 주관적 판단에 의해, 이해관계자와 국가 마다 다르게 이루어질 수 밖에 없다. 강대국간 전략 경쟁이 격화되면서 이들이 단절과 분단의 대상을 확대하는 '과잉안보화'를 추구할 경우 디커플링의 범위는 확대될 것이고, 규제의 수준 역시 강화될 것이며, 그런 만큼 제3국에 대한 압력이 높아질 것이다.

미중 양국은 경제적 상호의존 관계에서 어떻게, 어느 정도로, 어떤 리스크를 감지하고 있는가? 리스크 대응은 경제적 상호의존에 어떤 영향을 미치고 있는가? 어떤 사례가 이러한 인과관계를 적절히 보여주는 것인가? 리스크 대응은 국가안보적, 경제적 이익을 실현하고 있는가? 미중간 디리스킹 전략의 결과로 한국은 어떠한 영향을 받고 있으며 어떻게 대응해 왔는가? 향후 한국이 취할 전략 처방은 무엇인가?

이 책은 이러한 질문을 중심으로 미중 경제전쟁의 전개와 한국의 대응을 분석하고 있다. 제1장부터는 미중 경제전쟁이 전개되는 개별 산업과 기술 부문의 사례 분석이 제시된다. 제1장(배영자)은 반도체, 제2장(김연규)은 배터리와 핵심광물, 제3장(이왕휘)은 자동차, 제4장(이용욱)은 금융, 제5장(전재성)은 군사인공지능을 핵심사례로 하여 미중전략경쟁과 한국의 대응을 분석한다. 제6장(이효영)과 제7장(김용신)은 미국, 중국, 유럽연합(EU)의 경제안보 개념과 전략, 정책을 포괄적으로 정리한다. 끝으로 제8장(이승주)은 한국의 경제안보정책의 연속성과 변화를 추적한다.

참고 문헌

Abdelal, Rawi and Jonathan Kirshner. 1999/2000. "Strategy, Economic Relations and the Definition of National Interests." Security Studies 9, 1/2: 119-156.

Baldwin, David A. 1985. *Economic Statecraft*. Princeton: Princeton University Press

Blackwell, Robert and Jeniffer Harris. 2017. *War by Other Means: Geoeconomics and Statecraft*. Cambridge: Harvard University Press.

Blanchard, Jean-Marc F., Edward D. Mansfield, and Norrin M. Ripsman (eds.). 2000. *Power and Purse: Economic Statecraft, Interdependence and National Security*. New York: Frank Cass.

Doyle, Michael W. 1997. *Ways of War and Peace: Realism, Liberalism, and Socialism*. New York: W.W. Norton&Co. Ch. 8.

Eichengreen, Barry. 2018. *The Populist Temptation*. New York: Oxford University Press.

Farrell, Henry and Abraham Newman. 2019. "Weaponized Interdependence: How Global Economic Networks Shape State Coercion." *International Security* 44: 42-79.

Gilpin, Robert. 1977. "Economic Interdependence and National Security in Historical Perspective." in Klaus Knorr and Trager. *Economic Issues and National Security* 19-66.

Gilpin, Robert. 1981. *War and Change in World Politics*. Cambridge: Cambridge University Press.

Grieco, Joseph M. 1988. "Anarchy and the Limits of Cooperation: A Realist Critique of the Newest Liberal Institutionalism." *International Organization* 42, 3.

Gowa, Joanne. 1994. *Allie, Adversaries, and International Trade*. Princeton: Princeton University Press.

Hirschman, Albert O. 1945. *National Power and the Structure of Foreign Trade*. Berkeley: University of California Press.

Keohane, Robert O. 1990. "International Liberalism Revisited." in John Dunn (ed.), *The Economic Limits to Modern Politics*. Cambridge: Cambridge University

Press.

Lee, Seungjoo. 2024. "U.S.-China Technology Competition and the Emergence of Techno-Economics Statecraft in East Asia: High Technology and Economic-Security Nexus." *Journal of Chinese Political Science*.

Lighthizer, Robert. 2023. *No Trade Is Free: Changing Course, Taking on China, and Helping America's Workers*. Northampton: Broadside Books.

Mansfield, Edward and Brian Collins (eds.). 2003. *Economic Interdependence and International Conflict*. Ann Arbor: University of Michigan Press.

Mastanduno, Michael. 1998. "Economics and Security in Statecraft and Scholarship." *International Organization* 52, 4: 825-54.

Miller, Benjamin. 2017. *Grand Strategy from Truman to Trump*. Chicago: University of Chicago Press.

Oneal, John R. and Bruce M. Russett. 1997. "The Classical Liberals Were Right: Democracy, Interdependence, and Conflict, 1950-1985." *International Studies Quarterly* 41, 2.

Pistikou, Victoria. 2017. *Economic Interdependence and National Security*. London: Lap Lambert

Sohn, Yul. 2019. "South Korea Under United States-China Rivalry: Dynamics of the Economic-Security Nexus in Trade Policymaking." *The Pacific Review* 32, 6.

Sullivan, Jake. 2023. "Remarks by National Security Advisor Jake Sullivan on Renewing American Economic Leadership at the Brookings Institution." *The White House*. April 27. https://www.whitehouse.gov/briefing-room/speeches-remarks/2023/04/27/remarks-by-national-security-advisor-jake-sullivan-on-renewing-american-economic-leadership-at-the-brookings-institution/

The White House. 2017. "National Security Strategy of the United States of America." https://trumpwhitehouse.archives.gov/wp-content/uploads/2017/12/NSS-Final-12-18-2017-0905.pdf (검색일: 2023.11.12.)

_____. 2022. The White House. 2022. "The Indo-Pacific Strategy." https://www.whitehouse.gov/wp-content/uploads/2022/02/U.S.-Indo-Pacific-Strategy.pdf

von der Leyen, Ursula. 2023. "Speech by President von der Leyen on EU-China relations to the Mercator Institute for China Studies and the European Policy Centre." *European Commission*. March 29.

Walker, Andrew. 2019. "US-China trade war: Your questions answered." *BBC*. May 10. https://www.bbc.com/news/business-48226820

Wigell, Mikael, Soren Schovin, and Mika Aaltola (eds.). 2019. *Geo-economics and Power Politics in the 21th Century*. London: Routledge.

田村太一. 2022. "米中間における貿易不均衡の構造." 中本 惡 編.《米中經濟摩擦の政治經濟學》. 晃洋書房.

제1부 산업부문별 대응

1
반도체 산업 재편과 한국의 대응 전략

배영자 | 건국대학교 교수

I. 반도체와 경제안보

1. 경제안보의 부상

미중경쟁과 코로나 확산, 러시아-우크라이나전쟁 등으로 경제안보 이슈가 부상해왔다. 경제안보는 과거에는 사회질서의 안정적 유지를 위한 저소득층 생계 지원의 필요성 혹은 경제의 지속적 성장과 안정이 국가안보의 주요한 토대라는 의미로 이해되었다. 최근 경제안보는 주로 공급망 안정성, 수출입 및 투자 규제, 경제적 강압에 대한 대응, 첨단기술혁신역량 강화 등의 내용으로 논의되고 있지만 국가마다 학자마다 내용에 차이가 있어 명확히 개념화하기 쉽지 않다(백우열 2022; Golea and Hideg 2022). 경제안보는 지경학(geo-economics), 경제통치술(economic statecraft), 산업 정책(industrial policy), 중상주의(mercantilism), 과학기술혁신(science, technology, and innovation: STI) 등과 밀접하게 관련되고 있다. 전통적으로 경제통치술은 국가의 외교적 목적 달성을 위해 경제적 수단을 동원하는 것으로, 예컨대 수출입통제, 관세, 자산동결, 원조 중지 등을 상대국에 압력을 가하고 실질적인 피해를 입히기 위해 활용해 왔다(Blackwill and Harris 2016). 경제안보는 정치·외교·군사와 경제의 상호 연계를 배경으로 하고 있다는 점에서 경제통치술이나 지경학과 유사하다고 볼 수 있다. 미소냉전기에 경제통치술이나 지경학적 고려는 경제적 상호의존도가 상대적으로 높지 않은 상황에서 자신이 가진 경제적 자원을 활용하여 소기의 정치외교적 목적을 달성하려는 시도였음에 반해, 최근 경제안보 개념은 세계화 이후 통합된 세계경제질서 속에서 경제적 상호의존의 심화와 패권 경쟁이 중첩되는 지점에서 발전되고 있는 점이 큰 차이로 보인다.

양자의 차이점을 정리해 보면 첫째, 전통적인 경제통치술의 효과가 제한적이고 일방적이었던 것과 달리 경제적 상호의존이 심화된 상태에서 경제적 수단을 외교적 목적으로 활용할 때는 효과가 매우 크고 쌍방적이다. 요소수나 마스크와 같은 단순한 생산품의 공급망 단절도 상대국에 큰 혼란을 야기할 수 있다. 수출통제로 인해 상대국에 피해를 입힐 수 있지만 피해가 자국에게 되돌아 오는 점도 고려해야 한다. 이런 측면에서 공급망 안정성이 경제안보의 핵심 이슈로 논의되고 있다. 상호의존관계의 무기화(weaponized interdependence) 속에서 대부분의 국가가 자국 경제의 취약성을 완화하고 적극적으로 대응하는 정책을 도입할 수 밖에 없다(Farrell and Newman 2019). 둘째, 최근 경제안보에서는 첨단기술이 핵심적인 의제가 되고 있다. 과거에도 국가간 첨단기술을 둘러싼 경쟁과 갈등이 존재하였지만 미중 경쟁으로 첨단기술의 이중용도(dual use) 특성이 부각되면서 특히 군사기술혁신의 토대가 되는 첨단기술을 둘러싼 경쟁과 견제가 증대되고 있다. 국가에 따라 조금씩 차이가 있지만, 현재 경제안보의 주요 의제로 공급망 교란 위협에 대비한 공급망 안정성(첨단기술과 원자재) 확보 및 다변화, 첨단 기술역량 강화, 기술유출 규제, 기술협력 파트너십 등이 논의되고 있다.

2. 반도체 산업과 안보

반도체기술과 산업 발전은 미국의 국가안보적 고려와 밀접하게 관련을 맺으며 전개되어 왔다(배영자 2020). 반도체 기술의 토대가 된 트랜지스터와 집적회로의 출현은 19세기 후반 이후 유럽과 미국에서 진행된 일련의 기술들에 기반한 것이지만 이것이 산업으로 발전하게 된 데에는 미국의 제2차 세계대전 참전과 이후 미국의 군사적 우위를 유지하기 위한 무기 개발 과정과 밀접하게 관련된다(Morris 1990). 1947년 미국 벨랩에서 최초의 트랜지스터가 만들어졌는데 이는 2차 대전 직후부터 진행된 학제적 연구개발의 결과였다. 트랜지스터의 발명은 민간 부문에서 이루어졌지만, 이는 전쟁기간 동안 급진전된 기초 연구에 토대하였다. 2차 세계대전 참전에 즈음하여 버니바 부시

(Vannevar Bush) 주도로 설립된 과학연구개발국(Office of Science and Research Development: OSRD)을 중심으로 군사적 목적을 위한 과학적 연구에 집중적으로 투자하기 시작하였고 여기서 레이더 성능을 개선하기 위한 초기 형태의 반도체 개발이 진행되었다(Braun and Macdonald 1982). 종전 이후 과학연구개발국은 해체되었지만 군·산·학을 아우르는 연구인력들간의 광범위한 협력의 유산이 지속되는 상황에서, 반도체 기술의 군사적 활용에 관심을 가졌던 군의 직접적인 지원으로 가능했던 성과였다.

1950-60년대 냉전이 공고화되고 미국의 대소 군사적 우위가 중시되는 분위기에서 국방부가 적극적으로 반도체 수요를 창출하고 민간부분의 반도체 기술혁신을 지원하였다. 그러나 1970년대 이후 민간 전자산업이 빠르게 성장하기 시작하며 반도체 수요를 견인하게 되었고, 상대적으로 군사 부문에 비해 민간기업의 투자자원과 역량이 앞서면서 이들이 반도체 산업 발전을 이끌어 왔다. 민간기업 주도 반도체 산업 발전과정에서도 미국 국방부는 최첨단 반도체 칩 생산의 중요성을 국가안보적 관점에서 강조하고 지원하였다. 예컨대 일본의 도전으로 미국 반도체산업에 대한 우려가 제기되었을 때 1987년 미국 국방과학이사회는 보고서를 통해 반도체 제조 능력과 기술 우위의 잠식으로 인한 위협을 특히 무기생산역량 감소라는 측면에서 분석하고 첨단 반도체 기술 개발 역량을 강화하기 위해 개별 기업 수준의 노력만으로는 어려우므로 정부와 산업계가 공동 컨소시움을 건설해야 하며 초기 운영자금의 상당 부분을 국방부가 출연할 것을 권고하였다(Defense Science Board 1987). 이의 권고대로 세

계적 수준의 반도체 제조 기술 확보를 목표로 국방부 방위고등연구계획국(Defense Advanced Research Projects Agency: DARPA)를 구심점으로 하여 14개의 반도체 제조업체가 참여하는 연구컨소시움 세마테크(Semiconductor Manufacturing Technology: Sematech)가 출범하였다.

미국에서 시작된 반도체산업은 1980년대 이후 세계화의 흐름 속에서 자연스럽게 아시아 유럽 등지로 확산되었고 현재 약 20여개 국가가 반도체 생산 네트워크에 참여하는 형태로 형성되어 왔다(정형곤 2023). 세계군사안보 질서에서 미국의 공고한 우위와 굳건한 동맹 및 세계화가 내세운 효율성 제고와 비용절감 등의 논리가 결합되면서 반도체 생산네트워크가 확장되었다. 이 과정에서 반도체 제조에 대한 미국의 국가안보적 관심은 수면 밑으로 가라앉게 되었다. 1980년대 이후 일본 그리고 한국 기업에 의해 메모리칩이 제조되기 시작하고, 칩의 제조에 특화한 대만기업 UMC, TSMC 등이 등장하면서 낮은 비용으로 고품질 칩을 제조하는 아시아기업들이 반도체 제조와 패키징을 주도하게 되었고 미국내 반도체 제조 역량이 약화되었다(Semiconductor Industry Association 2023).

미중 기술 갈등 본격화와 함께 수면 밑으로 가라앉아 있던 반도체 제조 기술에 대한 우려가 제기되는 한편, 코로나로 인해 반도체 공급망 안정성 이슈가 부각되면서 반도체가 경제안보의 핵심적인 이슈로 떠오르기 시작한다. 2015년 '중국제조2025' 발표를 기점으로 중국 첨단기술 도전이 강화되고 아울러 첨단 반도체 주요 제조국가인 대만과 한국에서 안보 불안 이슈가 제기되면서 미국내 반도체 제조 역량을 강화해야 할 필요성이 강조되었다. 미국에서 반도체 제조 역량 약화는 단순히 산업경쟁력의 저하를 넘어 국가 안보 위기로 인식되었다.

반도체칩은 2023년 현재 연간 약 1조개 이상 생산되어 스마트폰, 전투기, 자동차, 시계, 커피메이커 등 다양한 제품에 장착된다. 반도체 칩은 생산에서 활용까지 원료, 장비, 소프트웨어, 제조, 패키징 과정을 거치는 동안 약 70여 개 국 국경을 넘어 2만5천 마일을 이동하며 이 과정을 10여 개의 기업이 주도적으로 운영하고 있다(Guptaand and Borges 2023). 미국은 반도체산업의 형성과 혁신을 이끌어 왔고 현재까지 칩 설계와 장비 부문의 견고한 우위를 토대로 전체 반도체 생산 네트워크에서 가장 중요한 역할을 수행하고 있다. 그럼에도 불구하고 첨단 반도체 제조를 대만과 한국에 의존하고 있고 중국이 이 부분에서 빠르게 기술혁신역량을 강화하며 뒤따르고 있어, 미국이 필요로 하는 반도체의 안정적인 공급을 위태롭게 할 수 있는 위협으로 인식된다.

현대 무기체계와 플랫폼은 반도체에 깊이 의존하고 있다. 미국은 이미 1980년대부터 스마트 시스템을 무기체계에 적용하여 소련에 비해 압도적인 군사력을 구축해 왔고 반도체가 중요한 역할을 해 왔다. 미 국방부는 2003년 군용 칩의 안정적 생산을 위해 '신뢰할 수 있는 파운드리 프로그램(Trusted Foundry Program)'을 통해 약 75개사 이상과 협력해 왔고 2021년 현재 이 프로그램을 통해 군용 칩의 2% 정도가 공급되고 있는 것으로 알려져 있다(Shivakumar and Wessner 2022). 국방용 칩은 특이한 소재와 기술을 사용하는 경우가 많고 다양한 기능을 요구하여 상업용 칩과는 달리 대량생산되기 어렵다. 또한 상용 칩의 발전 속도가 훨씬 빠른 상황에서 국방부가 자체적으로 일관된 반도체 전략을 세우고 칩 개발과 제조를 이끄는 것에는 한계가 있다. 현재 대부분의 군용 칩은 시장에서 구매되고 있다. 미국 무기체계에 쓰이는 반도체 가운데 어느 정도를 해외생산, 특히 대만에 의존하고 있는지 전모를 파악하기 쉽지 않지만 상당 부문 의존하고 있으리라 추측되고 있다. TSMC 인공지능 칩(Artificial Intelligence chip) 뿐 아니라 F-35 등 다양한 무기에 쓰이는 칩을 공급하고 있으며, 군사용 반도체의 경우 일반적인 프로그래밍이 가능한 직접 회로 반도체(Field-Programmable Gate Array: FPGA) 칩에 내열과 방사능에 강한 기능을 첨가해서 생산하고 있다.

2023년 현재 미국은 칩 디자인 부분에서 세계시장의 85%를 점하고 있는 반면, 제조는 약 10% 정도를 차지하고 있고 특히 첨단 공정인 7나노 이하 제조는 전적으로 대만과 한국에 의존하고 있으며, 패키징 역시 5% 이하만이 미국에서 수행되고 있다(SIA 2023). 제조와 패키징 부문에서 자연재해나 지정학적 갈등으로 인한 공급망 교란에 매우 취약한 상황이다. 특히 인공지능(Artificial Intelligence: AI)부문에서 중국의 도전이 거세지면서 미국 인공지능 안보위원회 보고서는 미국이 10년내에 AI 역량을 강화하지 못하면 중국의 AI 기반 공격이 미국을 능가하게 될 것이라고 주장하였다(National Security Commission on Artificial Intelligence 2021). AI 역량 강화를 위해 중요한 부분인 최첨단 AI 칩은 보통의 CPU 보다 1000배 정도 빠르고 효율적으로 작동하며 최첨단 공정으로 생산된 칩을 장착하고 있다. 미국이 최첨단 AI 칩을 미국내에서 제조할 수 있게 되는 것과 중국 기업이 첨단 AI 칩을 수입하거나 제조할 수 없도록 견제하는 것이 미국의 안보를 위해 중요한 요소로 인식된다.

현재 미국 반도체 제조기업 인텔은 10-7 나노 수준의 칩을 생산하고 있으며 2024년부터 TSMC 아리조나 공장에서 5나노 칩이 생산될 예정이다. 3나노 이하 최첨단 칩은 대만 TSMC와 한국 삼성에서 제조되고 있다. 대만과 미국의 협력관계를 고려할 때 대만이 미국에 칩 공급을 중단할 가능성은 매우 낮다. 중국은 미국에 비해 한두 세대 반도체 기술이 뒤쳐져 있고 외국기술의 도움 없이 도약하기 어렵다고 평가된다. 그럼에도 불구하고 대만의 지진, 중국의 군사적 행동, 제3자를 통한 중국으로의 기술이전 가능성 등등 여전히 미국 정부는 첨단 칩 확보에 취약한 지점과 중국의 도전으로 인한 위협이 현실적으로 존재한다고 판단하고 있다.

중국은 지난 수십년 동안 반도체 기술 부문에서 혁신역량을 강화해 왔고 2015년 '중국제조 2025'를 통해 대대적인 반도체 육성 정책을 내놓았다. 그러나 트럼프 행정부 취임 이후 미국의 대중 첨단 반도체 및 장비 수출 규제가 강화되면서 현재 첨단 반도체 제조 부문의 기술혁신에서 어려움에 당면하고 있다. 여러 어려움에도 불구하고 중국의 반도체 굴기 노력은 지속되고 있으며 첨단 반도체 제조를 제외한 성숙 반도체 칩 제조, 설계, 패키징 등 여타 부문에서 중국기업들이 약진하고 있다(이미혜 2023). 중국의 경우 반도체가 최대 수입품목임과 동시에 중국의 군사적 도약을 위해서 첨단 반도체 칩의 확보가 불가피하기 때문에 정부와 기업 모두 반도체 기술혁신 역량강화를 위한 노력을 지속하고 있다.

반도체가 경제와 군사, 4차산업혁명과 군사기술혁신 양부문의 핵심적인 요소로 자리잡으면서 미국 중국 뿐 아니라 많은 국가들이 반도체 산업 육성과 기술혁신 역량 강화를 위한 정책들을 앞다투어 내놓고 있으며 경제안보 정책에서 반도체가 중요한 위치를 점하고 있다.

II. 미중 반도체 갈등과 반도체 산업 재편

1. 미중 반도체 갈등 전개와 현황

반도체에 대한 경제안보적 관점과 주요 정책들의 흐름은 미국이 주도해 왔다. 중국은 2014년 반도체 메모리 및 파운드리 육성을 위한 펀드, '국가집적회로 산업투자기금(國家集成電路産業投資基金)'을 조성하고 2015년 중국제조2025를 통해 본격적인 반도체 산업 지원 정책을 펴기 시작하였다. 이후 오바마 행정부 말기에 미국 반도체 산업 경쟁력 약화를 다루는 백악관 보고서가 발표되었다(The White House 2017a).

보고서는 중국 정부의 막대한 보조금이 반도체 시장구조를 왜곡시키고 있고, 미국 반도체 기술혁신 동력이 약화되는 현실 속에서 미국 정부가 반도체 기초연구와 문샷 프로젝트 펀딩 및 인력 양성 등 반도체 기술혁신을 적극 지원해야 하며 동맹국들과 함께 중국의 국제규범 위반에 적극 대응하며 수출통제를 강화해야 한다고 주장하였다. 보고서는 경제안보라는 개념을 도입하고 않았고 반도체산업 전반의 경쟁력을 논의하고 있으며 실제로 정권 교체로 보고서에서 제안된 내용들이 실행되지 못했지만 오바마 행정부 말기부터 반도체 산업에서 중국의 도전과 미국의 경쟁력 약화에 대한 문제 제기가 이루어졌음을 보여준다.

트럼프 행정부가 발표한 2017년 국가안보전략(National Security Strategy)에서 미국의 핵심이익을 보존하기 위한 4개의 기둥 가운데 하나로 경제번영(Promote American Prosperity)이 제시되면서 경제의 안보적 성격이 명시적으로 강조되기 시작하였다(The White House 2017b). 역대 국가안보전략들도 미국의 경제적 번영을 내용으로 포함하고 있었으나, 주로 자유무역과 세계시장 확대와 같은 가치의 측면을 언급한 반면, 트럼프 행정부에서는 무역불균형 해소, 수출기회확대 등을 통해 미국 경제를 활성화시켜 자국 노동자와 기업에게 혜택이 돌아가게 하는 미국 우선주의(America First) 시각에서 경제를 안보전략으로 바라보고 있음을 드러냈다. 전략이 발표될 즈음에 트럼프 대통령과 고위 관료들은 '경제안보가 곧 국가안보(Economic Security is National Security)'임을 강조하면서 경제안보라는 개념을 반복적으로 사용하였다(Garamone 2017; Navarro 2018). 코로나 발생 이후 해외로 이전된 부품 등 생산 공급망을 다시 미국 내로 옮겨야 한다는 리쇼어링(reshoring) 논의가 제기되면서 공급망 안정성이 경제안보의 주요 영역으로 포함되었지만 트럼프 행정부의 경제안보 전략은 체계적이기보다 이슈에 따라 대응하는 방식이었다고 볼 수 있다.

특히 반도체와 관련하여 트럼프 행정부는 중국이 미국기업에 대한 공격적인 인수합병이나 불법적 기술 유출을 통해 기술혁신을 이루어 왔다고 비판하였다. 이에 따라 2018년 외국인투자위험심사현대화법(Foreign Investment Risk Review Modernization Act: FIRRMA)을 통해 미국내 외국인투자에 대한 심사범위를 확대하고 미국외국인투자위원회(Committee on Foreign Investment in the United States: CFIUS)의 권한을 강화하여 중국자본의 미국 첨단기업 인수합병에 제한을 걸기 시작하였다(배영자 2022). 2017년 중국계 사모펀드 캐니언브리지캐피탈파트너스(Canyon Bridge Capital Partners, Inc.)의 미국 반도체설계기업 래티스세미컨덕터(Lattice Semiconductor) 인수합병 거부, 반도체 시험 장비회사 엑세라(Xcerra) 인수합병 무산, 2018년 중국계 싱가포르기업 브로드컴(Broadcom Corporation)의 퀄컴(Qualcomm) 인수합병 시도 좌절 등 이 이어졌다. 트럼프 행정부의 대중 반도체 전략 가운데 가장 핵심적인 것이 수출 통제였다. 미중 기술 경쟁 심화 속에서 미국은 2018년 수출통제개혁법(Export Control Reform Act: ECRA)을 제정하여 수출 통제와 관련한 법적 권한 일체를 대통령에게 영구 위임하고 미국 관할 및 역외 수출, 재수출, 이전 등을 조사, 감독, 규제, 금지할 수 있는 권한을 보장하였다. 이 법에 근거하여 2018년 말부터 여러 차례에 걸쳐 미국 정부는 푸젠진화반도체(晋华集成电路), 화웨이(Huawei) 등 중국 반도체 기업들을 거래 제한 리스트에 올리고 이들에 대한 반도체 장비와 첨단 반도체칩 수출을 규제하였다.

수출제한 조치 가운데 가장 강력한 효과를 발휘했던 것이

2020년 5월 외국산 제품일지라도 미국 기술, 소프트웨어, 장비, 소재를 사용하거나, 이러한 시설을 통해 생산된 경우, 미국 당국의 수출 허가를 받아야 수출이 가능하다는 해외직접생산품 규칙(Foreign Direct Product Rule: FDPR)을 적용한 조치였다. 이 조치의 실질적인 의도는 화웨이를 조준한 것이었다. 화웨이는 2019년부터 퀄컴 등으로부터 미국 통신용반도체를 공급받을 수 없게 되어 자회사인 하이실리콘(HiSilicon)에서 칩을 설계하고 이를 TSMC에서 제조하여 공급받아 왔다. 이 조치로 화웨이는 더이상 TSMC로부터 최첨단 반도체칩을 공급받을 수 없게 되어 이를 장착한 최신 스마트폰을 시장에 내 놓을 수 없게 되었다. 미국 기업의 장비나 첨단 반도체칩 수출을 규제하는 것을 넘어 TSMC와 같이 미국 기술을 활용하는 외국기업들 마저도 중국 반도체 기업과의 거래를 허가 받으라는 미국의 제재는 조임목(chokepoint)을 통해 중국 반도체 기업들의 기술혁신 속도를 늦추고 더욱 강하게 압박하는 효과를 가져왔다. 그동안의 제재에도 불구하고 우회로와 자체 기술혁신을 통해 휴대폰과 통신장비 부문에서 여전히 승승장구해 온 화웨이가 큰 피해를 입게 되었다.

바이든 행정부는 출범 직후 반도체, 배터리, 희토류, 바이오의약품 등 4개 품목에 대해 100일 간의 공급망 조사를 지시하는 행정명령 14017호에 전격 서명하였다(The White House 2021). 이를 통해 글로벌 공급망에서 미국 위치를 확인하고 재편하기 위한 포문을 열었고 글로벌 공급망 안정성과 재편을 경제안보의 주요 내용으로 인식하고 있음을 알렸다. 이후 미국의 첨단 제조 혁신 역량 강화를 위한 다양한 정책들이 이어지고 동맹국들과의 협력이 강조되면서 바이든 행정부 경제안보 전략의 큰 그림들이 드러나기 시작하였다. 2022년 하반기에 발표된 바이든 행정부 국가안보전략에는 경제안보 관련 내용들이 포함되어 있는데, 특히 경쟁적 우위를 유지하기 위해 현대적인 산업혁신 전략을 이행하여 첨단기술 우위를 확보하고 이를 위해 동맹국과 파트너들과 협력한다는 내용이 강조되고 있다(The White House 2022). 현재까지 바이든 행정부의 경제 안보 전략을 일목요연하게 정리해서 발표한 문건은 존재하지 않고 바이든 행정부에서 마련된 조치들과 주요 관료들의 연설문 등을 통해 경제안보 전략의 주요 내용들을 알 수 있다(Raimondo 2023; Sullivan 2022; Sullivan 2023).

바이든 경제안보 전략은 미국 첨단 제조 역량강화, 대중 기술 수출 규제, 제3국과의 협력 증진을 주요 내용으로 하고 있는데 반도체 부문에서도 3가지 주요 전략이 그대로 반영되고 있다. 미국 의회는 첨단 반도체 제조 기술혁신 역량강화를 위해 반도체및과학법(CHIPS and Science Act), 인플레이션감축법(Inflation Reduction Act; IRA)을 제정하였다. 반도체법의 첫 집행을 앞두고 지나 러몬도(Gina Raimondo) 미국 상무부 장관은 한 연설을 통해 이 법의 구체적인 목표는 2030년까지 미국에 두 곳의 새로운 대규모 반도체 제조 클러스터를 조성하여 최첨단 반도체칩을 제조하는 역량을 확보함과 동시에 반도체 후공정(packaging), 연구개발설비 등을 포함한 견고한 반도체 공급자 생태계를 조성하는 것, 아울러 미국 반도체팹들이 첨단 메모리칩은 물론 자동차 의료기기 등에 사용되는 중저가 레거시 칩도 생산하여 안정적인 공급망을 구축하는 것이라고 제시하였다. 그동안 미국이 제조업의 뒷받침 없이도 첨단기술 리더십을 유지할 수 있다고 잘못 판단해 왔음을 반성하면서, 반도체법은 제조업의 중요성을 강조했던 미국 건국시조 해밀턴부터 케네디 행정부의 우주탐사를 위한 대대적인 과학기술 투자까지 이어진 전통을 복원하고 발전시키는 역사적 소명을 가지고 있음을 강조하였다. 미국에서 전통적인 의미의 산업정책에 대한 부정적인 분위기에도 불구하고 반도체 법은 초당적 지지 속에서 통과되었고 현재 많은 미국 및 해외기업들이 2000억이 넘는 반도체 부문 투자를 약정하였다.

　　반도체 부문에서 미국은 동맹국들과의 파트너십 강화와 협력을 위해 G7, 인도태평양경제프레임워크(Indian-Pacific Economic Framework: IPEF) 등과 같은 포괄적인 틀을 활용하고 구축하는 한편 칩4 등 소다자협력, 일본 네덜란드 대만 등 개별 국가들과의 양자 협력 등을 동시에 진행하며 주요국가들과의 협력 네트워크를 구축하고 있다. 반도체 부문 국제협력에서 가장 중요한 조치는 미국이 한국과 대만기업의 최첨단 공정을 미국에 투자하여 건설하게 한 것과 일본과 네덜란드 반도체 장비 기업들로 하여금 중국 수출 규제에 동참하게 하는 것이었다. 현재 삼성과 TSMC는 미국에 최첨단 반도체 공정 시설을 건설 중이며 2023년 하반기부터 네덜란드 ASML Holding N.V.과 일본의 니콘, 도쿄 일렉트로닉스 등이 반도체 주요 장비의 중국 수출 규제를 강화해 왔다. 이외에도 미국은 인도와 2023년 반도체 공급망 관련 협력 강화에 대한 업무협약(MOU)을 체결하였고 글로벌 반도체 공급망에서 인도의 역할 확대를 지원하고 있다. 반도체 후공정 생산기지인 말레이시아와도 반도체 공급망 탄력성 강화를 위한 협력각서를 체결하였다. 전방위적 국제협력을 통해 미국은 자국내에 첨단 반도체 공정 및 후공정 시설을 확보하는 한편, 아시아 국가들과의 협력 강화를 통해 반도체와 후공정 관련 공급망을 확보하고, 주요 장비업체들로 하여금 대중 수출 견제에 동참하도록 요청하고 있다.

트럼프 행정부에서 시작된 수출규제와 투자 제한이 바이든 행정부에서도 지속적으로 유지 및 확장되었다. 미국은 첨단기술 부문에서 경쟁국과 '최대 격차(as large of a lead as possible)' 유지 필요성을 느끼고, 특히 민군 이중용도 기술에 대한 수출 규제를 확대해 왔다. 바이든 행정부 반도체 수출통제 가운데 가장 대표적 조치는 2022년 10월 반도체 수출규제 범위를 18nm이하 D램, 128단 이상 낸드플래시, 14nm 이하 로직칩으로 명확하게 규정하여 통제한 것이었다. 기존의 대중 수출 규제가 주로 특정 기업을 대상으로 한 것이었다면 본 조치는 통제목록(Commerce Control List) 자체를 규정하여 통제대상을 확대한 점이 차이가 난다. 중국내 특정 기업이 아닌 중국 전체를 대상으로 하고 최종용도를 기반으로 광범위한 통제를 유도한 점 등을 고려할 때 여파가 클 수 밖에 없었다.

미국 반도체산업협회는 기업들의 입장을 반영하여 미국의 수출규제 조치는 미국 반도체산업의 경쟁력을 약화시키고, 공급망 안정성을 훼손하며, 중국의 보복을 유발하고 반도체 기술향상으로 이끌 것이라고 주장하며 추가 규제를 자제할 것을 요청하였다(SIA 2023). 그러나 미국 정부는 2023년 11월 다시 한번 대중 반도체 수출통제 확대 보완 조치를 발표하였다. 기존 수출통제에 대해 중국이 해당

조치를 우회하려는 시도가 진행되었고 이로 인해 중국 반도체 산업 경쟁력 및 AI 연구 수준 제고를 제한하는 데 한계가 있었다고 평가되었다. 예컨대 중국 AI 기업들이 미국의 클라우드 서비스 이용하거나 감시망 밖에 반도체 제조 기지를 구축하는 경우가 있었다. 아울러 기존에는 193nm 미만 파장을 가진 광원(EUV)을 사용하는 장비를 통제했으나, 본 확대 조치는 193nm 이상 파장을 가진 광원(DUV)을 사용하는 노광장비를 명시적으로 수출통제 대상에 포함하여 규제 범위를 확대하였고 특히 AI 연구와 관련되는 첨단 반도체에 대한 규제를 강화하였다.

2023년 초반 EU에서 대중전략이 경제의 분리를 의미하는 디커플링이 아니고 위험을 완화하는 디리스킹임을 밝힌 이후(von der Leyen 2023), 미국의 주요 관료들은 미국의 대중 전략 역시 디리스킹임을 표명하였다(Sullivan 2023). 미국 기업인과 관료들의 방문이 이어지고 미중 정상회담이 진행되면서 미중 갈등이 다소 완화될 것이라는 기대가 일각에서 제기되기도 하였지만 반도체 부문은 대중 제재 완화조짐이 나타나고 있지 않으며 오히려 대중 규제의 범위가 확산되고 세밀해지는 방향으로 전개되어 왔다. 대중 반도체 수출규제의 효과, 특히 미국 기업들의 매출 감소와 연구개발 투자 감소에 대한 논쟁과 지속 가능성 여부에 대한 회의에도 불구하고 미국의 대중 반도체 수출 규제는 지속되고 보완되고 강화될 것으로 예측된다.

상무부는 이제까지 주로 첨단 반도체 칩을 규제해 왔던 것에서 범위를 확대하여 소위 레거시 칩으로 알려진 범용반도체 부문에서 중국의 부상 효과에 주목하고 관심을 가지기 시작하였다. 미국의 대

중국 반도체 제재가 첨단 분야에 집중된 가운데, 제재에서 한발 비켜선 28나노 이하 반도체 부문이 전략적 구멍이 되고 있다는 미국 의회조사국의 지적이 있었고(Congressional Research Service 2023), 미국 하원 중국특위 역시 중국의 범용 반도체에 대한 조치를 촉구했다(《연합뉴스》 2024/01/09). 이들은 "중국이 세계 경제에 과도한 영향력을 행사할 수 있는 범용반도체를 장악하는 것을 막기 위한 긴급 조치가 필요하다"면서 "미국이 중국 범용반도체에 의존하게 되면 미국의 경제군사적 안녕이 중국 공산당에 지나치게 의존하는 위험에 처할 수도 있다"고 주장하였다. 러몬도 장관 역시 "미국의 범용반도체 공급망을 위협하는 외국의 비시장적 조치에 대응하는 것은 미국 국가 안보의 문제"라고 언급하였다.

상무부는 2024년 1월 미국 자동차, 항공우주, 방산 등 분야 100개 이상의 기업을 대상으로 범용반도체를 어떻게 공급받고 있는지에 대한 광범위한 조사를 실시할 예정이라고 밝혔다. 중국 기업들이 과거 철강이니 태양광에서 가격경쟁력을 토대로 시장점유율을 확대하면서 시장지배자가 된 사례와 같이 범용반도체 부문에서 유사한 상황이 진행된다면 이 역시 안보위험이 될 수 있다고 생각하고 있다. 범용 반도체 시장에서 중국의 부상을 저지하고 미국이 통제하는 것은 매우 어려운 과제이다. 조사결과가 나오면 보다 구체적으로 논의되겠지만 미국이 중국의 범용반도체 공급을 제재하는 방식은 관세, 반덤핑, 세이프가드 등을 포함할 것으로 전망해 볼 수 있다. 미국 상무부의 범용반도체 관련 조사가 알려진 이후 중국 상무부와 과학기술부는 중국 수출 금지 및 제한 기술 목록 개정안 공고를 통해 희토류 정제·가공·활용 관련 4개 기술에 대한 수출을 금지한다고 발표하였다.

반도체 인공지능 양자컴퓨팅은 중국몽을 실현하기 위한 중요한 수단이다. 2019년 푸젠진화, 창장메모리, 허페이창신 등 3사의 약진으로 중국 메모리 반도체 생산의 원년이 될 것으로 예측했었지만 미국으로부터 장비 수입이 제한되면서 막대한 차질이 발생하였다(배영자 2022). 미국이 수출 규제를 강화한 것에 대해 중국은 "무역과 기술 문제를 무기화하고 있다", "즉각 잘못된 행동을 멈추기를 촉구한다"며 "중국은 모든 필요한 조처를 해 중국 기업의 합법적인 권리를 단호히 지켜나갈 것"이라고 밝혔지만 실제로 중국의 선택지는 많지 않았으며 크게 두 갈래의 흐름으로 대응하였다.

첫째, 중국 역시 최근 들어 수출입 통제나 규제로 대응하기 시작하였다. 중국은 2020년 수출통제법을 제정하여 미국 등에 보복 조치를 취할 법적 근거 마련하였다. 2023년 5월, 중국은 미국 반도체기업 마이크론이 국가안보를 위협한다며 주요 국유기업, 통신사업자, 클라우드에 제품 구매 중단을 요청하였고 이에 따라 PC제조사 레노버와 서버기업인 인스퍼(Inspur)가 마이크론 제품 구매를 중단하였다. 8월부터 중국은 수출규제 대상에 반도체와 디스플레이에 사용되는 갈륨, 게르마늄과 화합물 포함하였다. 갈륨과 게르마늄은 희귀 소재는 아니지만 중국이 낮은 가격에 생산하면서 세계 갈륨과 게르마늄 생산의 각각 94%와 83%를 공급해 왔다.

둘째, 기술자립을 위한 다양한 지원을 강화한다. 중국은 미국의 수출통제 이후 구체적인 기술 리스트를 만들고 이를 집중적으로 지원하면서 기술 및 산업 생태계 자립이라는 목표를 향해 나아가고 있다. 2023년 과학기술 자립 자강을 위해 중국 공산당 산하에 과학기술 부문 정책을 주도할 '중앙과학기술위원회'가 신설되었다. 시진핑이 전인대 지역 대표단 회의에서 "우리가 예정대로 사회주의 현대화 강국을 전면적으로 건설할 수 있을지 없을지는 과학기술의 자립과 자강에 달려 있다"고 강조하였고 과학기술 자립을 이루기 위해 당 중앙이 직접 진두지휘하겠다는 의지를 반영한 것이다(이미혜 2023). 중국은 2014년과 2019년에 조성된 1,400억위안, 2,000억위안의 국가반도체펀드를 넘어서는 3,000천억 위안 규모의 3기 반도체펀드를 준비하고 있고 특히 반도체 제조 장비를 지원할 것으로 알려졌다. 첨단 반도체 부문에서 어려움에 봉착한 중국은 부가가치가 낮지만 전기차, 사물인터넷 등의 성장으로 수요가 폭발적으로 증가하고 있는 범용반도체와 첨단 패키징 육성 및 장비와 소프트웨어의 자립에 초점을 맞추고 있다. 쉽지 않겠지만 2024년에 미국이 첨단 반도체에 이어 범용 반도체에 대한 견제를 시작하는 경우 일정 수준의 시장 지배력을 확보한 중국이 어떻게 대응할지 귀추가 주목된다.

2023년 화웨이가 자체 제작 7나노 프로세서칩을 장착한 최신형 프리미엄 스마트폰 메이트60프로(Huawei Mate 60)를 내놓아 눈길을 끌었다. 현재 중국이 첨단 반도체칩을 합리적인 비용으로 대량생산하는 것은 어렵지만, 첨단 반도체 칩의 제조는 중국이 절대로 포기할 수 없는 카드며 미국의 거센 견제에도 불구하고 중국 기업이 절실하게 노력하고 있음을 보여주는 사건이었다. 중국이 반도체 부문에서 추구하는 목표는 최첨단 반도체 칩의 안정적 공급, 반도체 공급망에서 부가가치가 높은 제조 및 장비 부문으로 지속적인 업그레이드, 한국과 대만 기업을 따라잡고 최첨단 반도체를 중국 내에서 제조하는 것이다. 목표를 달성하는 것이 쉽지 않지만 그렇다고 불가능한 것도 아니며 중국이 지속적으로 노력해 갈 것임은 자명하다. 중국이 얼마나 빠르게 이를 달성할 수 있을지가 중요하다.

바이든 정부의 경제안보 정책의 키워드는 공급망과 첨단기술이며 소위 3P 정책—첨단제로 역량강화 지원(promotion), 수출통제(protect), 기술동맹(partnership) 정책—으로 추진되고 있다. 향후 반도체를 둘러싼 갈등을 전망할 때 가장 중요한 변수 가운데 하나가 2024년 미국 대선이다. 공화당 정부가 들어서면 수출통제는 지속되겠지만 첨단제조 지원이나 기술동맹 양상에는 큰 변화가 시작될 것으로 예상된다. 미국이 중국을 견제하고 첨단기술 우위를 지속적으로 유지하기 위해 3P 정책은 한 세트로 작동해야 하는데 이 가운데 한 축이라도 무너진다면 결과는 중국에게 유리하게 돌아갈 가능성이 높다. 3P 정책이 지속되는 경우에도 보조금 지급의 효과가 어떻게 나타날지, 수출통제에 대한 피로감이나 반발의 증대, 동맹국들의 동상이몽 등등 문제가 드러나면서 장기적으로 어떻게 이 정책들을 끌고 갈 수 있는지에 대한 해법이 모색되어야 한다. 중국의 경우도 기술혁신 역량강화와 기술자립을 위한 지원정책들과 노력들이 과연 제대로 성과를 낼 수 있을지가 문제다. 시진핑 및 공산당 권력 강화가 진행되는 가운데 이것이 시장 활성화 및 기술혁신 친화적인 사회문화 확산과 공존할 수 있을지 의구심이 제기되고 있으며, 중국은 현재 양자의 적절한 균형점을 찾아야 하는, 역사적으로 누구도 가

보지 않은 길을 걸어가야 하는 상황이다.

2. 반도체산업 재편과 향후 전망

미국과 동맹국들의 대중 첨단 반도체칩 및 장비 수출 규제와 각 국 반도체부문 투자 증대로 반도체 공급망이 재편되어 왔다. 특히 반도체 공정과 후공정 과정이 빠르게 변화되고 있다 (이미혜 2023; 정형곤 2023 등). 이제까지 대만 TSMC과 한국 삼성전자에 집중되어 있던 첨단 공정 부문에 미국의 인텔과 일본의 라피더스가 도전장을 내밀었다. TSMC, 삼성전자, 인텔은 2024~5년 사이 2나노 칩의 대량생산을 준비하고 있으며 라피더스는 2027년 2나노 양산을 추진하고 있다. 따라서 첨단 공정부문은 당분간 TSMC, 삼성전자, 인텔의 3강체제가 유지되면서 라피더스가 양산에 성공하면 4강체제로 다변화될 것으로 예측된다. 범용반도체를 생산하는 성숙공정의 경우 중국의 생산능력이 확대될 것이며 인도가 도전장을 내민 상황이다. 특히 20-45/50-180 나노 범용반도체 제조에서 중국이 각각 27%, 30% 정도 비중을 차지하고 있으며 향후에도 빠르게 증가할 것으로 보인다.

메모리반도체 생산은 한국의 삼성전자와 SK하이닉스가 주도하면서 미국 마이크론, 일본 키옥시아, 중국 YMTC 등이 경쟁하고 있다. 미국의 대중 규제로 한국 기업의 중국 파운드리 생산능력 및 중국기업의 성장이 제한되면서 당분간 메모리 시장에는 큰 변화가 없을 것으로 보인다. 마이크론의 경우 이제까지 D램은 일본과 대만, 낸드플래시는 싱가포르가 주 생산지였다. 미국 반도체법의 지원에

힘입어 마이크론은 현재 미국 아이다호와 뉴욕에 투자하여 미국 생산 비중을 10% 수준에서 40%까지 확대할 계획이라고 밝혔다. 마이크론의 미국 파운드리 설립 등이 안정화되면 메모리칩 생산기지가 다변화될 것으로 예측된다. 후공정 패키징은 중국, 대만, 한국 등에서 진행되어 왔고 인도, 동남아 등으로 생산기지가 확산되고 있다. 최근 반도체 공정의 화두인 첨단 패키징 부문에 대한 투자가 급증하는 가운데 미국은 자국내 첨단 패키징 투자를 증대하는 한편, 전통적 패키징은 인도-태평양 경제 프레임워크(IPEF) 참여국, 말레이시아, 베트남, 필리핀 등과의 협력을 통해 생산능력 증대와 공급망 안정성 확보 전략을 추진하고 있다. 반도체 장비 부문의 경우 현재 미국 일본 네덜란드 싱가포르 등이 주도하고 있으며 이는 당분간 지속될 것이다. 중국은 지난 20여 년간 반도체 전 분야에서 빠르게 경쟁력이 향상되었음에도 불구하고 특히 반도체 장비 부문에서 여전히 취약한 상태이다.

반도체산업에 관해 보다 장기적으로 전망하고자 할 때 미국 대중 수출통제의 지속 여부, 미국을 위시한 동맹국들의 협력 지속 여부, 미국 반도체법 등의 효과로 첨단 제조 공정의 미국내 성공적 안착 여부, 중국 기업의 반도체 기술혁신 노력과 정부지원의 효과 등이 중요하다. 내용적으로는 반도체 공급망의 블록화와 미국의 우위가 얼마나 오래 지속될지, 중국의 반도체 기술혁신이 얼마나 빠르게 따라잡을지가 관건이다(Diamond et al. 2023). 대중 반도체 수출 규제가 첨단 칩과 장비부문에서 계속 확장되어 왔고 현재 범용칩 부문으로까지 확산될 조짐이 보이고 있어 미국의 수출통제 및 반도체 공급망 블록화 추세가 완화되기는 어려울 것으로 보인다. 그러나 다른 한편 중국 시장 축소로 인한 미국 반도체 기업들의 매출 및 연구개발투자 감소로 수출통제의 지속적 확산이 어디까지 가능할지 주목된다. 2024 미국 대선 결과에 따라 반도체법의 지속적 지원 효과나 동맹국과의 협력 양상이 변화될 수 있다.

중국 정부의 지원과 중국 기업의 혁신 성공 또한 여러 가지 장애나 변수가 논의된다. 이러한 상황을 감안할 때 생각해 볼 수 있는 첫 번째 시나리오는 현재 미국이 계획하고 있는 반대로 2030년까지 미 국내 첨단제조와 첨단 패키징이 일정 수준으로 자리잡는 반면 중국의 첨단 반도체 기술혁신이 계속 지체되어 미국 주도의 첨단반도체 공급망과 중국 주도 범용반도체 공급망이 공존하는 경우이다. 둘째, 반도체 첨단 공정과 장비 부문에서 중국이 예상보다 빠르게 기술혁신을 진행하며 첨단 반도체 부문과 범용 반도체 부문에서 중국이 일정 정도 중요한 역할을 하면서 반도체 공급망 전체가 블록화되는 경우이다. 이외에도 중국이 범용반도체 부문에서도 더 이상 확장하지 못하거나 미국 주도 공급망에서 완전히 배제되는 경우도 생각해 볼 수 있겠지만 현실화 가능성은 낮다. 미국의 입장에서 볼 때, 중국이 반도체 공급망에서 완전히 배제되는 것보다는 범용반도체 부문에서 일정한 역할을 하며 미국에 의존하는 상태가 더 나을 수 있다. 중국의 입장에서 보면 첨단 반도체 공정과 장비를 스스로 생산하거나 수입할 수 있는 상황이 최선이다. 관건은 미국의 첨단 반도체 공정과 장비 우위에 대한 점유 지속성에 있으며, 결국 양국의 산업정책과 기술혁신 역량 및 국제협력이 승패를 가를 것으로 보인다.

III. 한국의 대응 전략

미중 기술경쟁으로 인한 경제기술안보 부상으로 현재 국가들은 다양한 정책을 마련하여 대응하고 있다. 전략의 구체적 내용은 국가마다 조금씩 차이가 있지만 크게 보면 공급망과 첨단기술을 키워드로 하여 첨단기술 역량 제고, 공급망 안전성 강화, 기술동맹 강화 등의 내용을 포함하고 있다. 우리나라도 첨단기술, 특히 반도체 부문에 대한 적극적인 지원, 공급망 안전성 확보를 위한 모니터링과 대응체제 구축, 한미 첨단기술 협력 등으로 대응하고 있다.

한국과 미국은 1992년 과학기술협력협정을 체결하고 이후 과학기술공동위원회를 개최하며 협력 어젠다를 모색해 왔고, 개별 기술차원에서는 한미 원자력협정이 체결되어 양국 간 협력이 지속되어 왔다. 미중 기술갈등 심화와 함께 낮은 수준의 간헐적인 협력이, 보다 전략적이고 지속적인 협력으로 발전되어야 한다는 공감대가 형성되었다. 현재, 특히 첨단기술 부문에서, 여러 채널을 통해 미국과의 협력이 강화되면서 안보 중심의 한미 동맹이 기술 영역으로 확장되고 있다. 삼성의 미국 반도체 파운드리 투자가 진행 중이고 양자정보과학기술협력, 아르테미스협정 등이 체결되었으며 최근 차세대 핵심신흥기술대화(Next Generation Critical and Emerging Technologies Dialogue)가 신설되어 반도체 인공지능 양자컴퓨팅 바이오 등에서 협력을 발전시켜 나가기로 합의하였다. 반도체 부문에서 설립 중인 미국 국립반도체기술센터(National Science and Technology Council: NSTC)와 한국 첨단반도체기술센터(Advanced

Semiconductor Technology Center: ASTC)를 포함하여 민관 연구 기관들 간의 협력을 강화하고 과학기술정보통신부와 미국 국립과학재단의 공동연구 지원 기회를 확대하며, AI 분야에서 미국은 한국이 내년 주최 예정인 미니 AI 화상정상회의, AI 글로벌포럼, 인공지능의 책임있는 군사적 이용에 관한 고위급회의(Responsible Artificial Intelligence in the Military Domain: REAIM) 등에 협력하고, AI 작업반을 구성하여 국제표준, 공동연구, 정책 간 상호호환성 등을 논의할 것이라고 밝혔다.

반도체 부문에서 미국과의 협력 강화는 선택이 아닌 필수이다. 미국은 반도체 인공지능 기술 부문에서 압도적인 영향력을 보유하고 있어 미국 기업들과의 협력 없이 한국 반도체 인공지능 기술혁신 역량 강화는 불가능하다. 미국과의 협력을 중심에 두는 것은 당연하지만 미국의 압도적 우위 속에서 서로 주고받을 수 있는 것을 찾기 쉽지 않아, 협력이 형식적이지 않고 실질적으로 자리잡기 위해서는 우리가 더욱 적극적으로 협력 어젠다를 모색하고 제안하고 발전시켜야 한다. 아울러 양국의 이해가 모든 부문에서 반드시 일치하지는 않는다는 것을 인식하고 한국이 협력을 통해 얻고자 하는 바와 대응이 필요한 부분을 정확히 찾아내야 한다. 예컨대 미국이 반도체 제조의 중심이 될 때 한국반도체 기업의 경쟁력을 어느 부문에서 지속할 수 있을지에 대한 장기적인 고민이 필요하다. 미국의 첨단기술 정책은 국경을 넘어 우리에게도 막대한 영향력을 행사하기 때문에 정확하게 모니터링하면서 사안사안별로 한국 기업의 이해를 지키기 위해 정보력과 협상력의 업그레이드 및 민관협력체제 구축이 필요하다.

미국과의 협력 강화로 반도체 부문에서 중국과의 관계에 어려움이 발생하고 있다. 반도체나 AI와 같은 첨단기술 부문은 미중 전략 경쟁의 핵심인 군사기술과 밀접하게 관련되기 때문에 미중 디커플링 추세가 완화되기 어렵다. 미국과의 첨단기술 협력을 강화하는 가운데 중국과 범용반도체나 기초연구 부문에서 협력을 이어가려는 노력이 필요하고 이런 메시지를 조심스럽게 전달하는 것이 중요하다. 미국과 중국은 극단적 대치보다는 다양한 방식의 소통을 이어가기 위한 노력을 기울이고 있다. 우리도 일종의 역할 분담을 통해 중국전문가 친중 정치경제인들의 네트워크를 활용한 소통을 강화하며 대중 외교를 이어가야 한다.

한미 협력 강화가 다른 국가들과의 협력 약화로 진행되지 않도록 반도체 부문에서 다자 외교를 강화해야 한다. 현재 반도체 부문에서 미국을 중심으로 대만, 일본, EU의 상호협력이 강화되고 있다. 각 국의 기업들이 교차 투자하는 가운데 미국-일본-대만의 라인업이 형성되고 있다. 한국의 협력 중심이 미국이 되는 것은 맞지만 이를 보완하기 위해 보다 적극적이고 동시적인 다자협력체제 구축이 필요하다. 예컨대, 한국과 일본은 2023년 양국 간 수출 규제 해제로 협력 기반을 마련하였고, 한국 반도체 기업과 일본 소재부품장비 기업 간 공조를 강화하여 반도체 공급망을 확충하고 안정성을 증대하려는 방안이 모색되고 있다. 삼성전자는 일본 요코하마시에 반도체 연구개발 및 시제품 라인 구축을 추진하고 있는데, 이러한 양 국 간 협력이 지속적으로 진행되어야 한다. 일본 이외에도 대만, EU, 인도, 인도태평양 국가들과 적극적으로 협력 어젠다를 모색하고 협력을 발전시켜야 한다.

현재 미국 일본 중국 등 많은 국가들은 반도체 산업에 대한 대대적인 지원 정책을 마련하였다. 예컨대 미국의 경우 국내에서 다양한 반도체 미국은 자국 반도체 공장에 기업 규모와 상관없이 25% 세액공제를 제공하고, 반도체 시설 투자와 R&D에 520억달러(약 73조원)를 지원한다. EU 역시 반도체 생산 확대를 위해 430억유로(약 59조원) 규모의 민관 투자 펀드를 조성하는 '유럽반도체법'을 마련하였다. 일본은 정부가 700억엔(약 6650억원)을 지원하고 소니, 도요타, 키옥시아 등 일본 대표 기업이 함께 모여 첨단 반도체 회사 '라피더스'를 설립했다. 또한 반도체 기업 설비 투자의 40%가량을 보조금으로 지원하고 있으며 TSMC가 이 지원을 받아 반도체 공장을 짓고 있다. 우리나라도 반도체 산업 육성을 위한 이른바 'K칩스법'이 마련되었고 반도체와 이차전지, 백신, 디스플레이 등 국가전략산업에 설비투자를 하면 대기업과 중견기업은 각각 15%, 25%의 세액공제를 받을 수 있다. 우리나라 반도체 부문에 대한 지원 규모나 방식은 여전히 다른 나라에 못 미친다. 아울러 미중 기술경쟁 시대에 반도체 기술 역량 강화와 이를 위한 외교적 틀을 짜고 지원하는 것이 중요하고, 보다 전략적이고 장기적인 반도체 외교가 수행되어야 한다. 우리가 보유한 반도체 기술이 가장 중요한 외교 자산이 되고 있음에도 불구하고 우리나라에서 여전히 기술과 외교의 간극이 크다. 반도체라는 내용과 외교라는 틀이 상호침투하여 융합되어 한국의 세계정치적 위상 제고와 비전을 구심점으로 통합될 수 있도록 이끌 수 있는 리더십과 실행력이 요청된다.

참고 문헌

배영자. 2020. "국제정치 패권과 기술혁신: 미국 반도체 기술혁신 사례." 『국제지역연구』. 29, 4.

_____. 2022. "미중 반도체 갈등과 한국의 대응 전략." 『JPI정책포럼』. No. 2022-01.

백우열. 2022. "경제안보 개념의 확장: 2020년대 안보 맥락에서." 『국제정치논총』. 62, 4.

〈연합뉴스〉. 2024. "美하원 중국특위, 상무부에 '중국 범용 반도체 관세부과' 압박." 1월 9일.

이미혜. 2023. "미중 반도체 전쟁에 따른 산업재편 및 영향." 한국수출입은행. 『이슈보고서』. 12.

정형곤. 2023. "글로벌 반도체 공급망 재편: 중국 반도체 산업의 현황과 전망." 『오늘의 세계경제』. 23, 11.

Blackwill, Robert D. and Jennifer M. Harris. 2016. *War by Other Means: Geoeconomics and Statecraft*. Cambridge: Harvard University Press.

Braun, Ernest and Stuart Macdonald. 1982. *Revolution in Miniature: The History and Impact of Semiconductor Electronics*. Cambridge: Cambridge University Press.

Breslin, Shaun and Helen E. S. Nesadurai. 2023. "Economic statecraft, geoeconomics and regional political economies." *The Pacific Review* 36, 5.

Congressional Research Service (CRS). 2023. "Semiconductors and the CHIPS Act: The Global Context."

Defense Science Board. 1987. "Report of the Defense Science Board Task Force Defense Semiconductor Dependency." Washington, D.C.

Diamond, Larry, James O. Ellis, and Orville Schell. 2023. "Silicon Triangle: The United States, Taiwan, China, and Global Semiconductor Security." *Hoover Institute and Asia Society*.

Farrell, Henry and Abraham L. Newman. 2019. "Weaponized interdependence: How global economic networks shape state coercion." *International Security* 44, 1.

Garamone, Jim. 2017. "Trump Announces New Whole-of-Government National Security Strategy." *DoD News*.

Golea, Daniela Georgiana and Cătălin Robertino Hideg. 2022. "The growing importance of economic security in the new paradigm. Towards a new definition of economic security." *Technium Social Sciences Journal* 35.

Guptaand, Kirti and Chris Borges. 2023. "GeoTech Wars - Semiconductors: The Most Complex Device in History with Syed Alam." *Center for Strategic and International Studies*.

Morris, Platzer. 1990. A *History of the World Semiconductor Industry*. London: The Institution of Engineering and Technology.

National Security Commission on Artificial Intelligence. 2021. "Final Report."

Navarro, Peter. 2018. "Economic Security as National Security: A Discussion with Dr. Peter Navarro." *Center for Strategic and International Studies*. https://www.csis.org/analysis/economic-security-national-security-discussion-dr-peter-navarro (검색일: 2023. 12. 20).

_____. 2018. "Why Economic Security Is National Security." *The White House*. https://trumpwhitehouse.archives.gov/articles/economic-security-national-security/ (검색일: 2023. 12. 20).

Raimondo, Gina M. 2023. "The CHIPS Act and a Long-term Vision for America's Technological Leadership." *U.S. Department of Commerce*. https://www.commerce.gov/news/speeches/2023/02/remarks-us-secretary-commerce-gina-raimondo-chips-act-and-long-term-vision (검색일: 2023. 11. 01).

Shivakumar, Sujai and Charles Wessner. 2022. "Semiconductors and National Defense: What Are the Stakes?" *Center for Strategic and International Studies*.

Semiconductor Industry Association (SIA). 2023. "2023 State of the U.S. Semiconductor Industry."

Sullivan, Jake. 2022. "Remarks at the Special Competitive Studies Project Global Emerging Technologies Summit." *The White House*. https://www.whitehouse.gov/briefing-room/speeches-remarks/2022/09/16/remarks-by-national-security-advisor-jake-sullivan-at-the-special-competitive-studies-project-global-emerging-technologies-summit/ (검색일 2023.11.01).

_____. 2023. "Renewing American Economic Leadership at the Brookings Institution." https://www.whitehouse.gov/briefing-room/speeches-remarks/2023/04/27/remarks-by-national-security-advisor-jake-sullivan-on-renewing-american-economic-leadership-at-the-brookings-institution/ (검색일: 2023.11.01).

The White House. 2017a. "Ensuring Long-Term U.S. Leadership in Semiconductors." https://obamawhitehouse.archives.gov/sites/default/files/microsites/ostp/PCAST/pcast_ensuring_long-term_us_leadership_in_semiconductors.pdf (검색일: 2023.12.20).

_____. 2017b. "National Security Strategy." https://trumpwhitehouse.archives.gov/wp-content/uploads/2017/12/NSS-Final-12-18-2017-0905.pdf (검색일: 2023.12.20).

_____. 2021. "Executive Order on America's Supply Chains." https://www.whitehouse.gov/briefing-room/presidential-actions/2021/02/24/executive-order-on-americas-supply-chains/ (검색일: 2023.11.01).

_____. 2022. "National Security Strategy." https://www.whitehouse.gov/wp-content/uploads/2022/10/Biden-Harris-Administrations-National-Security-Strategy-10.2022.pdf (검색일: 2023.11.01).

von der Leyen, Ursula. 2023. "Speech by President von der Leyen on EU-China relations to the Mercator Institute for China Studies and the European Policy Centre." *European Commission*. March 30. https://ec.europa.eu/commission/presscorner/detail/en/speech_23_2063 (검색일: 2023년12월20일).

Weiss, Linda and Elizabeth Thurbon. 2021. "Developmental State or Economic Statecraft? Where, Why and How the Difference Matters." *New Political Economy* 26(3).

2
전기차 배터리 공급망 재편과 핵심광물 확보방안

김연규 | 한양대학교 교수

I. 서론

글로벌 전기차 배터리 공급망(Global EV Battery Supply Chain)이 급변하고 있다. 전기자동차를 최종 제품으로 하는 전기차 글로벌 공급망은 배터리 부품 제조가 그 핵심 단계로 인식되어 "전기차 배터리 공급망"이라고도 하며, 전 세계 많은 국가들이 단계별로 개입되어 있는 복잡한 글로벌 공급망이라 할 수 있다.

미국 인플레이션 감축법(Inflation Reduction Act: IRA)에서 적절히 분석하고 있듯이 전기차 배터리 공급망은 크게 핵심광물(critical minerals)과 구성물질(constituent materials)에 관한 단계, 배터리부품(battery components) 단계, 셀 제조와 팩조립 단계, 전기차 생산 단계, 사용후 배터리 재활용 단계로 나누어진다.

최근 글로벌 전기차 배터리 공급망을 둘러싼 가장 두드러진 변화는 미국, 유럽, 일본 등 전통 자동차산업과 글로벌 전기차 배터리 공급망을 장악하려는 공급망 강대국들의 향후 계획에 상당한 도전과 차질이 예상된다는 점이다. 글로벌 전기차 배터리 공급망 차원에서 미국, 유럽, 일본, 한국 등이 가장 강점을 드러내고 부가가치를 많이 창출할 수 있는 부분은 전기차 생산일 것이다. 그러나 최근 전기차생산과 수출에서 중국의 추격이 거세지고 있다. 중국은 2022년에 내연차와 전기차를 합친 전체 자동차 수출 면에서 독일을 추월했으며, 2023년에는 일본까지 제치고 세계 자동차 수출 1위 국가가 되었다.

중국의 전기차 생산 약진은 저렴한 전기차 배터리생산에 기인한다. 통상 중국내 배터리 공장 건설 비용은 기가와트시(GWh) 단위당 5백억달러로 알려져 있고 중국밖에서는 7-8백억 달러에서 미국 유럽 등은 1천 2백억 달러로 중국내 비용의 2배가 넘는다. 숫자적으로 보면 중국 이외의 국가에서는 중국의 전기차 배터리 가격 경쟁력을 능가하는 생산이 사실상 어렵다.

배터리 셀 제조사는 중국 4곳, 한국 3곳, 일본 3곳이 세계 시장의 90%를 차지하고 있다. 배터리 기술과 생산능력에서는 미국과 유럽연합(European Union: EU)이 크게 뒤처져 있다. 미국 테슬라와 유럽 전기차 업체들은 배터리 공급망의 마지막 단계인 배터리팩 조립에만 집중하고 있는 반면, 배터리 원료 채굴, 가공, 소재화, 배터리셀 제조 등은 주로 한국, 중국에서 이뤄지고 있다. 배터리 셀 제조 공장은 미국과 유럽이 비교적 빠른 속도로 중국을 따라갈 수 있을 것이다. 전기차 배터리 전주기에 가장 큰 영향을 미치는 주요 요인은 핵심광물과 구성물질 확보와 가공이다.

본 장은 글로벌 전기차 배터리 공급망 중에서 특히 핵심광물과 구성물질 공급망 단계를 다른 공급망 단계와 비교하여 분석하는 데 초점을 두고자 한다. 미국, 유럽, 일본, 한국의 전기차 배터리 공급망에서 가장 두드러진 취약성은 중국이 70-80% 장악하고 있다고 알려진 핵심광물 확보와 구성물질 가공이다. 현재 공급망은 중국 기업들이 중남미, 동남아, 아프리카 등 주로 개발도상국에 부존해 있는 핵심 광산에 투자하여 채굴한 뒤, 중국으로 가져와 배터리 부품에 투입되기 직전의 핵심광물 화합물 형태로 가공하여 수출하는 형태이다.

최근 미국의 IRA, 유럽연합의 핵심원자재법(Critical Raw Materials Act: CRMA) 입법과 발효로 핵심광물과 구성물질 공급망 단계에 큰 변화가 이미 일어나고 있으며 향후 더 다변화 될 것이다. 첫 번째 변화는 미국과 유럽에서 전기차 배터리기업들의 관행이었던 무분별한 중국산 광물 사용을 제한하기 위한 다양한 법적 제도적 장치를 마련하고 있는 것이다. 배터리 광물과 부품 원산지 증명 제도를 통한 중국산 재료를 사용한 물품 차별화는 IRA 법안의 보조금 인센티브를 통해 배터리공급망의 변화를 가져오고 있다. IRA 법안 통과 이후 전 세계적으로 투자에 큰 변화가 생겼다. 높은 세율과 인건비로 미국을 떠난 기업들이 부품 비율 할당량을 위해 북미 지역 투자를 고려하고 있으며 1차 원자재를 구하기 위해 중국을 제외한 캐나다, 호주, 아프리카 등 광산개발에 투자하고 있다. 여기서 말하는 가장 중요한 핵심광물은 희토류와 5대 배터리 핵심광물인 리튬 니켈 코발트 망간 흑연을 말하는 것이다.

두 번째 변화는 글로벌 자원개발의 관행이라 할 수 있는 개도국 채굴을 벗어나 호주, 캐나다, 미국 등 선진국에서의 핵심광물 채굴과 가공이 새로운 흐름을 이루고 있다. 자본과 기술을 가지고 해외에서만 자원개발을 하던 선진기업들이 친환경 개발을 내세우며 자국으로 방향을 돌리고 있다.

세 번째 변화는 전통개발 지역인 중남미, 동남아, 아프리카와 같은 핵심광물 자원부국들이 단순히 원료만을 공급하는 것이 아니라, 가공과 전기차 등 최종제품 제조업을 동시에 발전시키기 위한 산업화와 자원민족주의 경향을 보인다는 점이다.

II. 글로벌 전기차 배터리 공급망 재편

1. 글로벌 전기차 생산과 수출

전기차 보급이 급증하고 있다. 2022년에 세계 각국에 차량 등록된 전기차 총 대수는 1,083만대로 전년 대비 61.3% 상승했다. SNE 리서치의 보고서에 따르면 2023년 전기차 인도량은 약 1,478만대 수준으로 전망되었다(김성은 2021) .

또한, 2015년부터 2017년까지 1% 안팎에 불과했던 전기차 침투율(전체 차량 판매 규모 대비 전기차 비중)은 2022년에 13%를 기

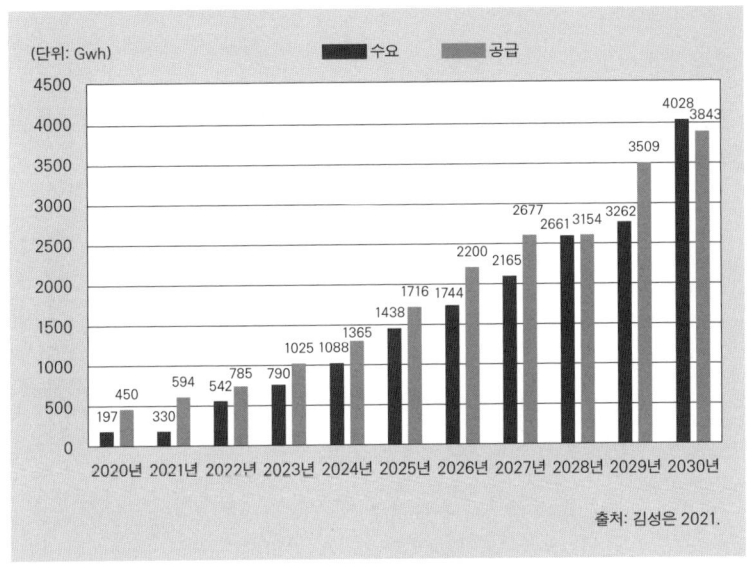

〈그림 1〉 글로벌 전기차 보급 규모

출처: 김성은 2021.

록했다. 전기차용 이차전지 수요는 2015년 28GWh(기가와트시)에서 492GWh로 증가했다. SNE리서치에 따르면 2035년 글로벌 한 해 신규 전기차 판매 대수를 약 8천만대에 달할 것이며, 침투율은 약 90%에 이를 전망이다. 이에 따라 전기차용 이차전지 수요도 2023년 687GWh에서 2035년 5.3TWh(테라와트시·1TWh는 1천 GWh)로 성장할 것으로 전망된다.

맥킨지(McKinsey)컨설팅은 최근 발표한 2030 글로벌 전기차 배터리 전망에서 2030년까지 배터리공급 규모를 4.6TWh로 낙관적인 전망치를 제시하였다(McKinsey & Company 2023). 맥킨지 컨설팅 보고서의 가장 흥미로운 점은 2030년까지의 전기차 배터리 산업의 업스트림에서 다운스트림까지의 총 부가가치 창출 규모를 4000억

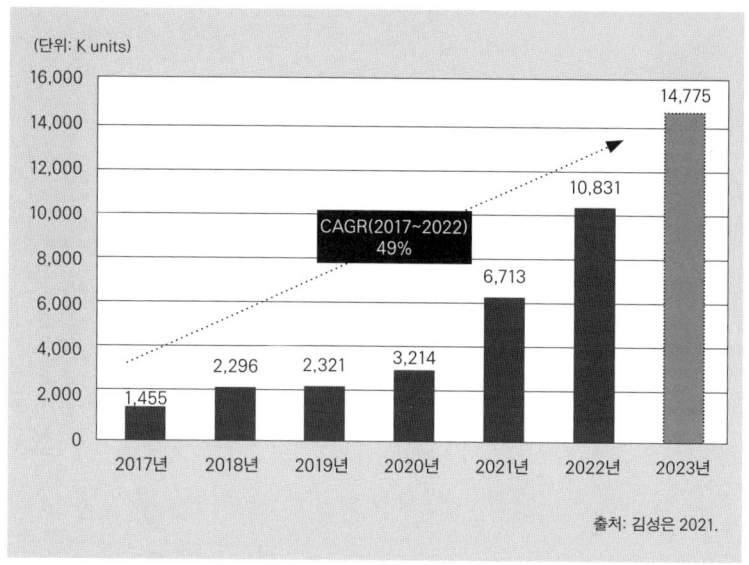

〈그림 2〉 글로벌 전기차 배터리 수요 및 공급 전망

출처: 김성은 2021.

달러로 전망하고 밸류체인별로 나누어서 보고 있다는 점이다(〈그림 3〉, 〈그림 4〉 참고).

중국의 부상은 글로벌 전기차 생태계의 가장 큰 변화다. 내연기관에서 전기자동차로의 전환에는 새로운 배터리 기술, 모터, 모터용 영구자석 부품, 핵심광물 채굴 및 처리, 배터리 부품을 포함한 새로운 가치 사슬과 공급망이 필요했다. 세계 최대 전기차 제조사로 떠오른 테슬라를 제외한 주요 전기차 제조사는 모두 중국 제조사다. 제너럴모터스(GM), 포드자동차(Ford), 폭스바겐 등이 급속도로 전기차 제조로 전환하고 있지만, 테슬라를 제외하고는 중국 전기차 시장에서 두각을 나타내지 못했다(Chang and Bradsher 2023).

2022년 말 기준, 글로벌 전기차 판매량이 처음으로 1,000만대를

〈그림 3〉 맥킨지 2030 글로벌 전기차 수요 전망

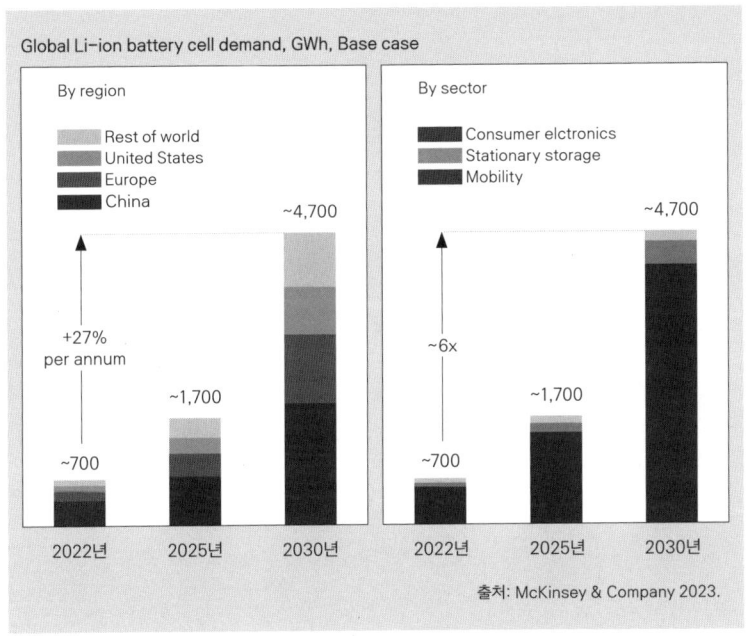

출처: McKinsey & Company 2023.

넘어섰다. 전체 자동차 시장에서 전기차가 차지하는 비중도 14%로 높아져 2017년 100만 대를 돌파한 이후 불과 5년 만에 10배 이상 성장했다. 중국은 약 600만 대를 기록하는 세계 최대 전기차 시장이기도 하다. 2022년 말 신규 판매 기준 중국에 이어 유럽이 320만대를 기록했고, 미국은 약 70만대를 기록했으며, 미국을 포함한 북미는 130만대를 기록했다.

신차 판매 중 전기자동차의 점유율이 5%를 넘어설 때 보조금 등 외부의 도움 없이 대중화 단계로 들어서는 시점인 티핑 포인트(tipping point)라고 할 수 있다. 전기자동차 보급의 선도국인 노르웨

〈그림 4〉 맥킨지 2030 전기차 밸류 체인별 전망

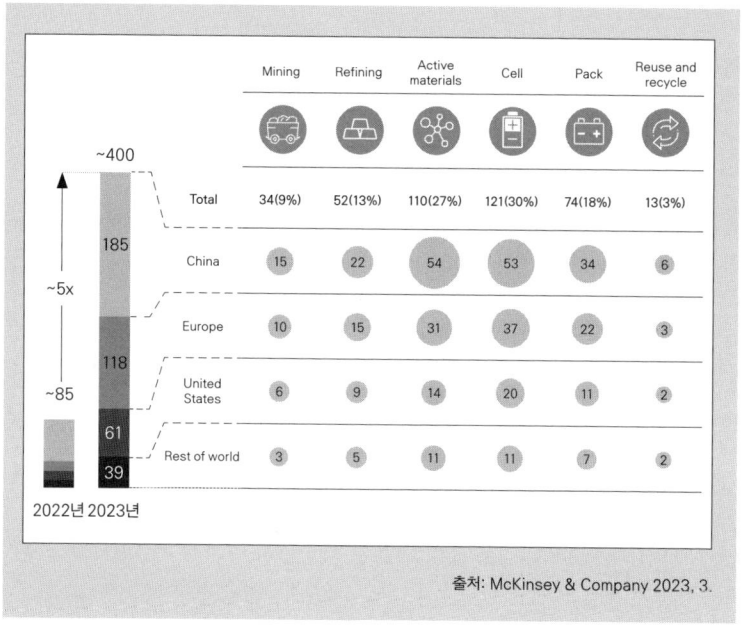

출처: McKinsey & Company 2023, 3.

이는 2013년 티핑 포인트를 돌파하여 현재 80%가 넘는 전기차 점유율을 달성하였으며, 중국, 프랑스, 독일 등 선진국들이 연이어 티핑 포인트에 도달하였다. 전 세계의 전기자동차 티핑 포인트 달성은 2025년경으로 예상되어, 이모빌리티(e-mobility)로의 본격적인 전환을 눈앞에 두고 있다.

2023년 7월 5일 파이낸셜타임스는 2022년 상반기 기준으로 비야디(BYD)가 641,000대를 판매하며, 테슬라 판매량인 564,000대를 추월하였다고 대대적으로 보도했다. 중국 전기차 제조사의 비약적인 발전은 중국 내수시장에 국한되지 않고 세계 시장으로 이어지고 있다.[1] BYD를 필두로 중국 전기차 제조사들은 이미 딜러 계약을 체결해 각국 내 현지 판매망을 구축하고 유럽 자동차 시장은 물론 호주, 중동, 중남미, 동남아시아 등으로 수출하고 있다. 중국 자동차 수출의 40%는 유럽지역으로 수출된다. 유럽의 자동차 업체가 주로 중국에서 생산 후 중국 시장에 판매하는 것이 일반적이었기 때문에, 중국 현지에서 만들어진 자동차가 유럽으로 수출되는 것은 처음 있는 현상이다.

중국 생산 전기차의 유럽 수출은 중국 전기차 시장에서 보조금이 줄기 시작한 것이 중요한 원인이다. 유럽 자동차 시장은 아직도 관세가 10%에 불과해 트럼프 정부 이후 중국수입 자동차에 대한 27.5% 수입관세와 대조적이고 전기차에 대한 보조금도 여전하다.

테슬라와 같은 중국 현지 생산 전기차뿐 아니라 중국과 유럽에서 생산하는 중국 전기차 업체들의 유럽 수출이 점차 확대되면 전기차 전환이 중국의 글로벌 자동차시장 지배로 이어질 것이다. 그동안 미국, 유럽, 일본 등이 소비재는 중국으로부터 수입하고 고급자동차를 중국으로 수출하는 기존 세계 제조업 구도에 지각변동이 일어나는 것이다.

중국 전기차의 부상은 1980년대 일본의 닛산, 혼다, 토요타 자동차의 부상과 유사한 측면이 있다. 2023년 7월 10일, 로이터는 태국에서 급속한 변화가 진행되고 있다고 보도했다. 태국에서는 BYD와 만리장성자동차(Great Wall Motor)를 포함하여 2020년부터 14억

---

[1] 중국은 2021년에는 전 세계적으로 555,041대의 EV를 수출했으며, 2022년에는 전년 대비 120% 증가한 679,000대를 수출하였다(Smith et al. 2022).

4천만 달러 상당의 중국 투자가 이루어지고 있으며 역사적으로 일본이 지배했던 시장에서 새로운 자동차산업 역사가 시작되고 있다. 태국은 동남아시아 최대의 자동차 생산국이자 수출국이며, 인도네시아에 이어 두 번째로 큰 판매 시장이다. 이곳에서 일본 자동차 제조업체들은 수십 년 동안 지배적인 영향력을 행사해왔으며 일본 시장의 연장선으로 취급되어 왔다. 그러나 태국 자동차 시장의 변화가 경쟁이 치열한 중국 전기 자동차 시장에 대응하여 중국 자동차 제조업체가 수출을 늘리고 해외 생산 허브를 구축하려는 전략의 일부로 촉발되었다(Ghoshal and Kongkunakornkul 2023).

태국은 2030년까지 연간 생산량 250만 대 자동차의 약 30%를 EV로 전환하는 것을 목표로 하며, 동남아지역의 전기차 생산 허브가 되겠다는 목표를 갖고 이를 위해 공격적으로 투자를 추진하고 있다. 2022년 태국에서는 850,000대의 전기차 신차가 등록되었다. 2023년 1월부터 4월 사이에 중국의 BYD는 판매된 전체 18,481대의 EV 판매 가운데 7,300대를 기록하는 등 현재 시장 선두주자이며 중국의 상하이자동차(SAIC), 전기차 스타트업 호존(Hozon) 및 테슬라가 그 뒤를 따르고 있다. 반면, 토요타 자동차의 전기차 판매는 아주 미미하다.

2023년 2월, MIT 테크놀로지 리뷰(Technology Review)는 중국이 어떻게 글로벌 EV 시장을 장악하게 되었는지에 대한 2부작 시리즈 기사를 게재했다(Yang 2023). 이 기사의 저자인 쩌이 양(Zeyi Yang)은 사상 처음으로 중국 EV 회사들이 중국 밖으로 사업을 확장하고 글로벌 브랜드가 될 수 있는 기회를 얻었다고 강조한다. IRA

와 CRMA등 입법적 조치에도 불구하고 중국 전기차와 배터리의 유럽 시장 진출은 계속될 것이며 현재는 막혀있는 미국 시장 진출도 결국 이루어질 것이라고 전망한다.

최근 발표된 미국의 국제전략문제연구소(Center for Strategic and International Studies: CSIS) 보고서에 따르면 미국의 시각에서 중국 전기차 산업 약진과 수출로 인한 전략적 위협은 중국이 미국과 유럽으로부터 자동차를 수입하고 석유까지 미국 공급망에 의존하던 오랜 전략적 취약성을 극복하게 된 점이다. 앞으로는 정반대로 미국, 유럽이 중국의 전기차를 수입하고 중국이 장악한 전기차 부품과 원자재인 핵심광물 채굴과 가공에 의존하게 될 가능성이 커지게 되었다.

향후 전기차 중심의 글로벌 자동차 시장 양대 강국은 미국과 중국이 될 것이다. 중국 내수 자동차 시장은 지나친 경쟁으로 이미 어느 정도 포화상태인 것으로 보이며 이제 시작된 미국내의 전기차 시장은 곧 필연적으로 포화 상태가 될 것이다. 중국과 미국 전기차 업체들은 인도, 브라질, 인도네시아 등 대규모 시장에서 격돌할 것이다. 인도네시아는 이미 전기차 공장 건설을 위해 중국 투자를 유치하고 있다. 미국, 유럽, 일본이 인도-태평양 지역을 통합하고 협력 플랫폼을 구축해야하는 중요한 이유는 향후 전기차와 배터리, 디지털, AI, 반도체 등이 통합적으로 시장이 들어설 지역이기 때문이다 (Mehdi and Moerenhout 2023).

미국 정부는 전기차 비중을 신규 판매 기준 2030년까지 50%로 설정한 가운데 2023년 4월 12일에 2032년 67%라는 강화된 전기차 목표를 발표한 바 있다. 캘리포니아주 정부는 2035년 내연차 판매금지 기준을 이미 가지고 있으며 바이든 정부의 향후 행보는 연방정부 차원에서 캘리포니아주 정부와 2035년 내연차 판매금지 기준을 동조화할 것으로 예측된다. 업계에서 보는 2026년까지 미국의 예상 전기차 침투율은 약 17%다. 바이든 정부의 계획대로라면 2030년까지 50%의 침투율로 약진할 것이며, 2032년까지는 67%로 한 번 더 점프해야 한다.

이러한 전기차 확산 구도는 미·중 간 패권경쟁 구도에 많은 시사점을 갖는다. 2026~2030년 미·중 간 첨단산업 패권경쟁은 극에 달할 것이며 반도체 뿐 아니라 전기차와 이차전지가 첨단 산업의 선두에 나설 것이다. 미국은 통상적인 상업적 방법으로는 중국과의 격차를 줄이기 힘들다고 보고 국가안보적 수단 등을 통해 전기차 배터리 따라잡기에 나서고 현재 야구로 본다면 1회 8:1로 뒤져 있는 게임을 5회 8:5 정도로 따라잡는 계획을 세워놓고 있다고 볼 수 있다. 야구게임 비유로 다시 본다면 2040년 10:11 역전으로 경기를 끝내는 그림을 그리고 있는 것이다.

2. 배터리 부품

전기차에서 가장 중요한 부분은 자동차 원가의 약 40%를 차지하는 배터리 셀이다. 중국은 배터리에 들어가는 대부분의 부품을 생산한다. 중국은 분리막 74%, 전해액 82%, 양극재 92%, 음극재 77%를 생산하고 있다. 리튬 이온 배터리는 리튬 이온이 양극과 음극 사이를 이동하며 발생시키는 전기화학적 반응을 통해 전기를 만들어 낸다. 배터리가 조립된 상태에는 리튬이 양극에 머무르고 있으며, 충전 시 양극에 있던 리튬이 리튬 이온 이동의 매개체인 전해액을 통해 음극으로 이동하게 된다. 방전 시에는 음극에 있던 리튬이 다시 양극으로 돌아가게 되며, 이때 발생한 전자가 전기 회로를 통해 흐르면서 전기에너지를 공급하게 된다. 양극과 음극이 직접 맞닿게 되면 단락이 발생하므로, 이를 막기 위해 분리막이 양극과 음극 사이를 가로막고 있다.

배터리의 용량과 전압은 반응에 직접 참여하는 양극과 음극에 의해 결정되며, 이러한 두 물질을 활물질이라고 부른다. 가장 중요하고 비싼 배터리 부품은 양극재이다. 배터리 부품 가운데 양극재는 만들기가 가장 어렵고 에너지 집약적이다. 양극 소재는 배터리에 리튬을 공급하는 공급원으로, 불안정한 리튬을 보관하기 위해 리튬을 산소와 결합시켜 안정화할 수 있는 리튬 전이 금속 (Co, Ni, Mn 등 주기율표상 4~7주기, 3~12족 원소) 산화물 형태로 이루어져 있다. 최초로 상용화된 양극 소재이면서 가장 대표적인 양극 소재인 $LiCoO_2$(LCO)는 노벨상 수상자인 존 굿이너프(John Bannister Goodenough) 교수에 의해 제안되었다.

LCO는 소재의 이론 용량, 밀도, 전압이 높고 안정적인 구조로 인하여 이상적인 양극 소재 중 하나이지만, 높은 에너지밀도를 달성하기에 어려움이 있다. 또한 고가의 코발트 가격으로 인하여 소재 가격이 비싸 낮은 가격을 요구하는 전기자동차용 중대형 배터리에는 적용이 어렵다. 이로 인하여 제안된 양극 소재가 바로 삼원계 양극 소재인 Li[NiCoMn]O2 (NCM) 소재이다. 그러나 삼원계 소재 내 니켈 함량의 증가는 배터리의 안전성과 안정성을 모두 저하시키는 요인이다. 충전 시 4가로 변화한 니켈 이온은 전해액과 부반응을 일으켜 가스를 발생시키며, 지속적인 가스 발생은 배터리 폭발의 원인으로 작용하게 된다.

중국은 리튬인산철(Lo-FePO4: LFP) 양극재 배터리를 주도해왔다. LFP는 에너지 밀도가 낮지만 니켈, 코발트, 망간(LiNiMnCoO2: NCM) 삼원계 배터리에 비해 가격이 저렴하고 화재로부터 안전하다. NCM은 1회 충전으로 더 먼 거리를 이동할 수 있기 때문에 국내 배터리 제조사들은 이 배터리에 주력해 왔다. LFP 배터리는 고가의 원자재인 니켈이나 코발트를 함유하지 않아 NCM 등 삼원계 배터리에 비해 가격이 30% 저렴하고 폭발 위험도 낮다. 하지만 무게가 무거워 에너지 밀도가 낮고 주행거리가 짧은 등의 단점이 있다(Kim 2023).

50KWh 용량의 배터리 팩을 제작할 때 NCM811 배터리에 사용되는 양극재 가격은 1,570달러, LFP 가격은 1,087달러이다. 코로나19와 러시아의 우크라이나 침공으로 인한 공급망 불안정과 원자재 가격 급등으로 전기차 제조사들이 'LFP 배터리'로 눈을 돌리고 있다. 디자인 기술이 발달해 약점으로 여겨지는 에너지 밀도를 어느 정도 보완할 수 있기 때문이다.

양극 활물질 개발의 한계점에 도달하자 주목받기 시작한 것은 음극 소재이다. 양극에서 나온 리튬을 음극에서 받아주어야 하므로, 양극 전극과 같은 용량 이상의 음극 전극으로 배터리를 구성하여야 한다. 따라서 리튬을 함유하고 있지 않은 음극 또한 고용량 소재 개발 시 배터리의 에너지밀도를 향상할 수 있는 요인이 된다. 일반적으로 음극은 흑연 소재를 사용한다. 흑연 소재는 자연에서 얻을 수 있는 천연 흑연과 화석연료의 부산물인 코크스를 고온에서 처리해 만드는 인조흑연으로 나뉜다. 천연 흑연은 가격이 저렴하고 용량이 높으나, 출력 특성과 수명 특성이 불리하다. 또한 충전 시 팽창이 커 배터리가 부푸는 스웰링(swelling) 현상을 일으켜 안전성에 문제를 발생시키기도 한다. 반면에 인조흑연은 출력 특성과 수명 특성이 유리하나, 가격이 비싸고 용량이 낮은 단점을 가지고 있다. 이 때문에 전기자동차용 배터리는 목적에 따라 천연 흑연 또는 인조흑연을 사용했으며, 최근에는 각각의 장점을 조합하여 두 소재를 섞어 음극을 구성한다(Benchmark Source 2023).

3. 핵심광물과 구성물질

조사기관 SNE리서치에 따르면 LG에너지솔루션, SK이노베이션, 삼성SDI 등이 이끄는 한국 배터리 제조사들은 전 세계 전기차 배터리 시장 점유율 44%를 차지하고 있다. 한국에 이어 중국이 33%의 시장점유율로 2위, 일본이 17%로 3위를 차지했다. 문제는 한국의 중국 원자재 의존도가 너무 높다는 점이다. 최근 국내 정치권이 인용한 정부 자료에 따르면 국내 배터리 제조사들은 양극재, 음극재, 분리막, 전해질 등 배터리 핵심 소재를 60% 이상 중국산에 의존하고 있는 것으로 나타났다.

국내 양극재 업체들은 배터리 핵심광물인 NCM을 별도로 수입

<그림 5> BYD 남미 배터리 공급망

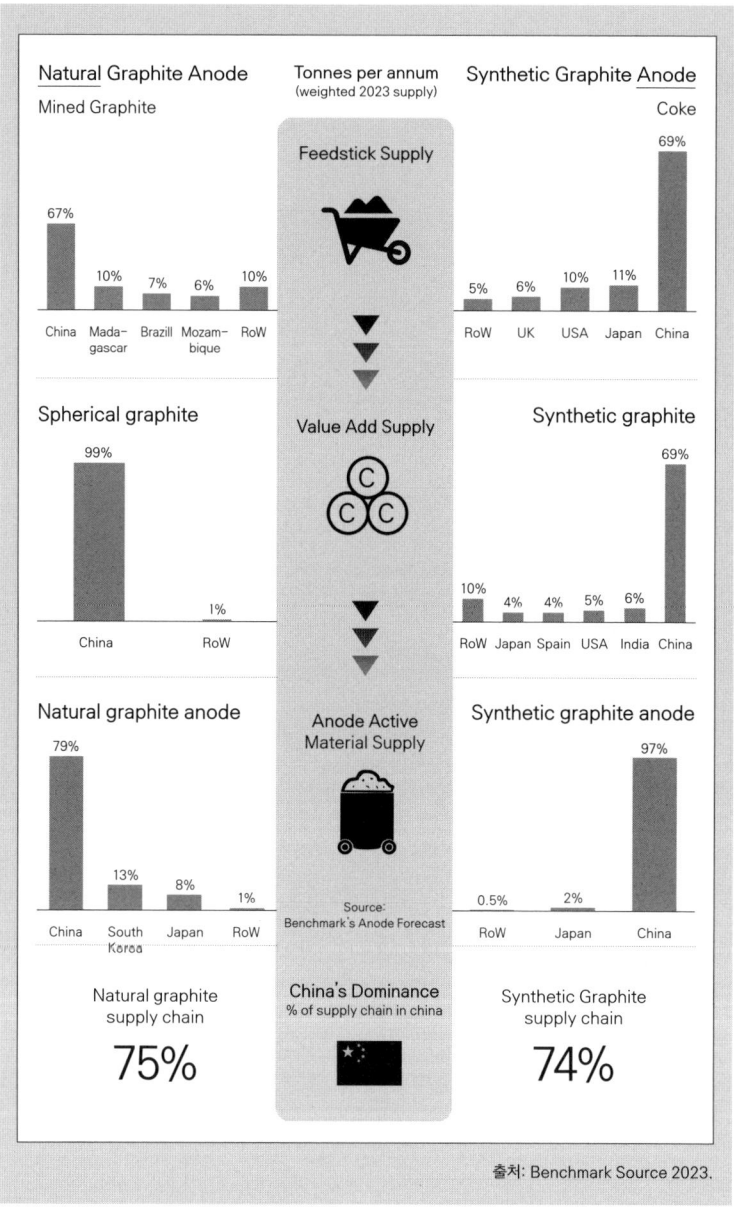

출처: Benchmark Source 2023.

하지 않고, 중국 업체가 일정 비율로 혼합·가공한 화합물을 수입한다. 2022년 1월부터 7월까지 우리나라는 전체 전구체 수입량의 94%를 중국에 의존한 것으로 확인됐다. 수산화리튬을 전구체와 결합하면 양극재가 되며, 수산화리튬도 중국에서 84% 수입해 사용한다.

2022년 한국의 대중국 무역수지가 20년 만에 적자로 전환했다. 이는 전기차 배터리 관련 품목 수입이 급증한 것과 크게 관련이 있다. 한국 전기차 산업이 성장할수록 중국 의존도가 높아지는 구조로 인해 중국과의 무역수지가 악화되는 구조가 고착되고 있다. 한국무역협회 통계에 따르면 2022년 1월부터 7월까지 대중국 무역적자가 가장 큰 품목은 전구체(니켈, 코발트, 망간화합물)였다. 같은 기간 배터리 관련 품목 전체 적자는 63억달러(8조5000억원)로 지난해 적자(57억달러)를 이미 넘어섰다.

리튬이온전지의 대중국 무역적자가 1위를 차지한 것은 이번이 처음이다. 전기차 국내 판매와 수출이 동시에 늘어나면서 중국산 배터리 수입도 급증했다. 현대차는 중국 공장에서 LG에너지솔루션과 SK온이 생산하는 배터리를 주로 공급받으며, 기아차는 2022년 6월 출시한 신형 니로EV에 중국산 CATL 배터리를 사용하고 있다. 현대차그룹의 전기차 판매량(18만대)은 2021년 출시한 전기차 아이오닉 5와 EV6의 수출이 본격화되면서 지난해 같은 기간보다 72% 급증했다.

국내 기업들은 중국 광물자원에 대한 의존도를 줄이기 위해 전기차 배터리에 필요한 화학물질과 소재에 투자하기 시작했다. LG에너지솔루션은 배터리 소재 생산에 52억달러(약 6조2000억원)를 투자

하겠다고 밝혔고, 철강업체 포스코는 배터리 핵심 소재인 수산화리튬을 추출하기 위한 국내 공장을 짓고 있다. 또한 지정학적 리스크 분산을 위해 미국, 헝가리 등 해외에 배터리 공장을 건설하고 있다.

배터리 핵심 소재인 리튬의 자체 생산도 시도되고 있다. 포스코홀딩스는 2030년까지 연간 리튬 30만톤을 생산해 글로벌 3대 리튬 기업으로 도약한다는 목표를 갖고 있다. 이를 통해 국내 배터리 업체들이 필요로 하는 리튬의 상당 부분을 확보할 수 있을 것으로 기대된다.

국내 2위 양극재 생산업체인 LG화학은 2028년까지 리튬과 니켈을 각각 65%, 50% 자체 조달할 계획이다. 이를 위해 2023년 2월 올해부터 4년간 북미로부터 리튬광석 5만톤을 공급받는다. 이는 전기차 50만대를 생산할 수 있는 규모다.

LG에너지솔루션과 LX/포스코/화유코발트 컨소시엄이 세계 최대 니켈 매장량인 인도네시아에 연산 15만톤 규모의 니켈 제련소를 건설하고 있다. 전기차 300만대를 생산할 수 있는 규모이다. 이와 별도로 포스코홀딩스는 지난달 초 인도네시아에 전기차 100만대 규모의 니켈 제련공장을 짓고 있으며, 하반기 광양에도 50만대 규모의 니켈 제련공장을 완공할 계획이다.

포스코인터내셔널은 2023년 6월 29일 호수 블랙록마이닝(Black Rock Mining) 자회사와 탄자니아산 천연흑연을 25년간 총 75만톤 공급하는 계약을 체결했다. 지난해 우리나라가 배터리 음극재의 주원료인 천연흑연을 4만8000t 수입했는데, 이 중 96%가 중국에서 수입됐다. 매장량 기준 세계 2위의 천연흑연 광산인 탄자니아에서 연평균 3만톤을 공급한다면 중국에 대한 의존도는 어느 정도 완화될 수 있다.

산업통상자원부는 2023년 2월 27일 '국가 핵심광물 수급위기 대응 및 공급망 안정화 대책'을 발표하였다. 본 대책에서 정부는 리튬, 니켈, 코발트, 망간, 흑연, 희토류 5종(세륨, 란탄, 네오디뮴, 디스프로슘, 터븀)을 10대 전략 핵심광물로 선정하고 10종을 포함해 구리, 알루미늄, 네오븀 등을 포함하는 33종을 추가로 집중 관리 핵심광물 품목으로 추가 선정하였다(이윤주 2023). 전략 핵심광물의 원산지는 칠레, 호주, 터키, 베트남 등으로 다양하지만 처리·가공은 니켈을 빼곤 중국에 쏠려있다. 2021년 기준 우리나라는 이차전지용 수산화리튬의 84%, 양극재 원료인 황산코발트와 황산망간의 97%, 전기차용 희토류의 54%를 중국으로부터 들여왔다. 정부는 2030년까지 전략 핵심광물의 특정 국가 수입 의존도를 50% 이하로 낮추고, 2%대인 광물 재활용을 20% 이상 높이겠다는 목표다.

4. 배터리 재활용

밸류체인 부문 가운데 가장 빠르게 성장하는 산업이 배터리 재사용/재활용 산업이다. 맥킨지 컨설팅은 2023년 3월 배터리재활용산업에 대한 새로운 보고서를 내놓았다. 현재 폐배터리는 배터리 생산과정에서 생기는 불량품에서 나오고 있지만 향후에는 전기차에서 대량 발생할 것으로 예상된다.

SNE리서치에 따르면 글로벌 전기차 폐배터리 재활용 시장 규모

<그림 6> McKinsey 2030 전기차 배터리재활용 산업 전망

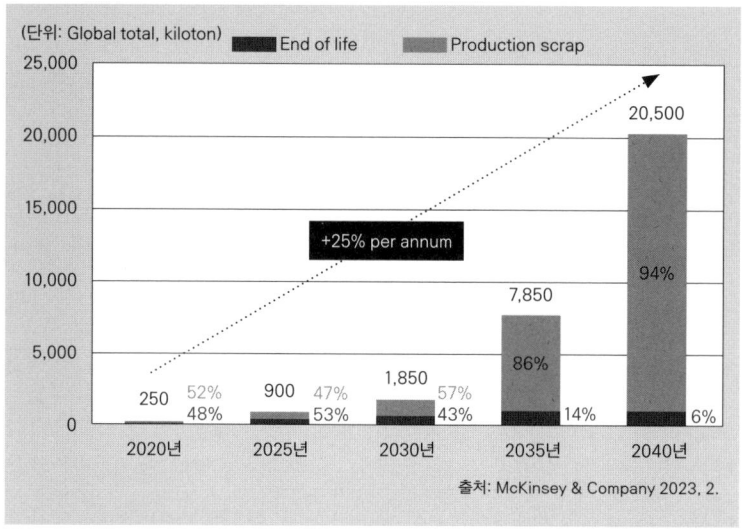

출처: McKinsey & Company 2023. 2.

는 2020년 4,000억원에 불과했지만 2030년 21조원, 2040년 87조원까지 확대될 것으로 전망했다. 또한 2020년 14GWh였던 배터리 재활용 시장 규모가 2025년 배터리 수요의 9% 수준인 92GWh, 2030년 수요의 약 14%인 415GWh까지 연평균 40% 급성장할 것이라고 내다봤다. 같은 기간 전세계 전기차용 배터리 시장의 연평균 예상 성장률인 34%를 뛰어넘는 수치이다.

국내 전기차 폐배터리 배출량에 대해서는 여러 기관에서 다양한 전망을 제시하고 있으며 에너지경제연구원의 자료에 따르면 2029년에 약 80,000개의 폐배터리가 발생할 것으로 전망된다. 국내 전기차 폐배터리에서 회수되는 자원의 잠재적 잔존가치는 2029년 약 2천억원에 달할 것으로 예상된다. 한국지질자원연구원에 따르면 국내 전

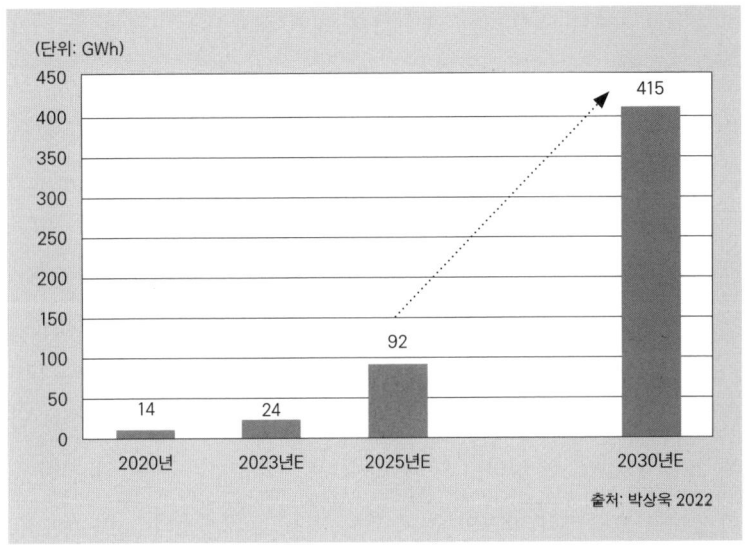

〈그림 7〉 글로벌 전기차 폐배터리 발생량 전망

출처: 박상욱 2022

기차 보급 확대에 따라 폐배터리 재활용이 증가하게 되는 2035년 이후에는 배터리 생산에 필요한 핵심원료의 자체 조달분이 급증하게 된다. 환경부의 "2030년 전기차 보급 목표"를 토대로 국내 전기차 보급량을 설정하고, 추세선을 적용해 폐배터리 발생량을 추정했는데, 연간 재활용될 폐배터리 양을 추정한 결과, 2030년 1.8만톤(4만개), 2035년 9만톤(18.4만개), 2040년 22.5만톤(40.6만개)로 나타났다. 구체적으로는 2045년에 수산화리튬(LiOH) 2만톤, 황산망간($MnSO_4$) 2.1만톤, 황산코발트($CoSO_4$) 2.2만톤, 황산니켈($NiSO_4$) 9.8만 톤가량을 전기차 폐배터리 재활용으로 회수할 수 있다는 전망이다. 이는 해당원료의 2022년 수입량 대비 28%, 41배, 25배, 13배에 해당하는 수치이다.

2045년 폐배터리 재활용으로 회수 가능한 수산화리튬 2만톤은 약 63만개의 NCM811 배터리를 새로 만드는데 필요한 양이라고 분석했다. 배터리 1개 용량을 2030년 이후 주로 보급될 것으로 예상되는 100kWh로 가정했을 때 63만개의 용량은 63GWh로 현재 국내 이차전지 생산능력인 32GWh의 2배에 달하는 수치이다. NCM622 모델로는 56만개를 생산할 수 있다. 황산코발트를 기준으로는 NCM622 43만개, NCM811 97만개를 제조할 수 있다.[2]

전반적으로 글로벌 차원의 배터리 재활용을 통해 코발트, 리튬, 망간, 니켈의 총 연간 수요는 2030년에 3%, 2040년에 11%, 2050년에 28% 감소할 수 있다. LFP와 하이니켈 NMC 양극재로의 전환을 가정하면 코발트와 망간의 총 수요는 리튬과 니켈보다 느린 속도로 증가할 것이다. 따라서 재활용은 리튬 및 니켈보다 코발트 및 망간에 대한 미래 수요의 더 많은 부분을 충족시킬 수 있을 것이다. 재활용으로 인한 코발트와 망간 채굴의 연간 수요는 2030년 10%와 7%, 2040년 19%와 16%, 2050년 각각 34%와 31% 감소할 것이다. 리튬과 니켈의 수요는 2030년에 1%와 2%만 감소할 것이다. 이러한 차이는 배터리 재활용에서 리튬을 회수하는 것이 코발트, 망간 및 니켈을 회수하는 것보다 더 어렵기 때문이다. 2020년부터 2040년까지 배터리 광물의 누적 수요는 리튬은 1,100만 ~ 1,200만 톤, 니켈 4800만~5500만 톤, 코발트 300만~400만 톤, 망간 500만~600만 톤이 될 것이다.

2 NCM811이 NCM622보다 코발트 함량이 적어 더 많은 배터리를 제조할 수 있다.

폐배터리 재활용에 있어 전처리 단계의 높은 비용에 의해 배터리의 종류와 금속 가치에 따라 재활용 시 경제성이 미흡할 수 있으나 1차 재사용 후 2차 재활용을 통해 경제성 제고가 가능함을 확인했다. 현재까지 재사용 경제성에 대한 평가자료는 없으나 과도한 안전성 확보 비용, 규모의 경제 미달성 등으로 인해 경제성이 미흡한 상황이라고 일부 전문가들은 말하고 있다.

재활용 비용을 살펴보면, 50kWh 배터리팩 기준으로 탈거/방전 (3.2) 운반 (1.4), 해체 (3.3) 재활용 전처리 (2.5), 후처리 (7.6) 등 18$/kWh가 소요된다. 이때, 재활용 전처리는 블랙파우더 (Black powder)를 만드는 과정을 뜻하며 본 비용에는 매입 및 진단평가 비용이 제외된다. 현재 한국환경공단은 사용후 배터리 판매 사업 활성화를 목적으로 50% 수준의 할인된 금액 정책으로 공고 중이다.

배터리를 재활용할 경우, 천연 광물 상태에서의 채굴보다 정제비용을 절감할 수 있으며 배터리 종류별로 다양한 수익성 창출이 가능하다. NCM811의 경우 전체 셀 제조 비용 중 재료비 비중이 2020년 기준 71%를 차지한다. 전기차 배터리(LFP/NCM811/NCM622/NCM111) 중에서 NCM111를 재활용하면 kWh당 42달러(약 53,000원)의 가치가 창출되어 가장 수익성이 높은 반면, LFP배터리의 수익성은 약 15달러(약 19,000원)로 가장 낮을 것으로 예상된다. 24kWh급 삼원계 배터리 재활용은 팩당 600~900달러(약 76~114만원)의 매출을 기대할 수 있다. 광산에서 발견되는 최고 등급 리튬 농도는 2~2.5%인 반면, 재활용으로 추출한 리튬의 농도는 4~5배에 이르러 고농도의 원료를 얻을 수 있다.

III. 우리나라 핵심광물 확보방안

핵심광물 수입처 다변화와 탈중국 공급망 구축을 위해서는 동남아시아·중앙아시아 등 '알타시아(Altasia, 대안적 아시아 공급망)'로 공급망을 적극 확장해야 하며, 미국 주도로 14개국이 참여하는 인도·태평양 경제프레임워크(Indian-Pacific Economic Framework: IPEF) 국가들과 광물 공급망 협력을 키워야 한다.

실제로 이들 국가와의 광물 등 교역 규모는 점차 커지고 있다. 무역협회에 따르면 베트남은 국내 수입액이 6번째로 큰 국가이며, 말레이시아(10위), 인도네시아(12위) 등도 상위권이다. 또한 인도네시아는 니켈 매장량 1위, 우즈베키스탄은 텅스텐 매장량 7위 등으로 잠재력도 높은 편이다. 정부도 최근 들어 몽골·우즈벡·인도네시아 등과 핵심광물 공급망 등 협력에 관한 업무협약(MOU)이나 무역투자촉진프레임워크(Trade and Investment Promotion Framework: TIPF) 등을 맺으면서 공급망 확보에 나서고 있다.

미국은 2022년 6월 15일 핵심광물 공급망 안정과 다변화를 위한 핵심광물안보 파트너십(Minerals Security Partnership: MSP)이라는 다자간 협의체를 출범했다. MSP에는 미국, 영국, 독일, 프랑스, 캐나다, 일본, 한국, 호주, 핀란드, 스웨덴, 유럽연합 등 11개국이 참여했다. 9월 22일 뉴욕에서 토니 블링컨 국무장관 주재로 MSP 첫 장관회의가 열렸다. 이 회의에는 MSP 11개 협력국을 비롯해 핵심광물 생산국인 아르헨티나, 브라질, 콩고민주공화국, 몽골, 모잠비크, 나미비아, 탄자니아, 잠비아 등 8개국도 참석했다(정종훈·이우림 2023).

우리나라는 핵심광물 확보 측면에서 IPEF, MSP를 활용하여 캐나다 등 북미 또는 美FTA 체결국인 호주 등과 배터리 광물 협력을 강화하는 한편, 중국에 의존해 있는 공급선 다변화를 위해 아프리카, 중남미, 동남아 등의 국가들과 협력을 강화해야 한다. 단기적으로 전략비축을 확대하고 국내 핵심광물 생산기반을 구축해야 한다. 민간기업이 장기구매계약(off-take agreement)을 통한 안정적인 핵심광물 공급선을 확보하도록 유도하고 중장기적으로는 해외자원개발 생태계 차원에서 자원부국들과의 네트워크를 복원해야 한다. 미국의 IRA 광물 조항 원산지 조건은 채굴 장소가 아니라 광물 제련 장소를 기준으로 삼을 가능성 있으며, 이러한 경우 희토류, 리튬 니켈 정제련 기술을 강화해야 한다.

2022년 11월 블룸버그 뉴 에너지 파이낸스(Bloomberg New Energy Finance: BNEF)가 발표한 글로벌 배터리 공급망 평가에서 중국이 3년 연속 1위를 차지한 가운데 캐나다가 그 뒤를 이어 2위에 올랐다. BNEF는 매년 리튬이온 배터리 공급망과 관련된 5가지 주제에 대한 45가지 측정 척도를 기준으로 주요 30개국의 순위를 매기고 있다. 각 순위는 원자재 공급 및 가용성, 배터리 셀이나 부품 제조, 환경·사회·지배구조(ESG), 산업·혁신·인프라, 탐사·채광·제련·제조 등 광물 관련 다운스트림, 현지 수요 등 5가지 부분으로 나눠 매겨진 후 최종 순위가 결정된다.

BNEF 순위에서 한국은 배터리 제조 부문에서 중국에 이어 2위를 차지했으나 원자재에서는 17위에 그쳐 독일과 공동으로 6위에 올랐다. 캐나다의 경우 2021년과 비교해 4개 부문에서 2~9단계씩 고르게 상승했고 전 부분 상위권 순위를 선점하며 최종적으로 2위를 차지했다. 중국산 원자재 의존에 대한 위험도가 높아지는 상황에서 캐나다가 2위로 올라선 점이 눈에 띈다.

2022년 12월 9일 캐나다 연방 정부는 캐나다의 첫 핵심광물 전략(The Canadian Critical Minerals Strategy)을 발간했다. 캐나다는 흑연 및 니켈 생산에서 세계 5위를 차지하고 있으며, 증가하는 핵심광물의 수요를 충족시키는 인프라를 구축을 통하여 리튬 공급 또한 확대할 계획이다.

캐나다 핵심광물 전략에는 포스코와 LG에너지 솔루션의 캐나다 진출 사례가 소개되어 있다. 2022년 5월 포스코 케미칼은 미국의 GM과 협력하여 퀘벡주에 5억 캐나다 달러 규모의 북미 양극재 합작사 얼티엄캠(Ultium CAM) 설립을 위한 최종 계약을 체결했다. 두 기업은 자동차사와 배터리 소재사의 전략적 협력 모델을 통해 북미 배터리 시장의 안정적인 공급망을 구축할 수 있을 것으로 전망된다. 2022년 9월 LG에너지 솔루션은 캐나다의 주니어 광산 회사인 아발론(Avalon Advanced Materials Inc.), 스노우레이크(Snow Lake Resources Inc.)와 업무 협약을 맺고 2025년부터 배터리 핵심 소재인 수산화 리튬을 공급받는다. 또한 북미 유일의 황산 코발트 정제 시설을 보유한 일렉트릭카 배터리(Electrica Battery)와 2023년부터 3년 동안 7000톤의 황산 코발트를 공급 받기로 했다.

세계적 핵심광물을 다량 보유하고 있는 호주의 광업은 국내총생산(GDP)의 10%를 차지하는 주요한 국가 산업이다. 호주의 리튬, 니켈, 코발트 매장량은 세계 2위, 희토류 매장량은 세계 6위에 달하며, 흑연 및 백금족 대한 개발도 지속하고 있다. 최근 많은 호주 리튬 기업들은 일반 리튬보다 약 20배의 가치가 있는 수산화리튬 가공·생산에 집중하고 있으며, 이는 호주경제가 연간 2,310억 호주달러의 가치를 지닌 리튬의 전체적인 밸류체인까지 시야를 확대하고 있다는 반증으로 볼 수 있다. 현재 호주는 수산화리튬 생산 초기 단계로 2022년을 기점으로 퀴나나(Kwinana) 및 케머튼(Kemerton) 제련소 등을 통해 본격 생산을 추진할 것으로 기대된다. 특히, 호주는 세계 최대 리튬 생산국으로 전 세계 생산량 중 55%를 차지한다.

 2020년 기준 우리나라의 연간 니켈 수입규모는 13억불로 광종 가운데 최대이며 2위가 팔라듐 3위 백금 4위 규소(실리콘)이다. 수입처는 뉴칼레도니아(18%), 호주(17%), 일본(16%), 핀란드 (8%), 중국 (6%) 순이다. 니켈 원광에는 황화광과 산화광(라테라이트, laterite)라는 두 가지 종류가 있다. 기존에 배터리용으로 가공되는 것은 황화광 원광이며, 인도네시아에서 채굴되는 니켈은 산화광 원광이다. 그러나 최근 개발된 고압산침출법(High Pressure Acid Leaching: HPAL)을 사용하면 라테라이트 원광 중 일부인 갈철석(limonite) 역시 전기차 배터리로 가공될 수 있다. 황화광의 대부분은 호주, 러시아, 남아공, 캐나다에 부존하며 호주는 산화광과 황화광이 모두 부존하기 때문에 호주 생산이 인도네시아를 추월할 것으로 예측된다.

 Class-1 니켈생산을 위해 라테라이트광을 HPAL 혹은 NPI-to-Nickel Matte 등의 추가 제련공정을 통해 2021.3 중국의 칭산그룹 (Tsingshan Holding Group), 인도네시아 모로왈리산업단지(Morowali Industrial Park) 제련소에서 NPI-to-Nickel matte 공정 성공을 선언

하였다. 인도네시아가 니켈공급망에서 최근 관심을 끄는 가장 큰 이유는 HPAL 제련시설을 통한 class-1 니켈 잠재 생산량이 800,000톤에 달할 것이라는 추산 때문이다.

인도네시아는 2018년에 56만 톤의 니켈을 채굴하며 세계 최대 생산국이 되었다. 2017년도 34만 5000톤의 생산량으로 필리핀에 이은 세계 2위의 생산국이 대대적인 시설 확충으로 1위에 올라선 것이다. 니켈의 수요는 빠르게 늘어가고 있지만 늘어가는 수요에 비해 니켈의 공급은 일부 국가에 집중되어 있어 공급망이 안정적이지 못하다. 2021년 인도네시아는 전 세계 니켈 생산량의 37%를 차지하며 니켈 생산 1위에 올랐다. 특히 최근 추진되는 니켈 개발 프로젝트 대부분이 인도네시아에서 중국 자본에 의해 진행 중이다. 중국과 인도네시아의 니켈 생산 점유율을 합치면 65%에 달한다.

니켈은 다른 배터리 광물에 비해 전 세계에 고르게 분포해 있고 생산량 자체도 부족한 편은 아니다. 니켈 공급망이 인도네시아와 중국 중심으로 형성된 가장 큰 이유는 용도와 품질에 따라 니켈광석(nickel ore)이 황화광(sulfide)와 산화광(laterite)으로 차별화되어 있다는 점이다. 황화광은 니켈 함량이 높은 class-1니켈의 원료로 배터리 재료로 사용되는데 반해 니켈 함량이 낮은 class-2 니켈의 원료인 산화광은 스테인레스 철강 생산에 주로 사용되어왔다.

미국 지질조사국(United States Geological Survey: USGS)의 조사에 따르면 전 세계 희토류 매장량 1억 2000만 톤 중 베트남의 희토류 매장량은 2200만 톤으로 중국의 4400만 톤의 매장량에 이어 2위를 차지하고 있다. 최근 베트남은 세계 최대규모의 희토류 광산

개발을 추진하고 있어 한국의 희토류 공급망에 신규 공급처로 부상할 가능성이 높다.

IV. 결론

미국과 중국은 전기차와 배터리 시장을 장악한 나라가 세계를 장악할 것이라고 말하며, 배터리 공장 증설과 기술 개발을 21세기 '군비경쟁'으로 규정하고 있다. 미국과 유럽은 한국, 중국 배터리 제조사와 협력해 셀 제조를 우선해 셀 제조를 확대하는 전략을 추진하고 있다. 셀 제조 규모는 상대적으로 빠르게 확대될 수 있지만, 공급망 재편의 가장 큰 걸림돌은 배터리 원재료 핵심광물 확보다.

큰 틀에서 글로벌 전기차 배터리공급망은 세계경제와 세계 국가들간 권력관계의 축소판이다. 선진국들은 대체로 자본과 기술의 우위를 가지고 공급망의 하류단계(downstream)를 지배하고 디자인과 최종제품, 이 경우는 전기차 생산에 집중하게 된다. 부가가치도 하류단계 최종제품 조립과 생산이 상류와 중류단계보다 크기 마련이다. 선진국들이 하류단계 최종제품 생산과 기술개발 R&D에 주로 치중하는 중요한 이유는 상류단계로 갈수록 자원개발에 따른 환경피해와 그에 따른 비용 상승과 사회적 반대에 직면하기 때문이다.

개발도상국들은 자본과 기술을 결여한 채 주로 자원부존과 공급에 의존하여 세계경제에 편입되기 마련이다. 전기차와 배터리 제조의 원료가 되는 희토류와 배터리 핵심광물들의 주된 부존국가들은 중남미, 아프리카, 동남아 지역에 골고루 퍼져있다.

20세기 세계자동차 산업과 그 원료인 석유산업을 지배했던 미국, 유럽, 일본은 21세기 전기차산업과 그 원료인 핵심광물을 계속 지배하려고 한다. 가장 큰 부가가치 창출과 기술력은 전기차 생산과 수출에서 발휘될 것이기 때문에 미국 유럽 일본 세계적 내연차 업체들은 느리긴 하지만 전기차생산라인 전환에 박차를 가하고 있다. GM이나 포드자동차 등 내연차 생산 인프라와 노동자 전환으로 어려움을 겪고 있는 반면 스타트업으로 출발한 테슬라가 전기차 생산을 주도하고 있다.

20세기 세계경제에서 자동차산업과 그 원료인 석유의 글로벌 공급망은 오늘날 글로벌 전기차 배터리 공급망 이해에 많은 시사점을 제공한다. 미국은 국내 풍부한 석유자원 부존에도 불구하고 중동과 중남미, 아프리카 석유 개발에 의존하였다. 미국과 유럽 일본은 글로벌 석유공급망의 하류단계를 지배하고 자동차 산업을 통해 엄청난 부를 축적하고 원료로서 석유가격 안정을 위해 많은 노력을 기울였다.

글로벌 전기차 배터리 공급망은 핵심광물 채굴-가공 소재화-배터리 부품 제조-전기차생산-사용 후 배터리 재활용으로 이어지며 이제 막 형성되기 시작하였다. 그러나 시장규모면에서 기하급수적으로 확대되고 있고, 국가마다 공급망 전주기에 대한 장악력을 강화하기 위해 국가능력을 총 동원하고 있다.

참고 문헌

김성은. 2021. "282조원 쏟아부었지만…2030년까지도 전기차 배터리 부족." 〈머니투데이〉. 2021/10/13.

박상욱. 2022. "폐배터리 리사이클계의 향유고래." 〈하이투자증권〉. 2022/07/27.

이윤주. 2023. "10대 전략 핵심광물, 2030년까지 특정국가 의존도 50% 이하로 낮춘다." 〈한국일보〉 2023/02/27.

정종훈·이우림. 2023. "제2 요소수 터지나…핵심광물 13종, 中 쏠림 심해졌다." 〈중앙일보〉 2023/10/12.

Benchmark Source. 2023. "BYD Builds Battery Supply Chain in South America with Chile and Brazil Plants." July 11. https://source.benchmarkminerals.com/article/byd-builds-battery-supply-chain-in-south-america-with-chile-and-brazil-plants

Chang, Agnes and Keith Bradsher. 2023. "Can the World Make an Electric Car Battery without China?" *New York Times* May 16.

Ghoshal, Devjyot and Pasit Kongkunakornkul. 2023. "China-led EV boom in Thailand Threatens Japan's Grip on Key Market." *Reuters* July 10.

Kim, Hyung-Kyu. 2023. "Korean EV Battery Makers Lose Market Share against Chinese Rivals." *The Korean Economic Daily* February 8.

McKinsey & Company. 2023. "Battery 2030: Resilient, Sustainable, and Circular." January 16.

Mehdi, Ahmed and Tom Moerenhout. 2023. "IRA and the U.S. Battery Supply Chain: Background and Key Drivers." *Center on Global Energy Policy at Columbia University SIPA*. June.

Smith, Gordon, Jennifer Creery, and Sophia Smith. 2022. "FirstFT: Chinese Electric Vehicle Maker Overtakes Tesla." *Financial Times* July 5. https://www.ft.com/content/bb454998-2b88-4f8a-be27-09abc38aa88d

Yang, Zeyi. 2023. "How Did China Come to Dominate the World of Electric Cars?" MIT Yang, Zeyi. 2023. "How Did China Come to Dominate the World of Electric Cars?" *MIT Technology Review* February 21.

3
중국 전기자동차(EV) 산업의 부상과 한국의 경제안보에 주는 함의

이왕휘 | 아주대학교 교수

I. 머리말

주요 산업국가에서 자동차 산업은 경제뿐만 아니라 정치 및 안보에도 중요하다. 경제적인 차원에서 자동차 산업은 국민경제에 가장 큰 비중을 가지는 산업 중의 하나이다. 미국에서 자동차 산업은 역사적으로 국내총생산(GDP)의 3.0~3.5%, 중국에서는 2021년 거의 10%, 독일에는 14%, 우리나라에서는 약 13%를 차지했다(Hill et al. 2010). 정치적으로는 자동차 산업은 많은 노동자를 고용하고 있어 공장 지역의 선거에 큰 영향력을 행사할 수 있다. 안보적으로 자동차는 전시에 전쟁에 필요한 물자를 생산하는 군수생산시설이다. 제2차 세계대전을 승리로 이끈 아이젠하워 대통령이 1953년 국방장관으로 지명

했던 찰스 윌슨 제너럴모터스(GM) 사장은 "GM에게 좋은 것은 미국에도 좋고 그 반대도 마찬가지"라는 발언은 결코 과장이 아니다.

19세기 말 이후 자동차 산업은 첨단 과학기술의 경연장이었다. 새롭게 등장한 최신 과학기술이 최고급 자동차에 우선적으로 적용되었다. 이런 점에서 자동차 산업은 국가의 과학기술 수준을 평가하는 척도로 활용되어왔다. 20세기가 내연기관에 기반을 둔 엔진의 시대였다면 21세기는 배터리(2차전지)를 사용하는 모터의 시대라고 할 수 있다. 전기자동차(Electric Vehicle: EV)는 단순한 이동수단을 넘어서 인공지능(Artificial Intelligence: AI), 자율주행, 빅데이터를 종합한 4차 산업혁명의 총아로 간주되고 있다(Citi GPS 2023).

이런 배경에서 EV를 둘러싼 글로벌 경쟁은 중요한 국제정치적 함의를 가진다. 제2차 세계대전 이후 글로벌 시장에서 자동차 산업의 주도권을 장악한 국가는 미국이었다. 미국은 양과 질에서 모두 독일, 일본, 영국, 프랑스 등을 압도하였다. 1970년대 두 차례의 석유 위기의 여파로 연비가 우수한 일본과 독일의 자동차가 미국의 아성에 도전하기 시작하였다. 그러나 미국의 패권을 종식시킨 국가는 중국이었다. 2009년부터 중국은 가장 많은 자동차를 생산하는 국가로 군림하고 있다. 2023년 상반기 중국은 일본을 제치고 세계 최대의 자동차 수출국으로 등극하였다.

EV 산업에서도 중국은 매우 빠른 성장을 거듭하고 있다. 미국은 2010년대까지 기술과 상업 측면에서 EV 산업 발전에 가장 중요한 기여를 하였다. 테슬라(Tesla)는 EV에 필요한 많은 기술을 독자적으로 개발하여 대량생산하는 데 성공하였으며, 2014년 자사가 보유한

200여 건의 특허를 무료로 공개함으로써 EV 산업 확산에 결정적으로 공헌하였다. 그러나 2020년대 들어 중국 EV 기업이 테슬라를 맹렬하게 추격하고 있다. 중국 EV 기업은 글로벌 생산량의 절반을 차지하고 있으며, EV 생산원가의 40%를 차지하는 배터리 분야에서도 약진하였다. 2021년부터 중국산 배터리를 장착하면서, 테슬라가 가진 우위는 이제 자율주행으로 한정되는 추세다.

미국은 중국의 부상을 견제하기 위한 대응책을 전개하였다. 2022년에 인플레이션감축법(Inflation Reduction Act: IRA)을 제정함으로써 해외에서 생산된 EV에 대한 보조금 지급을 제한하였다. 이에 대해 유럽연합(European Union: EU)은 IRA를 보호주의적 조치로 강력히 비판하였다. 에마뉘엘 마크롱 프랑스 대통령은 2022년 12월 미국 국빈 방문에서 IRA에 대한 반대를 분명히 표명하였다(The White House 2023). 역설적이게도 EU 역시 자국 산업 보호를 위해 2023년 6월부터 중국산 EV에 대한 정부 보조금 조사를 개시하였다. 중국은 미국과 EU의 조치가 자유무역에 부합되지 않는다고 주장하면서 보복을 준비하고 있다(Nakano and Robinson 2023).

EV를 둘러싼 글로벌 경쟁은 우리나라의 EV 산업에도 막대한 영향을 미치고 있다. 2016년 고고도미사일방어(Terminal High Altitude Area Defense: THAAD) 배치 결정 이후 중국에서 현대기아차의 시장 점유율이 급속하게 하락하였으며, 미국의 IRA에서 지정한 보조금 지급 대상에 현대기아자동차 모델이 하나도 포함되지 않았다. 뿐만 아니라, 탄소배출을 감소시키기 위한 EU의 기후변화정책은 내연기관 자동차 수출에 비관세 장벽으로 작용하고 있다. 이런 어려운 여건 하에서도 현대기아자동차는 2023년 판매량 기준 세계 3위로 성장하였다.

향후 EV 산업은 그린뉴딜, 일자리 및 공급망의 변화에 영향을 받을 것이다. 미국, EU, 중국 모두 그린뉴딜에는 동의하고 있다. 그러나 일자리 및 공급망에서는 갈등이 격화되고 있다. 경제안보 차원에서 우리의 EV 산업을 보호하기 위한 미국·중국·EU의 도전을 극복해야 한다. 이를 위해서는 정부와 기업의 긴밀한 협력이 필요하다. 해외에서 발생하는 보호주의적 조치에 대해서는 정부가 공식적으로 문제를 제기해 우리 기업이 받는 불이익을 최소화해 주어야 한다. 기업은 핵심 기술과 정보가 유출이 되지 않도록 보안을 강화해야 한다. 정부와 기업은 EV 생태계가 성장할 수 있게 핵심 소재·부품·장비의 공급망의 안정화에 협력해야 한다.

II. 21세기 글로벌 자동차 시장의 구조적 변화

1. 엔진에서 모터로

자동차가 최초로 발명된 19세기 말부터 20세기 말까지 동력장치는 내연기관인 엔진이었다. 내연기관 자동차는 독일, 프랑스, 이탈리아, 영국 등 유럽국가에서 시작하였다. 그러나 대량생산 대량소비를 통해 자동차 산업을 비약적으로 발전시킨 국가는 미국이다. 1908년 헨리 포드가 개발한 모델T(Model T)가 양산된 이후 미국에서 자동차의 판매가 급증하였다. 미시건주 디트로이트에 본사를 둔 포드, GM,

<표 1> 자동차산업 가치사슬 구조

		키워드	현재	미래
자동차 콘셉트 변화		자산에서 수단으로	자동차(자산)	멀티 모달 모빌리티
친환경		CO_2 저감	내연기관	다양화/전동화
스마트		인간의 편의 극대화/교통사고 저감	운전자보조시스템	자율주행
서비스	고객	공유경제의 확산	소유	공유
	제조사	제조·서비스업 융합	제조업	제조+서비스업
플랫폼		부품 공유화	HW 모듈화	HW/SW 모듈화

출처: 김경유 2022, 36

크라이슬러가 3대 기업으로 부상하였다. 제2차 세계대전에서 이 기업은 다양한 군수물자를 생산하면서 규모가 더 커졌다. 1970년대 석유 위기 이후 휘발유 가격이 폭등하면서 연비가 좋은 소형 자동차를 생산하는 일본 기업인 토요타, 혼다, 닛산이 미국 시장에서 점유율을 확대하였다. 독일, 영국, 이탈리아 기업은 고급 자동차 시장에서 두각을 보였지만, 판매량에서 미국 기업과 일본 기업에 미치지 못했다. 21세기 들어 전기로 구동되는 EV가 등장하면서 자동차 산업은 구조적 변화에 직면하게 되었다(김꽃별 2022).

가장 상징적인 사건은 2017년 4월 시가총액에서 테슬라가 미국 2인인 포드와 미국 1위인 GM을 추월했다는 것이다. 당시 테슬라의 생산량은 2만 대로 700~900만대를 생산하는 GM과 포드에 비해 아주 왜소했다. 더 놀라운 사실은 GM은 90억 달러, 포드는 63억 달러의 수익을 내었지만, 테슬라는 9억5천만 달러의 적자를 볼 것으로 예상되었다는 것이다. 주가에 거품이 끼었다는 비판에도 불구하고 2020년 7월 테슬라의 시가총액이 판매량 세계 1위인 도요타까지 제쳤고, 12월에는 전기차 테슬라의 시가총액이 전 세계 9대 자동차 업체(폭스바겐, 도요타, 닛산, 현대, GM, 포드, 혼다, 피아트 크라이슬러, 푸조)의 총합보다 커졌다. 이 당시 테슬라의 판매량은 50만 대 수준으로 전 세계 자동차 판매량의 1%에도 미치지 않았다.

테슬라의 주가가 이렇게 폭등한 이유는 자동차 산업의 미래가 내연기관 자동차가 아니라 EV에 있다는 투자자의 기대에 있다. EV는 세 가지 혁신을 내포하고 있다. 첫째는 친환경 기술이다. 화석연료를 연소시켜 동력을 얻는 엔진은 기후변화에 주요한 원인인 이산화탄소를 배출하는 반면, 전기로 모터를 회전시키는 EV는 그렇지 않다. 둘째, 다양한 전자장치를 사용한 EV는 자율주행을 구현하는 데 훨씬 유리하다. EV 기업은 디트로이트 자동차전시회(the North American International Auto Show)가 아니라 라스베가스 소비자 가전 전시회(Consumer Electronics Show)를 더 선호한다. 마지막으로 EV는 내연기관 자동차에 비해 인공지능(AI), 빅데이터 등의 첨단 기술을 적용하기 훨씬 더 쉽다. 즉 EV는 이동수단이라는 하드웨어와 맞춤형 서비스를 제공하는 소프트웨어의 결합으로 진화하고 있다. 현대자동차의 현대모빌리티로 사명 변경은 이런 트렌드의 반영이라고 할 수 있다.

공급망의 측면에서도 EV는 내연기관차와 근본적 차이가 있다. EV에는 내연기관에 비해 배터리와 자율 주행이 훨씬 더 중요한 역할을 한다. 따라서 EV 공급망은 배터리 공급망과 자율주행 공급망

⟨그림 1⟩ EV 공급망

(자율주행)전기차 관련 제조업 가치사슬

완성차 회사
- 연구개발 및 설계
- 구매 (재료/부품 등)
- 조립 생산

자동차 부품업체
- Tier4, Tier4, Tier4, Tier4
- Tier3, Tier3, Tier3, Tier3
- Tier2, Tier2, Tier2, Tier2
- Tier1 (모듈 부품)
- 소재회사 (강판 등)

배터리 가치사슬
- 원료/제련업 (니켈, 리튬, 코발트)
- 원료/제련업 (양극재, 음극재, 분리막, 전해액)
- 2차전지 (셀, 모듈, 팩)
- 자사용/제휴용
- 폐배터리

자율주행 가치사슬
- 센서
- 칩
- 램프/스위치
- 모듈/시스템
- 파워트레인
- 자율주행 SW

e-동력전달장치
- 구동모터, 감속기 등

충전시스템 인프라
전력공급설비, 충전 인터페이스

자체 엔진공장[1]
→ 프레스 → 차체조립 → 도장 → 의장 → 검수

- 프레스: 프레스임과 바디패널 성형
- 차체조립: 패널을 용접해 차체 모양 조립
- 도장: 페인팅 작업 (소재부식 방지)
- 의장: 모듈/부품 장착 후 차량 완성
- 검수: 성능 및 안전 최종 검사

주: 1) 전기차 생산 시 역할이 크게 약화되거나 소멸한 내연기관 부품 및 엔진 공정 등은 가치사슬에서 배제(회색 배경 표시)
자료: 과학기술정책연구원(22.12월)

출처: 한국은행 2023. 14

제3장 | 중국 전기자동차(EV) 산업의 부상과 한국의 경제안보에 주는 함의

이 유기적으로 연계되어 있다.

2. 미국에서 중국으로

제2차 대전 이후 20세기 말까지 자동차 생산에서 미국이 압도적으로 우위를 차지했다. 21세기 들어서 미국의 비중은 20% 이하로 하락하였다. 2009년부터는 중국이 세계 최대 생산국의 지위를 공고히 유지하고 있다.

구매 대수에서도 중국이 미국의 두 배 이상을 유지하고 있다. 2022년 구매 대수는 중국(26,864,000), 미국(13,828,337), 인도(4,367,964), 일본(4,167,590), 독일(2,874,828), 브라질(1,953,557), 영국(1,896,259), 프랑스(1,874,805), 한국(1,652,305), 캐나다(1,551,409) 순이었다. 자동차 수출 지표는 중국이 향후에도 일본은 물론 한국보다 더 많은 자동차를 수출할 것으로 전망된다.

중국의 우위는 EV에서 더 확실하다. 2020년대 들어서 중국은 미국, 독일, 일본을 제치고 세계 최대 EV 생산국이자 소비국의 위치를 공고화하였다(주은교·이정민 2021; 하일곤 2023; 양재완 2023; Yang 2023; Kubota and Cheng 2023; Barry 2023). BYD와 같은 기존 EV 기업 이외에도 샤오미, 화웨이 등 IT기업까지 EV 제작에 참여하고 있기 때문에 중국은 2030년까지 보급률이 60%를 넘어설 것으로 예상된다.

중국 EV의 약진은 수출 실적에도 반영되어 있다. 2023년부터 중국은 수입보다 수출을 더 많이 하였다. 중국자동차공업협회

〈그림 2〉 1950년 이후 전 세계 자동차 생산량: 국가별 비중

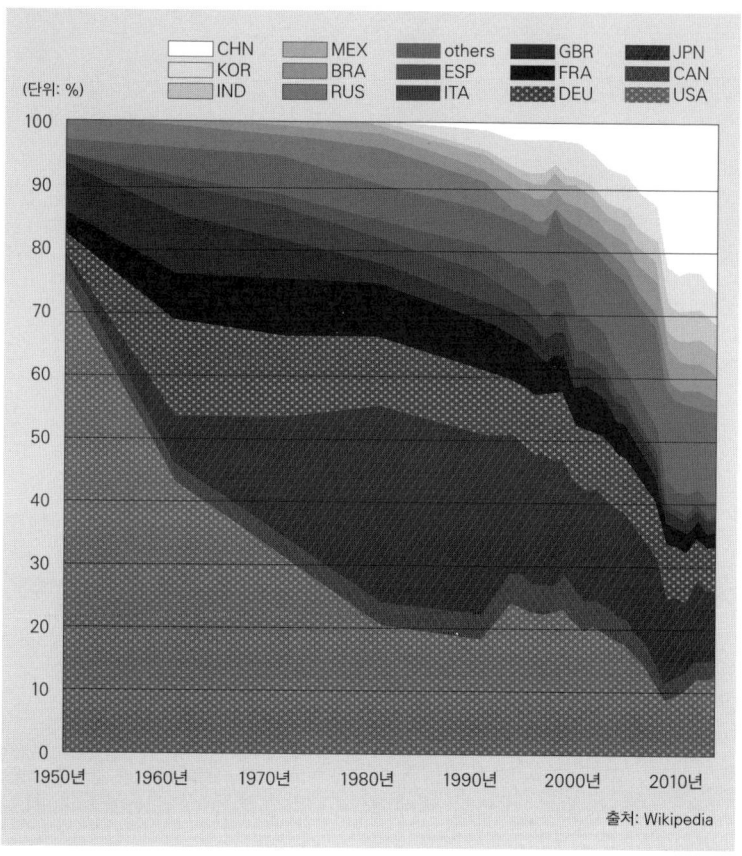

출처: Wikipedia

(China Association of Automobile Manufacturers: CAAM)에 따르면, 2023년 상반기에 수출한 214만 대 중 약 1/4인 53만4000대가 신에너지 자동차였다. 상하이 기가팩토리에서 생산된 테슬라(18만 대)와 BYD(8만 대)의 비중이 가장 컸다. 지역별로는 유럽, 아시아, 오세아니아 순이었다(Mazzocco and Sebastian 2023).

〈그림 3〉 자동차 수출 지표

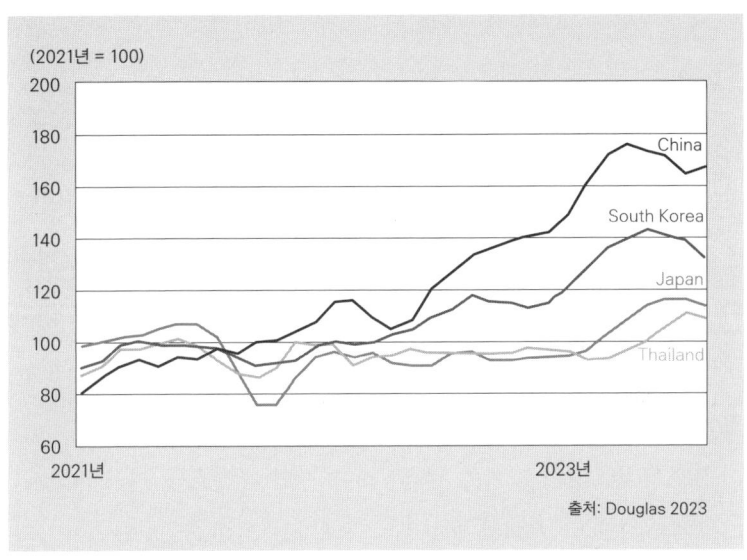

출처: Douglas 2023

〈표 2〉 EV 보급률 전망 (* E: 추정치)

국가	2021	2022E	2023E	2024E	2025E	2026E	2027E	2028E	2029E	2030E
글로벌	7.9%	14.7%	20.1%	26.0%	32.4%	34.7%	37.4%	39.7%	42.2%	44.8%
유럽	11.8%	15.3%	22.2%	28.6%	35.8%	41.2%	48.7%	54.8%	60.9%	67.3%
중국	15.7%	28.0%	39.0%	50.5%	62.7%	63.5%	64.2%	65.0%	65.8%	66.6%
미국	3.3%	6.1%	9.6%	11.7%	15.9%	22.1%	27.1%	31.4%	36.8%	45.8%
일본	1.0%	1.7%	2.4%	3.4%	4.7%	6.0%	8.0%	10.0%	13.0%	16.0%
한국	6.7%	10.7%	15.4%	21.2%	28.3%	37.2%	44.6%	50.8%	56.1%	60.5%
인도	0.6%	0.9%	1.4%	1.8%	2.2%	3.0%	3.5%	4.5%	5.5%	7.0%
기타	1.2%	2.0%	3.1%	4.0%	5.9%	7.7%	9.2%	10.5%	12.2%	14.4%

출처: Citi GPS 2023, 3.

III. 미국·유럽의 대응과 중국의 반발

1. 미국의 인플레이션감축법

바이든 행정부는 2022년 8월 인플레이션감축법(IRA)을 제정하였다. 총 7,370억 달러 규모를 가진 이 법의 목표는 에너지 안보 강화, 기후위기 대응, 서민 의료 지원이다. 이 중 가장 중요한 목표는 기후변화 대응이다. 탄소배출을 2030년까지 40% 감축하기 위해 미국 정부는 청정에너지 산업에 3,690억 달러를 지원한다.

IRA의 EV 지원 정책은 세액공제이다. 연 과세소득 개인 15만 달러, 부부 30만 달러 이하 신규 EV 구매자는 최대 7,500 달러, 연 과세소득 개인 7.5만 달러, 부부 15만달러 이하의 중고 EV 구매자는 4,000 달러의 세금을 공제 받는다. 세금공제 조건에는 보호주의적

〈그림 4〉 핵심광물 및 배터리 부품 요건 적용 범위

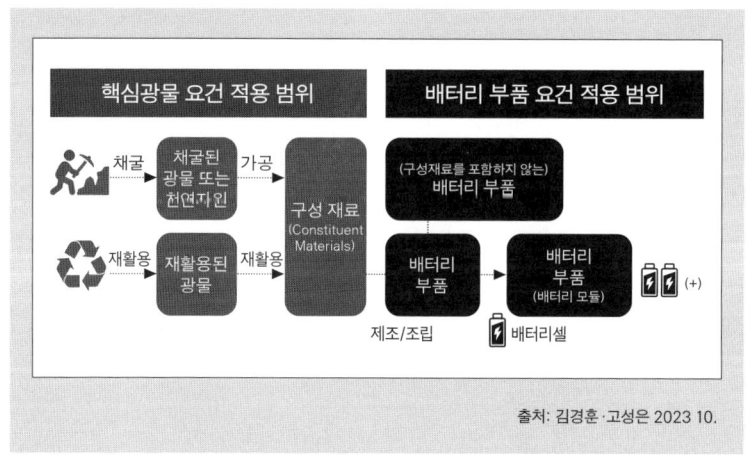

출처: 김경훈·고성은 2023 10.

요소가 내포되어 있다. 가장 중요한 문제는 자국산 소재 사용요건 (local content requirement)이다. 배터리 핵심광물의 40% 이상은 ① 미국, ②미국과 FTA를 체결한 국가(United States-Mexico-Canada Agreement: USMCA) ③ 북미에서 재활용 중 1개 조건을 충족시켜

〈표 3〉 IRA 세액공제 대상 새로운 친환경차 목록

모델 연식	차량	모델 연식	차량
2022	Audi Q5	2022	Lucid Air
2022	BMW 330e	2022	Nissan Leaf
2022	BMW X5	2022	Rivian EDV
2022	Chevrolet Bolt EUV	2022	Rivian R1S
2022	Chevrolet Bolt EV	2022	Rivian R1T
2022	Chrysler Pacifica PHEV	2022	Tesla Model 3
2022	Ford Escape PHEV	2022	Tesla Model S
2022	Ford F Series	2022	Tesla Model X
2022	Ford Mustang MACH E	2022	Tesla Model Y
2022	Ford Transit Van	2022	Volvo S60
2022	GMC Hummer Pickup	2023	BMW 330e
2022	GMC Hummer SUV	2023	Bolt EV
2022	Jeep Grand Cherokee PHEV	2023	Cadillac Lyriq
2022	Jeep Wrangler PHEV	2023	Mercedes EQS SUV
2022	Lincoln Aviator PHEV	2023	Nissan Leaf
2022	Lincoln Corsair Plug-in		

출처: Department of Energy

〈그림 5〉 미국에서 수입한 335개 자동차 부품(중간재)의 5분위 분포

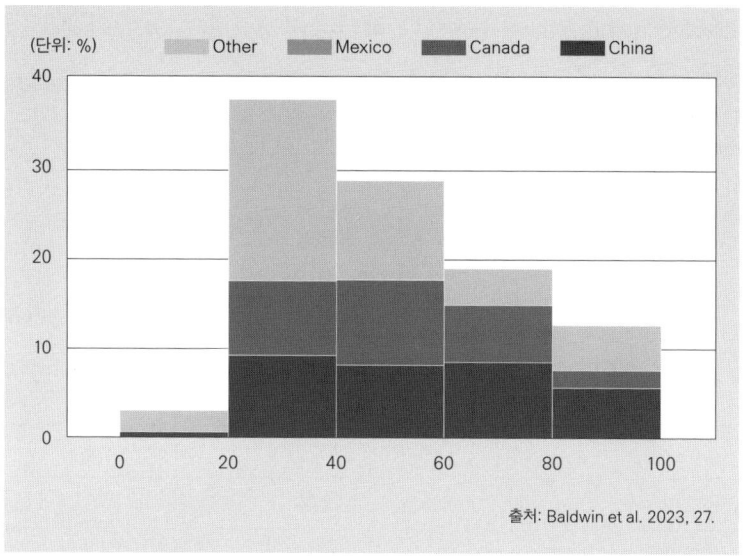

출처: Baldwin et al. 2023, 27.

조달해야 세액공제를 받을 수 있다. 핵심광물 비중은 2027년 80%를 목표로 매년 10%씩 상향할 예정이다. 또한 북미에서 제조·조립한 배터리 부품을 50% 이상 사용해야 하는데, 이 비중도 2029년 100%를 목표로 2024~25년 60% 이후 매년 10%씩 증가할 예정이다. 가장 중요한 조항은 해외 우려 기업(foreign entity of concern)이 채굴·가공·재활용한 배터리를 2024년부터 세액공제 대상에서 제외하는 것이다.

미국 에너지부가 공개한 세액공제대상 새로운 친환경차(new clean vehicle) 목록에는 미국, 독일, 일본, 스웨덴 EV만 포함되어 있다. 미국의 5대 수입국 — 2022년 기준 멕시코 (21.7%), 일본 (19.9%), 캐나다 (15.7%), 한국 (13.2%), 독일 (11.6%) — 중 USMCA 회원국인

멕시코와 캐나다를 제외하면 한국만 배제되었다(Majkut et al. 2023).

미국 내 자동차 부품 수입국 비중을 보면, 해외 우려 기업을 지정한 목표가 중국이라는 점을 쉽게 확인할 수 있다. 2018년 미국에서 수입한 335개 자동차 부품(중간재)의 5분위 분포에서 주요 수출국은 중국, 멕시코, 캐나다이다. 북미산 핵심광물 비중과 배터리 부품 비중이 90% 이상 상향되는 2020년대 후반 중국산을 사용한 EV에 대한 IRA의 세액공제는 사실상 불가능해진다.

2. 유럽의 대응

탄소중립을 위한 그린 뉴딜을 강력히 추구하는 EU는 미국의 IRA와 중국 EV 부상에 대응하기 위해 고심하고 있다. IRA에 대한 EU의 기본적인 입장은 환영이다. 미국의 공화당 정권이 기후변화협약을 비준하지 않거나 탈퇴했기 때문에, 그린뉴딜의 추진하는 EU는 민주당의 IRA를 지지하였다.

EU의 불만은 IRA에 내재되어 있는 보호주의적 요소에 집중되어 있다. 가장 심각한 불만은 미국산 구매(Buy American) 정책이다. 독일과 프랑스는 자국 자동차 기업이 생산한 EV의 대부분이 세액공제에 혜택을 받지 못할 것이라는 우려를 미국에 전달하였다. 유럽의회는 유럽집행위원회에 세계무역기구(World Trade Organization: WTO) 제소를 촉구하였다. 이러한 반발을 무마하기 위해 미국은 EU와 협상 중인 무역기술위원회(Trade and Technology Council: TTC)를 통해 설득하려고 노력하였다. 바이든 대통령은 정상회담에서 마

<표 4> 2023년 기준 EV 관세 비교: 미국, EU, 중국

국가	최혜국대우 (MFN) 관세(%)	예외
미국	2.5	• 멕시코: 0% (USMCA) • 캐나다: 0% (USMCA) • 한국: 0% (한미 FTA) • 중국: 27.5% (MFN+2018년 7월 이후 무역전쟁 관세)
EU	10.0	• 한국: 0% (한-EU FTA) • 일본: 3.8% (일-EU 경제동반자협정) • 캐나다: 0% (EU-캐나다 포괄적 경제무역협정) • 멕시코: 0% (EU-멕시코 FTA)
중국	15	• 2018년 7월 25%에서 15%로 하향 • 미국: 40% (MFN+보복관세) • 한국: 13.5% (아태무역협정) • 일본: 15% (RCEP)

출처: Bown 2023, 18.

크롱 대통령에게 EU의 불만 사항을 검토하겠다고 약속하였다(Chad 2023).

그동안 미국과 중국에 비해 EV 산업과 시장 규모가 비교적 작은 편이기 때문에 EU의 전략은 진흥보다 규제에 맞춰져 있다. 이러한 딜레마로 인해 EU는 관세와 보조금 정책을 완전히 탈피하지 못하고 있다. 2023년 기준 EU의 EV 관세는 중국보다 낮지만 미국보다 높은 수준이다.

현재 EU 자동차 기업의 가장 중요한 경쟁자는 중국과 한국이라고 할 수 있다. 글로벌 시장에서 중국 기업과 한국 기업이 미국 기업보다 훨씬 더 많은 EV를 수출하고 있기 때문이다. 배터리에서도 세계 1위 기업인 CATL이 한국의 LG에너지솔루션, SK온, 삼성SDI를 압도하고 있다(최재희 2023).

이런 배경에서 EU는 2023년 핵심원자재법을 추진하고 있다. 이 법안의 목표는 핵심 원자재의 우선순위 및 목표 설정이다. 첫째는 경제적 중요성, 공급망 집중도, 수요 대체, 전략적 운용 및 공급 갭(gap) 예측 등이다. 둘째는 거버넌스 확립이다. 조기경보 시스템 및 공급망 스트레스 테스트(stress test)를 위해 회원국 사이에서 정보 공유 네트워크를 구축한다. 셋째는 공급망 회복력 강화이다. EU내에서 또는 EU에 의한 개발 프로젝트를 추진한다. 마지막으로 지속 가능한 경쟁을 유도하는 것이다. 자원을 재활용하는 순환경제 시스템을 촉진하는 것이다(조성훈 2023).

회원국 중에서 프랑스가 선제적으로 대응하고 있다. 2023년 9월 제정된 녹색산업법(Loi Industrie Verte)은 프랑스판 IRA로 불리고 있다. 이 법안은 외국인 투자 유치를 위한 녹색 산업(배터리, 히트 펌프, 그린 수소, 풍력 터빈, 태양열 패널)에 대해 투자 금액의 20%에서 45%까지 세액을 공제한다. 또한 새로운 산업을 유지하기 위해 산업단지 조성, 공장 설립 허가 등의 행정절차를 신속하게 처리한다.

이 법안의 핵심은 EV 보조금을 탄소배출량 기준과 연계한 것이다. 탄소배출량이 낮아 친환경 점수가 높아지는 EV에 더 많은 보조금을 지급하겠다는 것이다. 이 법안의 친환경 점수는 탄소발자국과 탄소배출 계수에 근거를 두고 있다.

$$ECversion = ECferreux + ECalluminium + ECAM + ECbatterie + ECATI + ECtransport$$

- ECferreux: 배터리를 제외한 철금속 생산으로부터 발생한 탄소발자국
- ECalluminium: 배터리를 제외한 제조에 사용되는 알루미늄 생산으로부터 발생한 탄소발자국
- ECAM: 차량 제조에 사용된 철금속 및 알루미늄 이외의 소재 생산에 따른 탄소발자국으로 배터리는 제외
- ECbatterie: 배터리 생산과 관련된 탄소발자국
- ECATI: 중간 가공 및 조립에 필요한 에너지 사용으로부터 발생한 탄소발자국
- ECtransport: 운송은 조립 지역에서 프랑스 유통지까지 차량의 운송 관련 탄소발자국(김계환·강지현. 2023)

전자는 EV 운행 과정뿐만 아니라 EV 제작 과정에서 발생되는 탄소배출량을 다 포함한다. 이 개념에 따라 탄소배출량을 측정하면, 배기량이 적은 경차가 가지는 장점이 축소된다. 후자는 생산공정 및 생산지에 따라 측정된다. 생산공정은 철강, 알루미늄, 기타 재료, 배터리, 조립, 운송 등 6개 부분으로 구분된다. 생산지도 유럽, 중국 등으로 차별화된다. 그 결과 유럽에서 생산된 EV가 비유럽에서 생산된 EV보다 더 많은 보조금을 받을 수 있게 된다(안준성 2023).

EU 집행위원회는 10월 중국산 전기차 보조금이 EU EV 산업에 미치는 영향에 대한 공식조사를 개시하였다. 조사 대상은 브랜드 국적과 관계 없이 중국에서 제작되어 유럽에 수입된 모든 EV이다. 피해가 확인되면 일단 9개월 이내에 잠정 상계관세를 부과하고, 13개

월 이내에 최종 조사 결과가 확정되면 잠정 상계관세를 확정 관세로 전환된다(EU 2023).

이 조치에 대한 회원국 사이의 입장에 미묘한 차이가 있다. EV 제작에서 뒤처진 프랑스 기업이 조사를 적극적으로 압박하는 반면, 중국에서 EV를 생산하는 독일 기업은 중국의 반발을 우려해 반대하고 있다(Nilsson et al. 2023; Posaner and Burchard 2023). 실제로 독일 자동차 기업은 2018년 최초로 독일보다 중국에서 더 많은 자동차를 생산했다(Heymann 2020). 또한 독일 자동차 기업은 EU 회원

〈그림 6〉 독일 자동차 기업의 대중 외국인직접투자

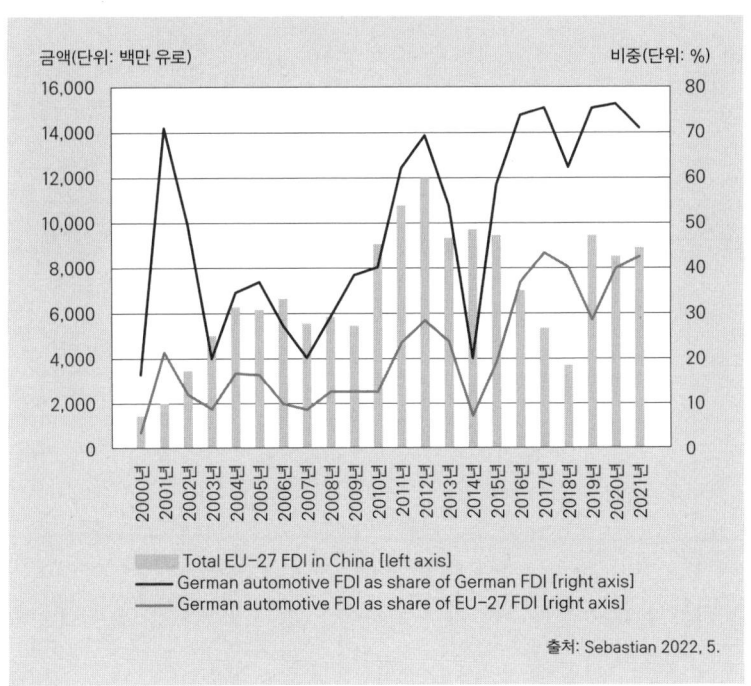

출처: Sebastian 2022, 5.

국 중 가장 적극적으로 중국에 직접투자를 활발히 진행해 왔다.

3. 중국의 반응

원칙적으로 중국은 미국의 IRA와 EU의 핵심원자재법, 전기자동차 보조금 조사 및 프랑스의 녹색산업법을 비판하였다. 그 근거는 미국과 EU의 법안이 자유무역 원칙에 부합하지 않는 보호주의라는 데 있다. 그럼에도 불구하고 중국은 미국과 EU에 상응하는 조치를 취하지 않고 있다.

중국의 대응은 배터리 공급망을 장악하고 있다는 이점에 기반을 두고 있다. 첫째, EV와 관련된 중요 희귀 금속에 대한 수출통제를 강화하고 있다. 2023년 7월 중국은 국가 안보와 이익을 위해서 갈륨 및 게르마늄 관련 품목(각각 8개 및 6개) 수출업자에게 최종 사용자 및 최종 용도 증명서를 제출하는 수출 통제를 발표하고 8월부터 시행에 들어갔다. 갈륨은 반도체, 무선통신 장비, LED 디스플레이, 게르마늄은 반도체, 광섬유, 적외선 광학, 태양광 전지에 사용되는 중요한 광물이다(최원석 외 2023). 10월 중국은 고순도(>99.9%), 고강도(>30Mpa), 고밀도(>1.73g/cm3) 인조흑연 및 제품, 천연흑연 및 제품 등 9개 품목에 대해 이중용도 여부를 심사받아 수출을 허가받아야 한다고 발표하였다. 리튬이온의 저장에 용이한 특성을 가지고 있는 흑연은 배터리 음극재의 핵심 재료이다(도원빈 2023). 아직까지 이 조치를 통해 수출을 제한하거나 금지한 적은 없지만, 중국이 필요하면 언제든지 사용할 수 있다는 점에서 위협적이다.

둘째, EV의 안보 취약성에 대한 정책이 발전하고 있다. 중국에서 운행되는 EV에 수집한 운행정보가 해외로 이전될 수 있다는 우려 때문에 테슬라와 디디추싱(Didi, 滴滴出行)에 대한 규제도 있다. 2021년 3월 테슬라 EV는 군부대 등 안보 관련 지역에 출입이 금지되었다. 국가나 당의 영도급 인사가 방문하는 지역에서 테슬라의 운행이 제한되는 사례가 있었다. 주요 당 간부와 원로가 비공개로 모이는 베이다이허 회의를 앞둔 7월 1일부터 2달간 테슬라의 접근이 금지되었다. 2023년 7월 유니버시아드 기간 중 시진핑 주석이 방문하는 청두의 일부 도로에 유사한 조치가 도입되었다(Reuters 2022). 사이버 보안에 대한 우려에도 불구하고 미국 증시에 상장을 시도하자 2021년 7월 당국은 홈페이지/위챗/알리페이를 통한 디디추싱의 신규 등록을 금지하였으며 중국 앱스토어에서 삭제하였다. 이러한 사건의 재발을 막기 위해 당국은 데이터 안전/해외 유동데이터(cross border data)/기밀정보 관리 등 관련 법률을 강화하였다(김철묵 2021).

셋째, 해외직접투자를 활용하고 있다. 2019년부터 상하이 기가팩토리에 EV 생산을 시작한 테슬라는 2023년 50만 대를 생산하고 있으며, 그 중 일부는 캐나다, 한국, 태국 등 해외로 수출되고 있다. 테슬라는 2021년 6월 CATL로부터 2022~25년 3년 동안 배터리를 공급받기로 계약하였다(Lambert 2021). 만약 테슬라가 중국산 EV를 미국에 수출하게 되면, 중국 배터리 기업에게 중국산 테슬라는 IRA를 우회하는 통로가 될 것이다.

반대로 중국 배터리 기업이 미국 EV 기업과 합작하는 에너미쇼어링(enemyshoring)도 있다. 글로벌 배터리 공급망에서 중국 기업이 코발트 95%, 리튬 60%, 니켈 60%를 차지하고 있다. 이 때문에 중국 기업을 당장 배제하는 것은 불가능하다. 2023년 2월 13일 미국 포드자동차가 중국 닝더스다이(寧德時代·CATL)와 함께 미국 미시건주 마샬에 배터리 공장을 설립한다고 발표하였다. 포드가 CATL과 에너미쇼어링을 시도한 이유는 에너지 밀도가 낮지만 20-30% 정도 저렴한 리튬이온배터리(LFP)에 있다(최재희 2023). 니켈·코발트·망간(NCM) 배터리의 원자재 가격이 급상승했기 때문에 2023년까지 60만 대, 2026년까지 2백만 대까지 EV 생산을 증대하기 어려워진 것이다. 그래서 한국의 SK온과 LG에너지솔루션과 함께 NCM 배터리 생산공장을 건설하고 있었던 포드가 2022년 세계시장 37%를 점유한 LFP의 선두기업인 CATL을 끌어들인 것이다(Ford Media Center 2022; 2023).

　포드가 합작사 지분을 100% 소유하고 CATL은 기술 협력만 제공함으로써, 이 합작사가 생산한 배터리는 IRA의 세액공제를 받을 수 있게 되었다. 포드는 IRA가 규정한 배터리 조립과 광물 조달 기준에 합작법인이나 기술 관련 규정이 없다는 허점을 교묘하게 활용한 것이다. 이렇게 하면 IRA가 규정한 배터리 조립과 광물 조달 기준이 충족된다는 것이다(Boudette and Bradsher 2023). 포드의 편법에 대한 정치적 반발이 없지는 않았다. 포드가 첫 번째 공장부지로 선정한 버지니아주 피트실바니아 카운티에서 양질의 일자리 창출을 기대하는 지역 주민은 우호적이었으나, 공화당 소속 글렌 영킨 주지사는 중국공산당이 보낸 '트로이 목마'가 될 수 있다고 반대

〈표 5〉 중국 주요 배터리 업체들의 유럽 내 그린필드 투자 현황

기업명	지역	가동 시기	생산능력 (계획)	투자 금액	비고
CATL	독일 튀링겐	2023년 1월	14GWh	18억 유로	-
	헝가리	2025년	100GWh	73억 4,000만 유로	-
엔비전 AESC	스페인	2025년	30GWh	미발표	-
	프랑스	2024년	24GWh	20억 유로	2030년까지 완공
	영국	2012년	25GWh	미발표	AESC 기존 공장의 생산능력 1.9GWh 확정 계획
	영국	2025년	12GWh	미발표	-
궈쉬안 하이테크	독일	2023년 9월	20GWh	미발표	2024년 5Wh 생산
CALB	포르투갈	2025년 말	15GWh	미발표	-
	독일	미발표	20GWh	미발표	-
SVOLT	독일 자를란트	2023년 말	24GWh	20억 유로	-
	독일 브란덴부르크	2025년	16GWh	미발표	-
Farasis	튀르키에	2026년	20GWh	미발표	2031년 20GWh
	독일	미발표	6GWh	6억 유로	다임러와 장기계약
EVE	헝가리	2026년	비발표	10억 유로	-
Sunwoda	헝가리	2025년 말	미발표	2억 5천만 유로	-
BYD	헝가리	2017	미발표	2,600만 유로	기존 전기버스 생산라인에 배터리 조립 공장 추가구축

출처: 최재희 2023, 11

하였다(Yancey 2023). 이 때문에 공장은 버지니아주가 아니라 미시건주에 건설되게 되었다. 포드가 CATL과 협력이 보도된 바로 다음 날 대중강경파인 마르코 루비오 상원의원(공화당, 플로리다주)은 재닛 옐런 재무장관, 제니퍼 글랜홀름 에너지 장관, 피트 부티지지 교통장관에게 보낸 서한에서 이 계획이 재무부 산하 외국인투자위원회(Committee on Foreign Investment in the United States: CFIUS)의 심사를 받아야 한다고 주장하였다(Rubio 2023).

　이외에도 중국 전기차 배터리 제조업체 이웨이리닝(億緯鋰能·EVE에너지)이 다임러 트럭, 일렉트리파이드 파워, 파카와 설립한 합자회사가 미국에서 배터리 생산공장을 건설한다고 공시하였다. 지분구조는 이웨이리닝 10%, 나머지 세 회사가 각각 30%로 미국 기업이 90%를 차지할 계획이다(Ren 2023). 중국 EV 및 배터리 기업은 EU 회원국에서도 직접투자를 확대하고 있다(Kratz et al. 2023). 만약 이러한 계획이 엄격해진 투자 심사를 성공적으로 통과한다면, EU의 EV 및 배터리 공급망에서 중국 기업이 허브 위치를 선점할 수 있다.

IV. 한국의 전략

글로벌 EV 시장을 둘러싼 미국, EU, 중국의 경쟁 때문에 한국 자동차 기업에 삼중고에 시달리고 있다(조철 외 2022). 먼저 미국의 IRA에서 한국 자동차 기업이 생산한 EV는 2023년 세액 공제 대상에 한 모델도 선정되지 않았다. 한국 자동차 기업과 배터리 기업은 두 가

지 방식으로 대응하였다. 우선, 한국 정부를 통해 미국 정부와 의회

⟨표 6⟩ 한국 기업의 미국·캐나다 내 배터리 생산 시설

기업명		공장 위치	연산능력	비고
LG 에너지 솔루션	단독 생산	미시간	20GWh	`22년 5GWh 가동 중 `24년까지 15GWh 추가
		애리조나	43GWh	`24년 가동 ⟨원통형 27GWh⟩, ESS용 16GWh
	얼티엠셀즈 ⟨GM 합작⟩	오하이오	40GWh	제1공장⟨`22년 가동 중⟩
		테네시	50GWh	제2공장⟨`23년 하반기 가동⟩
		미시간	50GWh	제3공장⟨`25년 상반기 가동⟩
	넥스트스타에너지 ⟨스텔란티스⟩합작	온타리오	45GWh	`24년 상반기 가동
	L-H Battery Company ⟨혼다⟩합작	오하이오	40GWh	`25년 상반기 가동
	현대차 합작	조지아	30GWh	`25년 상반기 가동
SK온	단독 생산	조지아	9.8GWh	제1공장⟨`22년 가동 중⟩
			11.7GWh	제2공장⟨`23년 가동중⟩
	블루오벌SK ⟨포드 합작⟩	테네시	43GWh	`25년 가동
		켄터키	43GWh	`25년 가동
		켄터키	43GWh	`26년 가동
삼성SDI	GM 합작	인디애나	30GWh	`26년 가동
	스타플러스에너지 ⟨스텔란티스 합작⟩	인디애나	33GWh	제1공장 ⟨`25년 1분기 가동⟩
		검토 중	34GWh	제2공장⟨`27년 가동⟩

출처: 한국은행 2023, 40.

에 로비를 시도하였다. 현대기아자동차는 리스 차량에 대한 세액 공제를 활용하여 판매량을 늘리는 데 성공하였다. 다른 한편으로 한국 기업은 미국에 대한 투자를 확대하였다. 앨라배마주 몽고메리(2006년 완공, 2022년 33만 대 생산)와 조지아주 웨스트포인트(2009년 완공, 2022년 34만 대 생산)에 생산공장을 가지고 있는 현대차는 2022년 5월 2025년 연간 생산능력 30만 대 규모의 전기차 및 배터리 생산거점 건설 계획을 발표하였다(Chad 2023). 배터리 기업은 단독으로 생산시설을 건설하는 동시에 미국 자동차 3사와 전략적 협력도 강화하였다. 생산시설이 완공되는 2025~6년에는 IRA로 인한 피해는 사실상 없어질 것으로 예상된다.

　EU에서도 현대기아차는 선방하고 있다. 2022년 유럽시장에서 자동차 판매량(106만989대) 및 시장점유율(9.4%)에서 4위로 성장하였다. 이 중 전기차 판매량은 14만3460대로, 2021년(13만5408대)보다 5.9% 늘었다. 2023년 1~3분기 판매량은 전년 동기 대비 3.5% 증가했으나 시장점유율은 1.1% 감소하였다(박제완 2023).

　반면 중국에서는 공장 폐쇄 및 매각이 이뤄지고 있다. 현대차는 베이징 1공장(2002년 준공·연산 30만대), 베이징 2공장(2008년 준공·연산 30만대), 베이징 3공장(2012년 준공·연산 45만대), 창저우 공장(2016년 준공·연산 30만대), 충칭 공장(2017년 준공·연산 30만대) 등 5곳을 운영했다. 2016년 114만 대로 최대 실적을 기록하였으나, 사드(Terminal High Altitude Area Defense: THAAD) 사태 이후 2017년 78만, 2021년 38만5000대, 2022년 27만3000대로 하락하였다. 2019년부터 생산을 멈춘 베이징 1공장(연산 30만 대)을 2021년 중국 전기차 회사 리샹에 매각했다. 2017년 가동한 충칭 공장(연산 30만 대)은 매물로 내놓은 상태이며, 2016년 건설된 창저우 공장(연산 30만 대)도 매각을 고려 중이다. 이렇게 되면 베이징 2공장(연산 30만 대)과 3공장(연산 45만대)만 남는다(김남희 2022).

자동차 기업과 달리 배터리 기업은 중국에서 생산을 확대하고 있다. LG에너지솔루션은 난징(원통형 및 파우치형 배터리 93GWh), 삼성SDI는 톈진(소형 배터리), 시안(중대형 배터리), 창저우(베이징자동차 등 합작 전기차 배터리 7.5GWh), SK온은 후이저우(EVE에너지 합작 전기차 배터리 10GWh), 옌청(전기차 배터리 27GWh, 24년 +6GWh 예정)에서 각각 생산하고 있다(한국은행 2023).

V. 맺음말

그린뉴딜, 일자리 및 지정학을 둘러싼 갈등이 격화되면서 EV 산업은 경제안보의 핵심으로 부상하였다. 탄소중립이라는 목표에 대해서 미국, EU, 중국 모두 합의하고 있기 때문에 EV 보급률을 상승할 것이다. 그린 뉴딜에 부정적인 공화당이 집권할 경우 미국에서 보급률 상승이 지연될 수도 있다. 대규모 고용이 필요한 자동차 산업은 양질의 일자리를 보장하기 때문에 EV 생산시설을 확대하기 위한 투자 유치 경쟁에서는 어느 국가도 양보하려는 의지가 없다. EV 산업의 생태계를 주도하려는 국가들 사이의 갈등도 격화될 것이다. 자동차에서 모빌리티로 산업 패러다임의 변화를 선취하는 국가가 4차 산업혁명을 선도할 가능성이 매우 높기 때문이다.

우리나라에서도 자동차 산업은 내수와 수출 모두에서 비중이 큰 기간산업이다. 최근까지 우리 EV 산업은 양과 질에서 모두 세계적 수준으로 발전해왔다. 앞으로 미국의 IRA, EU의 핵심광물법, 중국의 산업정책 등의 도전을 극복해야 한다. 경제 및 시장 규모에서 우리나라가 독자적으로 세 국가(지역)와 동등하게 경쟁하기는 어렵다. 지정학적 차원에서도 우리나라가 전략적 자율성을 가지고 독자적인 경제안보를 추진할 수 있는 역량이 부족하다.

우리나라 경제안보의 취약성을 보완하기 위해서는 대외 협력이 중요하다. 특히 EV 및 배터리 공급망을 안정적으로 관리하기 위해서는 소재·부품·장비의 다변화를 추구해야 한다. 다변화가 특정 국가의 배제로 이어지지 않도록 유의해야 한다. 2016년 사드 배치 논란 이후 중국 시장 점유율이 급락했던 사태가 재발되지 않도록 중국과 관계를 개선할 필요가 있다.

참고 문헌

김경유. 2022. "자동차산업의 가치사슬별 경쟁력 진단과 정책 방향." 『KIET 산업경제』. 12월호, 36.

김경훈·고성은. 2023. "미국 IRA 시행지침이 우리나라 배터리 공급망에 미칠 영향." 『KITA 통상리포트』. 9호, 10.

김계환·강지현. 2023. "프랑스판 인플레이션 감축법 IRA, 전기차 보조금 제도의 내용과 시사점." 『KIET 산업경제』. 9월, 36.

김꽃별. 2022. "코로나 이후 주요국의 전기차 시장 동향." Trade Brief 16.

김남희. 2022. "中 점유율 1%대 추락한 현대차…'충칭 공장도 가동 중단.'" 〈조선일보〉 2022/02/22.

김철묵. 2021. "중국 자동차산업의 변화와 전망." 『중국산업경제 브리프』. 7월.

도원빈. 2023. "중국 흑연 수출통제의 영향 및 대응방안." Trade Brief 18.

박제완. 2023. "현대·기아 1~3분기 유럽시장 판매, 전년 동기 대비 3.5% 증가." 〈매일경제〉 2023/10/20.

이동희. 2023. "현대차 충칭 공장 매물로 나왔다…중국 사업 구조조정 가속." 〈동아일보〉 2023/08/23.

안준성. 2023. "프랑스판 IRA 도입과 한국: 전기차 보조금 제도 상호주의 필요." 『동아시아재단 정책논쟁』.

양재완. 2023. "2022년 글로벌 전기차 판매 실적 분석." 『한국자동차연구원 산업동향』. 112.

조성훈. 2023. "유럽 핵심원자재법(CRMA)의 입법동향과 시사점." 『KIEP 세계경제포커스』. 23-01.

조철·김경유·강바다. 2022. "한국 자동차산업의 질적 성장 역사와 새로운 발전 방향 모색." 『산업연구원 연구보고서』. 2022-04.

주은교·이정민. 2021. "중국 신에너지자동차 시장 동향 및 전망." 『KOTRA Global Market Report』. 21-052.

최원석·문지영·김영선. 2023. "최근 중국의 경제안보 대응조치와 시사점." 『KIEP 세계경제포커스』. 23-28.

최재희. 2023. "유럽 전기차 배터리 시장에서의 중국기업 점유율 확대 요인 및 시사점." 『KIEP 세계경제포커스』. 23-39.

_____. 2023. "중국 LFP 배터리 공급망 분석 및 시사점." 『KIEP 세계경제포커스』. 22-09.

하일곤. 2023. "다양한 혁신이 시도되고 있는 중국 전기차 산업." 『LG경영연구원』.

한국은행. 2023. "우리나라 주요 제조업 생산 및 공급망 지도." 『한국은행』. 42.

Baldwin, Richard, Rebecca Freeman, and Angelos Theodorakopoulos. 2023. "Hidden Exposure: Measuring U.S. Supply Chain Reliance." *Brookings Papers on Economic Activity*. Fall, 27.

Bloomberg. 2023. "Tesla Cars Barred From World University Games Ahead of Xi Visit." *Bloomberg News*. July 26.

Bloomberg News July 26.

Boudette, Neal E. and Keith Bradsher. 2023. "Ford Will Build a U.S. Battery Factory With Technology From China." *New York Times*. February 13.

Technology From China." New York Times February 13.

Bown, Chad P. 2023. "Industrial Policy for Electric Vehicle Supply Chains and the US-EU Fight over the Inflation Reduction Act." *PIIE Working Papers* No.23-1, 18.

Bown, Chad P. 2023a. "How the United States Solved South Korea's Problems with Electric Vehicle Subsidies under the Inflation Reduction Act." *PIIE Working Papers*. 23-6.

_____. 2023b. "Industrial policy for electric vehicle supply chains and the US-EU fight over the Inflation Reduction Act." *PIIE Working Papers* 23-1.

Citi GPS. 2023. "State of Global Electric Vehicle Adoption: A Trip Around the World." *Citi Global Perspectives & Solutions* January 2023.

Department of Energy. "Electric Vehicles Assembled in North America." https://afdc.energy.gov/laws/inflation-reduction-act.

Douglas, Jason. 2023. "U.S. Subsidies Fuel Boom in Global Auto Trade, Strong Car Sales Contrast with Weakness in Other Exports." *Wall Street Journal*. November 19.

EU. 2023. "Commission Launches Investigation on Subsidised Electric Cars from China." *European Commission Press Release*.

Ford Media Center. 2022. "Ford Releases New Battery Capacity Plan, Raw Materials Details to Scale EVs; On Track to Ramp to 600K Run Rate by '23 and 2M+ by '26, Leveraging Global Relationships." *Ford Newsroom* July 21.

_____. 2023. "Ford Taps Michigan For New LFP Battery Plant; New Battery Chemistry Offers Customers Value, Durability, Fast Charging, Creates 2,500 More New American Jobs." *Ford Newsroom* February 13.

Sebastian, Gregor. 2022. "The Bumpy Road ahead in China for Germany's Carmakers." *MERICS*. 5.

Heymann, Eric. 2020. "German Auto Industry: Output in China Exceeds Domestic Production." *Deutsche Bank AG*.

Hill, Kim, Adam Cooper, and Debra Menk. 2010. "Contribution of the Automotive Industry to the Economies of all Fifty State and the United States." *Center for Automotive Research*.

Kratz, Agatha, Max J. Zenglein, Gregor Sebastian and Mark Witzke. 2023. "EV Battery Investments Cushion Drop to Decade Low: Chinese FDI in Europe 2022 Update Report." *Rhodium Group and MERICS*.

Kubota, Yoko and Selina Cheng. 2023. "Is Over Foreign Brands Lose Share to Chinese Rivals,

Driven by Local Manufacturers' Lead in Electric Vehicles, as Beijing's Industrial Policy Pays off." *Wall Street Journal* July 10.

Lambert, Fred. 2021. "Tesla Signs New Battery Cell Agreement with CATL in Race to Secure Large Battery Supply." *Electrek* June 28.

Majkut, Joseph, Ilaria Mazzocco, and Jane Nakano. 2023. "Onshoring and Friend-Shoring in U.S. EV Supply Chains: What Are the Boundaries." *Center For Strategic and International Studies*.

Mazzocco, Ilaria and Gregor Sebastian. 2023. "Electric Shock: Interpreting China's Electric Vehicle Export Boom." *Center For Strategic and International Studies*.

Nakano, Jane and Quill Robinson. 2023. "U.S.-China EV Race Heats Up with Forthcoming Guidance on 'Foreign Entity of Concern' Rules." *Center For*

Strategic and International Studies.

Nilsson, Patricia, Gloria Li and Sarah White. 2023. "German Carmakers in the Line of Fire of Possible EU-China Trade War." *Financial Times* September 19.

Posaner, Joshua and Hans von der Burchard. 2023. "Germany's Scholz Warns against Protectionism in China Electric Car Probe." *Politico* September 28.

Ren, Daniel. 2023. "Chinese EV Battery Maker Eve Joins Hands with Partners including Daimler Truck to Set up a US$2.6 billion US Plant." *South China Morning Post* September 8.

Reuters. 2022. "Tesla cars barred for 2 months in Beidaihe, site of China leadership meet." June 21.

Rubio, Marco. 2023. "Rubio Seeks Pledge From Biden For No Federal Dollars To Partnership Between Ford, CCP National Champion." *Marco Rubio Press Releases* February 14.

The White House. 2023. "Remarks by President Biden and President Macron of France in Joint Press Conference." December 1.

Wikipedia. "List of countries by motor vehicle production." en.wikipedia.org/wiki/List_of_countries_by_motor_vehicle_production.

Wyk, Barry van. 2023. "China's Top 15 Electric Vehicle Companies." *China Project*.

Yancey, Dwayne. 2023. "Youngkin was worried about a Ford-China deal in Pittsylvania County. Would China's involvement really have mattered?" *Cardinal News* January 24.

Yang, Zeyi. 2023. "How did China Come to Dominate the World of Electric Cars?" *MIT Technology Review*.

Zou, Wenqing. 2022. "Deep Analysis of Chinese Auto Report 2022." *EqualOcean*.

4
미중 전략 경쟁 속 금융 상호의존 강화: 패러독스 혹은 무기화의 서막?[1]

이용욱 | 고려대학교 교수

I. 서론

세계질서 패권을 두고 각축경쟁을 벌이고 있다고 간주되는 미국과 중국은 최근 금융 상호의존을 강화하고 있는데 이것을 어떻게 이해할 수 있을까? 중국은 신성장동력으로 국내 금융 산업의 발전과 위안화 국제화의 강화를 위해 2019년 "외상투자법"을 의결하고 2020년부터 본격적인 시행에 들어가면서 대규모 해외투자유치에 나섰고, 미국 금융회사들은 이에 화답하듯 다수의 투자협약과 막대한

---

[1] 본 연구는 고려대학교(K2309711)의 연구 지원이 있었음을 밝힌다.

투자를 단행하고 있다.[2] 미국 금융회사들의 중국 투자를 일견 글로벌 자본주의 차원의 일상적인 투자 거래로 치부할 수도 있다. 다른 한편, 미국은 오바마 행정부 이래로 트럼프, 바이든 대통령을 거치며 중국의 도전을 제어하기 위해 대중국 경제 압박을 점증하여 왔는데 중국 경제에 도움이 될 수 있는 미국 금융회사들의 투자에 별다른 조치를 하지 않고 있다는 점은 이례적이라고 보여질 수도 있다. 중국 역시 거대한 미국의 금융자본이 중국에 진출하여 엄청난 부를 축적하고 결국 중국 경제를 좌지우지할 수 있는 리스크에 노출될 수 있다. 중국이 이러한 가능성에도 불구하고 미국 자본을 적극적으로 유치하려고 하는 것 또한 단순한 일은 아니다.

기실 미국의 대중국 경제 압박 정책은 강화되어왔다. 오바마 행정부는 2014년 국가수출구상 발표, 중국을 배제한 환태평양경제동반자협정(Trans-Pacific Partnership: TPP)을 활성화시키며 미국 중심의 새로운 국제무역질서의 확립을 꾀하였다. 미국은 동년 직접투자를 심사하는 외국인투자위원회의 권한을 강화시켜 중국의 미국 기술 탈취 가능성에 경종을 울리며 중국제조 2025를 견제하기 시작하였다. 트럼프 대통령은 더욱 직접적으로 중국을 겨냥했다. 미국은 2017년 중국의 지적재산권 위반을 겨냥한 통상정책의제를 필두로 2018년에는 중국 상품에 대규모 관세를 부과하였다. 동년 8월에는 외국인투자위험조사현대화법을 마련하여 중국기업의 대미 투자 또한 제한하였다. 또한 미국은 종합무역법과 교역촉진법을 매개로

---

2 후술하듯 미국 금융회사들의 중국 투자는 중국 경제 상황과 정치적인 리스크 등에 따라 부침이 있어왔으나 2019년을 전후로 한 투자의 증가는 하나의 흐름을 형성하고 있다.

2019년에 1994년에 이어 15년 만에 중국을 환율조작국으로 지정하였다. 트럼프 행정부는 중국기업이 미국 주식 시장을 활용하는 것 역시 규제하였다. 미국 연금의 중국 기업 주식 매수를 제한하였고, 미국 증시에 상장된 중국기업에 대한 회계 등 감독 요건을 강화하였다. 나스닥 기업공개(Initial Public Offering: IPO) 규정 강화를 통해 중국 중소기업이 나스닥에 상장하는 것을 어렵게 만들었다(김치욱 2020). 2021년 출범한 바이든 행정부는 인도-태평양 전략을 위시하여 상술한 미국의 대중국 제재를 유지한 채 반도체, AI 등 기술규제를 "민주주의 동맹"이라는 프레임을 통해 중국을 한층 고립화시켰다. 반도체 칩과 과학법(CHIPS and Science Act), 인플레이션 감축법(Inflation Reduction Act), 반도체 칩4(Chip 4 Alliance) 등이 대표적인 미국의 대중국 기술규제 정책이다. 중국 역시 미국 상품에 대한 보복 관세 등 다양한 경로를 통해 미국의 압박 정책에 대응해왔고 최근에 미국 반도체 기업인 마이크론에 벌금 부과, 광물 규제 등을 시행하며 미국과 각을 세워왔다.

패권 경쟁 속 미-중 금융 상호의존 심화는 "적대적 공범자들"의 전형일 수도 있다. 이 설명 방식은 국가의 리더들이 국내정치적 이득을 위해 타국을 안보 위협의 대상으로 구축하여 정권을 획득하거나 유지하는 것을 핵심으로 한다(임지현 2005). 적대적 공범자들이 미-중 금융 상호의존을 유의미하게 설명할 수 있는 부분이 없지 않다. 먼저, 미국은 2000년대 이래 극심한 국내정치의 분열을 보이고 있는데 반중정서가 미국을 묶는 유일한 공유물이라고 할 정도로 중국에 적대적인 여론지형을 가지고 있다. 따라서 미국의 유력 정치인들은 경쟁적으로 반중의 선봉에 서며 국가 리더로써 입지를 세우고 있다는 분석이다. 중국 역시 등소평의 1978년 개혁 개방 이후 시진핑 주석 3연임이라는 초유의 장기권력을 목도하게 되었는데 이 과정에서 미국을 적대시하며 국내정치 안정을 꾀하고 있다는 것이다.

이러한 적대적 공범자들에 기초한 설명을 증명이라도 하듯이 미-중 무역은 2020년 이후 3년 연속 증가한 끝에 2022년엔 역대 사상치인 7,615억 달러에 달했다. 미-중 패권경쟁과 양국 경제의 디커플링(de-coupling)이라는 요란한 정치적 수사를 무색하게 하는 결과가 아닐 수 없다. 미-중간의 첨단기술 경쟁도 디커플링과는 거리가 있다. 중국의 대미국 전자직접회로의 수출은 2022년 상반기 11억 2500만 달러로 전년대비 14.55% 증가하였고 이는 미국의 대중국 전자집적회로 의존도가 더욱 증가하였음을 의미한다. 미국투자가들은 2015년과 2021년 사이에 중국의 251개 AI 기업에 400.2억 달러를 투자하였는데 이는 중국 AI 기업이 조달한 투자 총액의 37%에 달한다(이용재 2023, 4). 미국 정가의 대중국 담론이 디커플링에서 디리스킹(de-risking)이라는 표현으로 전환될 수밖에 없는 이유를 나타내는 수치들이다.[3] 이러한 맥락에서 보면 미-중 금융의 상호의존 증가는 어쩌면 예외적이거나 특이한 사례가 아닐 수도 있을 것이다.

본고는 상기한 적대적 공범자론의 관점을 미-중 금융 관계에 대한 하나의 가설로서 배제하지 않으면서도 이러한 상호의존이 국제

---

3 공장 투자 등으로 대표되는 FDI 투자유입도 중국은 2020년 처음으로 미국을 제치고 세계 1위를 기록한 데 이어 2021년 1~10월 중 전년동기대비 23.4%나 급증하였다. 부록 1, 2 참조. 이치훈(2022)은 최근의 현상이 중국이 2001년 WTO 가입 이후 10여 년간 폭발적인 외자유입 시기를 연상하게 한다고 논평하였다.

정치적 흐름과 미-중 양국의 정치적 관계에 따라 무기화될 수 있음을 논하고자 한다. 허쉬만(Albert Hirshman), 코헤인과 나이(Robert Keohane and Joseph Nye), 그리고 최근의 파렐과 뉴만(Henry Farrell and Abraham Newman)에 이르기까지 국제정치학계에선 오랫동안 비대칭적 경제상호의존이 정치적인 지렛대로 사용될 수 있음을 논하여 왔다. 본고는 이러한 이론들과 금융대전략론(Theory of Financial Statecraft)에 근거하여 미-중 금융의 상호의존 심화를 다루고자 한다. 다시 말해, 영향력 효과(Influence Effect), 민감성(sensibility), 취약성(vulnerability), 패놉티콘 효과(Panopticon Effect), 숨줄 죄기(Choke Point Effect) 등의 개념을 키워드로 하여 미국과 중국이 금융상호의존을 무기화할 수 있는 전략과 메커니즘을 탐구하고자 한다. 미-중 금융 상호의존 심화는 이제 막 시작되어 진행되고 있어 완결성 높은 설명을 제공하기에는 충분한 경험적 데이터와 선행 연구 등이 아직 부재하다. 따라서 본고의 분석은 설득력 있음을 목표로 하는 시론적인 성격임을 밝힌다.

이 글은 다음과 같이 진행된다. II장의 1절은 중국의 금융개방 정책을 간략히 살펴보고 특히 외상투자법을 조명해본다. 2절은 중국의 국내금융시장 자유화 이후 미국을 비롯한 해외투자가들의 중국 금융시장 투자와 진출 현황을 검토한다. III장은 본고의 핵심 내용으로 미국과 중국이 점증하는 양국 간의 금융 상호의존을 정치적인 지렛대로 활용하거나 전략적으로 무기화할 수 있는 가능성을 고찰한다. 마지막으로 IV장은 미-중 금융 상호의존이 한국 금융대전략에 주는 함의와 시사점을 정리해본다.

II. 중국의 금융자유화와 미국의 대중국 투자 현황

1. 중국의 금융시장 개방의 역사와 2020년 외상투자법

중국이 국내 금융시장을 외부에 열기 시작한 것은 1978년 개혁·개방 이후이다.[4] 그 이전에는 중국은 소수의 외자은행만 대표처를 설립하는 방식으로 중국에서 영업하게 하였다. 개혁·개방은 중국이 자본주의 세계경제 체재와의 연결을 통해 경제개발을 추구한다는 것을 의미하였는데, 이는 대중국 외국인직접투자의 급속한 증가와 함께 외자금융기관의 중국 금융시장 진출의 확대를 가져왔다. 1985년 말 당시 중국에 진출한 외국은행 대표처는 157개, 외자 은행의 수는 17개가 되었다. 이 시기 중국의 금융개방조치는 상하이 등 시범지역 내에서의 개방을 특징으로 하였다. 중국이 1994-1997년 고도 성장기에 접어들면서 외국계 금융회사 및 은행의 중국내 경영활동은 크게 증가하였다고 평가된다.

중국이 국내 금융제도를 정비하고 금융개방을 질적으로 한층 높인 것은 2001년 세계무역기구(World Trade Organization: WTO)에 가입한 이후이다. 중국은 WTO 가입 조건을 충족하기 위하여 상업은행법, 증권법, 보험법 등 법률 및 제도를 개정하였고 은행·증권·보험 등의 전체 국내금융시장을 개방화하기 시작하였다. 그러나

---

[4] 아래 내용은 조고운(2019)을 참조하여 요약한 내용이다. 조고운은 중국의 금융시장 개방을 네 시기로 나누어 분석하였다. 개혁·개방으로부터 2001년 이전, WTO가입 이후, 2008년 글로벌 금융위기 이후, 2017년 이후 미·중 통상 분쟁 중의 중국의 금융 자유화 정책이다. 서봉교(2018)도 참조.

2017년까지 중국의 금융시장개방은 개방보다는 규제가 더 도드라졌다. 중국은 특히 2008년 글로벌 금융위기 이후 외국계 금융기관에 대한 규제를 강화하였고(예: 외국계 은행들이 예대율을 75%로 준수하도록 규정) 논의 중이었던 중국 주식시장에서 공매도와 신용거래 허용 등의 도입을 연기하였다.

중국이 금융자유화에 걸맞는 국내금융시장 개방 조치를 본격적으로 추진한 것은 2017년 이후이다. 2017년 11월 미-중 정상회담에서 중국 금융시장 개방 확대가 논의된 후 시진핑 주석이 2018년 4월 10일 보아오 포럼 기조연설에서 이를 확인한 것을 계기로 금융자유화는 급물살을 탔다. 이강 인민은행 총재는 하루 뒤인 4월 11일에 금융시장 개혁개방 3대원칙과 개방 로드맵을 발표하였다. 3대원칙은 다음과 같다. 먼저, 외국금융기관이 중국 금융시장 진입 시 진입 전 내국민 대우 및 네거티브리스트(negative list)를 적용한다. 둘째, 금융시장 개방, 환율형성기제 개혁, 자본계정 태환 허용을 동시에 추진한다. 마지막으로, 금융시장 개방과 함께 금융리스크 방지를 위해 금융시장 개방 속도를 금융감독관리 능력에 맞추어 조정한다. 이강 총재는 3대 원칙을 2018년 상반기와 하반기로 나누어 시행하는 개방 로드맵을 함께 제시하였다.

중국은 상기한 3대 원칙을 토대로 2019년에 구체적인 금융시장 개방 조치를 앞다투어 내놓았다. 얼마 전 서거한 리커창 총리는 2019년 7월 세계경제포럼 축사에서 중국은 그동안 증권·선물·보험 분야에서 외자지분 비중을 51% 이하로 제한하였으나 이를 2020년에 전면 철폐하겠다고 발표하였다. 이어 중국 국무원 금융안정발전위원회 판공실은 2019년 7월 20일 "금융업 대외개방 확대에 관한 조치"를 통하여 은행·증권·보험 시장 개방을 위한 새로운 11개 조치를 공개하였다. 이 조치로 외국투자회사들은 중국내에서 상업은행 자산관리 자회사를 설립하거나 지배주주로서 자산관리회사에 투자할 수 있게 되었고, 은행 간 채권시장 A류 채권발행 업무 자격도 얻게 되었다. 외국보험회사들의 중국 보험시장 진입 조건을 대폭 완화하였으며 인보험에 대한 외자의 자본비중 제한도 2020년에 철폐하기로 하였다. 특히 중국은 증권업, 은행업, 보험업 등 금융업 전반에 대한 외국인 투자이익의 보호와 자금조달의 편의성을 전면적으로 제고하였다. 중국 정부는 외국계 금융기관이 금융자산관리회사의 설립과 상업은행의 자산관리 자회사 투자에 참여하도록 장려하고, 지분제한을 없앴으며, 연금관리회사와 외환중개회사에 대한 외국 자본 독자설립 혹은 지분참여를 허용하였다. 또한 증권회사, 펀드운용회사 및 선물회사의 외국 자본 통제비율 전환을 2021년에서 2020년으로 단축시켰으며, 이들 회사에 대한 통제지분(51%)이 가능하게 했고, 2023년 이후부터 지분제한을 완전히 없애는 내용을 골자로 한 금융자유화 완화조치를 실시하였다(안유화 2020). 또한, 외국신용평가기관이 중국에서 발행되는 모든 채권 종류에 대한 신용평가 업무도 수행할 수 있게 되었다.

흥미롭게도 미국과 중국 양국은 치열한 통상 분쟁 중이었던 2019년 10월 10-11일에 미국 워싱턴에서 미·중 고위급 협상을 가졌는데 이 협상에서 중국이 2017년 이래 진행하고 있었던 금융시장 개방 확대 조치를 주요 성과로 발표하였다. 다시 말해, 상반되게 보이는 미·중 통상 분쟁의 격화와 미·중 금융 밀착이 상존하는 양상을 보이게 되었다. 중국 국무원은 워싱턴 회의 이후 후속 조치를 연달아 내놓았다. 국무원은 2019년 10월 15일 "중화인민공화국 외자보험회사관리조례"와 "중화인민공화국 외자은행관리조례 개정에 관한 국무원 결정"을 발표하였다. 중국 국무원은 두 문건을 통해 중국이 향후 실시할 금융시장 개방조치에 대한 법적 근거를 마련하였으며 구체적인 금융시장 개방 내용 또한 명시하였다. 국무원은 동년 11월 7일에 "외자 이용 개선에 관한 의견"을 발표하였다. 이 문건은 은행·증권회사·기금관리회사 등 외국투자기업의 업무범위 제한을 추가로 철폐하는 조치를 공표하며 중국 당국의 금융시장 개방 가속화에 대한 의지를 확인하였다.

중국의 금융시장 개방의 요체라고 할 수 있는 "외상투자법"과 이 법의 시행에 따른 외국인투자 관리제도의 변화를 좀 더 자세히 검토해보자.[5] 중국은 2019년 3월 15일에 외국인투자를 새롭게 관리하는 "외상투자법"을 제정하였고 이 법은 2020년 1월 1일에 공식적으로 발효되어 시행되기 시작하였다. 중국은 "외상투자법" 시행을 통해 외국인투자에 대해 더욱 개방적이고 공평하고 투명한 관리를 표방하였다. 이와 관련해서 "외상투자법"에는 두 가지 핵심 내용이 있다. 첫 번째는 외국인 투자를 국민 대우로 한다는 것이다. 두 번째는 외국인투자금지 혹은 투자 제한 항목을 네거티브리스트 제도를 통해 관리하는 것이다.

---

5 아래는 김윤국(2021)의 분석을 요약하여 정리한 내용이다.

외국인 투자를 국민 대우로 한다는 것은 본국 국민과 동일하게 외국인 투자자들에게 민사적 권리를 부여하는 것을 말한다. 먼저, 외국기업이 중국에 법인을 설립할 때 내자기업과 동일한 절차기준을 적용 받게 되었다. 네거티브리스트상 업종을 제외하면 외국기업은 내자기업처럼 법인 설립 후 상무국에 등기하는 방식을 취할 수 있게 되었다. 법인의 지배구조도 내자기업과 동일한 기준, 즉 "회사법"을 적용 받게 되었고 이에 따라 기타 공동 주주의 동의 없이도 제3자에 지분을 양도할 수 있게 되었다. 자본금 제도도 내자기업과 동일한 기준으로 법인을 운영할 수 있게 되었다. 외국기업은 업종별 인허가 절차에서도 내자기업과 동일하게 심사 기준과 심사 기한을 부여 받게 되었다.

외국인 투자를 네거티브리스트 제도로 관리한다는 의미는 중국 정부가 향후 중국 금융시장의 대외개방을 더욱 확대하겠다는 의지와 결심을 보여주는 것이라 할 수 있다. 이는 네거티브리스트 방식이 포지티브리스트(positive list) 방식에 비하여 제한이 적기 때문이다. 외상투자 네거티브리스트 관리는 외국인 투자에 대해서 투자 금지나 투자 제한 항목을 리스트로 작성하여 특별 관리하는 제도인데 관리 대상으로는 외국인 직접투자, 외국인 간접투자(중국기업인수), 외국인 투자 법인의 중국 내 재투자 행위를 포함하고 있다. 〈네거티브리스트〉 관리는 국제적으로 통용되는 투자 유입 활성화 제도로 평가되고 있는데 현재 70여개 국가에서 채택하고 있다. 중국 정부의 경우 1995년부터 외국인 투자 권장항목, 투자 금지항목, 투자 제한항목을 포함한 "외상투자 산업지도 목록"을 발표하며 외국인투자 관리를 하여왔다. 중국은 외상투자 산업지도 목록을 매 3-4년에 한 번씩 개정하였고 총 10차 개정 후 이를 상술한 외상투자 네거티브리스트 관리조치로 2019년에 대체하였다. 네거티브리스트의 제한 및 금지 목록 수는 2018년 48개, 2019년 40개, 2020년 33개, 2021년 31개로 지속적으로 감소하고 있다(《코트라 해외시장뉴스》 2022/05/26).

정리하면, 중국은 최근 금융시장을 대폭 자유화하여 국내자본시장의 대외 개방도를 확대시키고 있다. 중국은 2019년 3월 전인대에서 통과되어 2020년 1월 1일부터 본격 시행된 "외상투자법"을 토대로 외국기업에 대한 내국민 대우, 외국인 투자 기업 허용 분야 확대, 외국인 투자 기업의 지식재산권 보호 및 강제기술이전 금지 등을 추진하고 있다(김예경 2019). 중국 정부는 중국 금융시장 대외개방 신11조를 통해 신용평가 업무까지 외자 금융기관에 개방하였다. 중국 경제의 신성장 동력으로 국내금융사업을 활성화시켜야 된다는 견해를 중국 정부가 적극적으로 이행하고 있다고 볼 수 있는 대목이다.

2. 미국을 비롯한 해외 투자가들의 중국 금융시장 투자 현황

상술한대로 중국은 국내금융시장 대외개방을 2017년경부터 시작하였다. 이 절은 미국을 비롯한 해외 투자가들이 중국의 금융자유화 조치에 대응하여 중국 금융시장에 진출한 현황을 검토해 본다. 금융투자의 핵심이라 할 수 있는 세 분야로 나누어서 살펴보고자 한다.

먼저, 해외자본의 중국 금융 분야에 대한 직접투자인데 여기서 직접투자란 해외자본이 자회사 설립 등 지배주주로서 중국금융회사를 운영하게 됨을 말한다. 두 번째 분야는 외국투자가들의 중국 국내 주식과 채권 투자이다. 마지막으로, 해외자본의 중국 보험업 진출 내용이다. 해외투자자들이 세 분야 모두에서 중국 정부의 금융자유화 정책을 적극 활용하여 투자에 나섰다는 것을 확인할 수 있다. 다만, 주식과 채권 분야는 전체적으론 해외투자가 크게 증가하였지만 중국과 대외 경제 조건의 변화에 따른 해외투자의 부침 역시 관찰된다.

첫째, 해외자본의 중국 금융시장 직접투자 현황이다. UBS증권은 2018년 11월 역사상 처음으로 중국내 외자 증권 지주회사가 되었다. 뒤이어 2019년 4월 모건대통증권과 노무라동방국제증권이 외자 지배주주(51%)로 증감회의에서 설립인가를 받았다(조고운 2019, 18). 2021년 8월에는 JP모건이 외국계 기업으로는 처음으로 단독(지분 100%) 증권사를 설립한 데 이어 2021년 10월 골드만삭스도 중국 증권사 지분 100% 확보를 승인받았다(이치훈 2022). 해외투자는 신용평가 업무에도 진출하였다. S&P 베이징 자회사는 2019년 1월 중국 채권시장에서 신용평가 업무를 할 수 있는 중국 최초의 외자 신용평가회사가 되었다, 연이어 무디스, 피치까지 베이징에 자회사를 설립하여 세계 3대 신용평가 회사 모두가 중국에서 신용평가 업무를 개시하게 되었다. 해외자본은 중국내 선물회사에도 투자를 시작하였다. 2019년 현재 은하선물과 모건대통선물 등 두 곳의 외자합자 선물회사가 중국에 생겨났다, 은하선물의 경우 스코틀랜드왕립은행 지분이 16,68%이고, 모건대통선물은 모건대통 지분이 49%이다(조고운 2019, 18).

다음으로 해외자본의 중국내 주식과 채권 투자 현황이다. 중국 정부는 2017년 이전에도 후강통(2014년 11월 개통), 선강통(2016년 12월 개통), 채권통(2017년 6월 개통) 등을 통해 외국인 투자를 유치하려고 노력하였다.[6] 해외투자자들은 이에 따라 중국 주식 채권 시장에 꾸준히 진입하였는데 2017년 이후 투자를 대폭 증가시켰다. 후구통[7]을 통한 외자의 중국 주식 투자액 (누계)은 2019년 11월 6일 7,084억 위안으로 2017년 1월 3일 대비 175% 증가하였다. 선구통[8]을 통한 외자의 중국 주식 투자액(누계)도 큰 증가세를 보였다. 2019년 11월 6일 4,686억 위안으로 2016년 12월 5일 대비 약 170배, 2019년 1월 2일 대비 약 58%로 투자가 큰 폭으로 증가하였다. 채권의 경우 2019년 9월 외자의 중국 채권 보유액은 2조 1,168억 위안으로 전년 동기대비 25%가 상승하였다(조고운 2019, 20).

이러한 흐름 속에서 해외투자는 중국 금융시장 개방이 더욱 가시화된 2020년 이후에 가파른 상승세를 이어나갔다. 중국 전체 주식과 채권 시가 총액 중 외국인 비중이 2020년에 각각 3.6%와 3.8%로 역대 최고치를 기록하였다(이치훈 2020, 2). 외국인 비중은 2017년 당시 주식은 2.2%, 채권은 2.4%를 차지하였다. 외국인 보유 중국 채권 규모를 2020년 한 해에 한해 살펴보면 1월 2조 2000억 위안에

---

6 중국 증시에서 외국인 자금은 2014년 이후 지금까지 매년 순증가 하였으며 순유출된 적이 없다.

7 후구통은 홍콩거래소 위탁계좌를 통하여 상하이거래소 주식을 매매하는 제도로서 홍콩인이나 외국인이 중국 상하이거래소 주식을 거래할 때 사용되는 용어이다.

8 선구통은 홍콩거래소 위탁계좌를 통하여 선전거래소 주식을 매매하는 제도로서 홍콩인이나 외국인이 중국 선전거래소 주식을 거래할 때 사용되는 용어이다.

〈그림 1〉 후구퉁 및 선구퉁 누적 투자금액 변동 추이

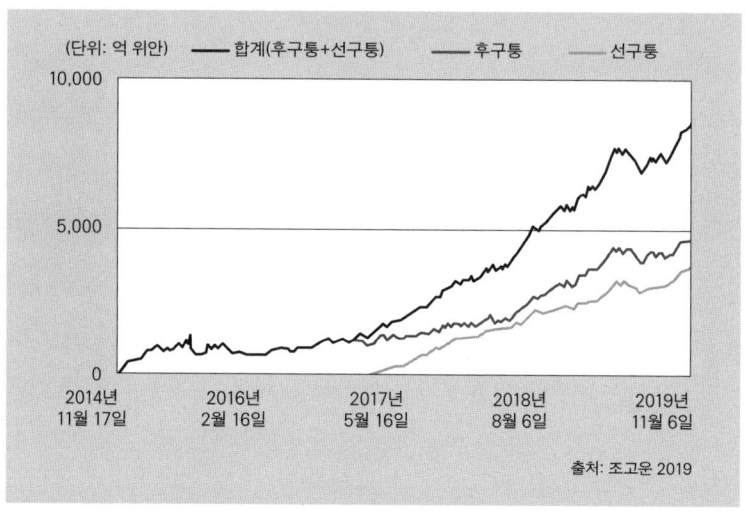

출처: 조고운 2019

〈그림 2〉 외자의 중국 채권 보유액 변동 추이

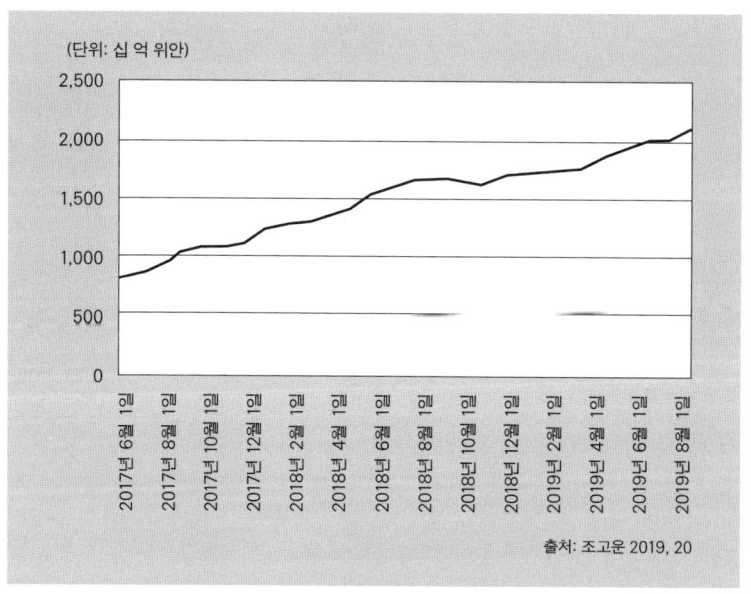

출처: 조고운 2019, 20

서 11월 3조 9000억 위안으로(《경향신문》 2020/12/14). 2021년엔 코로나 팬데믹 격화, 중국 정부의 기업 규제 등 악재에도 불구하고 외국인 투자자들은 중국 주식과 채권을 더욱 사들였다. 중국 전체 주식과 채권 시간 총액에서 외국인 비중은 2021년에 2020년 기록을 넘었는데 각각 4.7%와 4.1%가 되었다 (이치훈 2022; 〈그림 3〉 참조). 2020년부터 2021년까지 신흥국으로 유입된 해외금융시장 투자 자금의 약 70%가 중국에 집중되었을 정도다. 2023년 1월에는 월별 기준 해외자금의 중국 증시 유입이 사상 최고치를 기록했다. 지난 1월에 1413억 위안(약 27조원)이 순유입되어, 기존의 월 기준 역대 최대 자금 유입이었던 2021년 12월의 890억 위안(약 17조원)을 크게 넘어섰다. 2023년 1월부터 3월까지 중국 증시에 해외자금 누적 1866억 위안(약 36조원)이 순유입됐다. 이는 2022년 연간 순유입 액인 900억 위안(약 17조원)을 2배 넘게 뛰어넘은 금액이다(《월간중앙》 2023/4/17).

2023년 중반이후 중국경제의 침체와 헝다(에버그란데)와 비구이위안 등 대형 부동산 회사들의 부도 위기로 해외자금의 중국 증시 대량 이탈이 일시적으로 있었다. 그러나 JP모건을 비롯한 미국의 대형 금융회사들 대부분은 중국 경제의 안정적인 중장기적 성장을 예상하며 중국 투자 확대 전략을 유지하겠다는 방침을 밝혔다(《서울경제》 2023/9/7). 가령, 컨설팅 기업 올리버와이먼은 중국 자산 운영 시장 규모를 2019년 16조2000억 달러(약 1경8054조원)에서 2023년 30조달러(약 3경3454조원)로 85.2% 성장할 것으로 예측하였다(《조선일보》 2021/8/9). 이와 같이 미국의 주요 금융회사들은 미국 다음으

〈그림 3〉 외국인의 중국 증권 보유 잔액

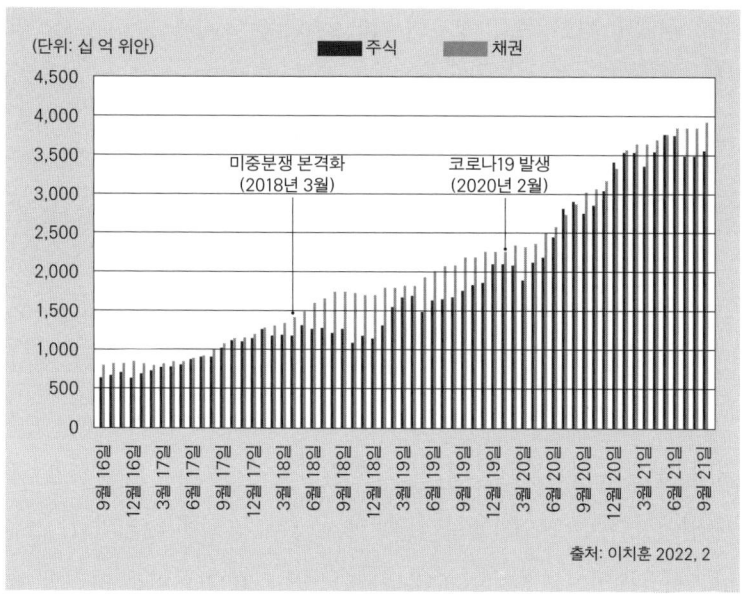

출처: 이치훈 2022. 2

로 현재 세계 제2위이며 앞으로 더욱 성장할 중국 금융시장 진출에 박차를 가하고 있다.

마지막으로 해외투자의 중국 보험업 진출 현황이다.[9] 2018년 중국 정부가 보험시장 추가 개방을 결정하면서 외국 보험회사는 중국에서 사업을 확장하였다. 스탠다드라이프(Standard Life)는 중국에 새롭게 진출하여 보험회사를 신설하였다. 기존에 중국 시장에서 사업을 영위하고 있던 알리안츠(Allianz), 악사(AXA), 홍콩상하이은행(HSBC), 처브(Chubb), AIA, ERGO는 중국 사업 확대를 위

[9] 아래는 이소양(2021) 참고하여 요약한 내용이다.

해 중국 보험회사나 합자 보험회사의 중국 주주 지분 인수를 도모하였다. 알리안츠는 2018년 최초로 외국 보험지주회사를 설립하였으며 2020년에는 중국태강보험그룹 지분의 4%를 인수하였다. 악사는 2019년 합자 손해보험회사의 중국 주주 지분을 인수해 독자 손해보험회사를 소유하여 운영하기 시작하였다. 되었다. 홍콩상하이은행은 2020년 합자 생명보험회사의 중국 주주로부터 전체 회사 지분을 인수할 계획을 발표하였다. 처브는 화태보험그룹의 중국 주주로

⟨표 1⟩ 2018년 이후 외국 보험회사의 중국 사업 동향

보험회사	중국 사업 확대 조치
영국 Standard Life	2019년 연금보험 전문보험회사를 설립
독일 Allianz	2018년 보험지주회사 설립; 2020년 중국태강보험그룹 지분의 4% 인수; 2021년 합자 생명보험회사의 중국 주주와 지분 양도에 대해 합의하여 전체 회사 지분을 인수
프랑스 AXA	2019년 합자 손해보험회사의 중국 주주와 지분 양도에 대해 합의하여 전체 회사 지분을 인수
영국 HSBC	2020년 합자 생명보험회사의 중국 주주와 지분 양도에 대해 합의하여 전체 회사 지분을 인수할 계획
미국 Chubb	2020년 화태보험그룹의 중국 주주로부터 지분의 15.3%를 인수하여 최대 주주(46.2%)가 됨
미국 AIA	2020년 중국지사에서 중국법인으로 전환; 2021년 중국 우정생명보험회사 지분의 25%를 인수할 계획
독일 ERGO	2021년 보유 중인 합자 생명보험회사를 통해 태산손해보험회사 지분의 25%를 인수
독일 General Re, 스위스 Swiss Re, 독일 Hannover Re, 프랑스 AXA XL	2019년부터 독일 General Re, 스위스 Swiss Re, 독일 Hannover Re는 각각 중국지사의 자본금을 증자; 프랑스 AXA XL은 재보험업에 진입

출처: 보험연구원 2020. 10

부터 지분의 15.3%를 인수하여 최대 주주(46.2%)가 되었다. AIA는 2020년에 중국지사를 중국법인으로 전환하였고 2021년에는 중국 우정생명보험회사 지분의 25%를 인수하는 계획을 발표하였다. 중국에서 생명보험업을 운영하고 있던 ERGO는 2021년에 태산손해보험회사 지분의 25%를 인수해 손해보험업에도 진출하였다.

젠 리(General Re Corporation), 스위스 리(Swiss Re Group), 하노버 리(Hannover Re)의 경우 중국 정부의 보험업 개방에 따른 중국 원수보험시장의 성장 가능성을 보고 중국지사의 자본금을 각각 증자하였다. 코리안 리(Korean Re)와 악사 XL(AXA XL)은 재보험사업을 주력으로 하는데 각각 중국지사, 중국법인을 설립하였다. 정리하면, 외국 보험회사는 2018년 이후 적극적인 중국 사업 확대를 꾀하였는데, 그 결과 외국 보험회사의 중국 시장점유율이 상승하였다.[10]

III. 미중 금융상호의존과 무기화의 동학

미국과 중국은 아이러니하게도 양국의 갈등이 깊어지기 시작한 2018년 이후 금융관계는 더욱 곤고해져왔다. 상술한대로 중국이 자국의 금융시장 자유화를 추진하고 미국 굴지의 금융회사들이 화답하고 있는 모양새이다. 미-중 금융 상호의존은 앞으로 더욱 가속화될 것이라는 전망도 적지 않다. 월 스트리트 황제라 일컬어지는 JP모건 회장 제이미 다이먼(Jamie Dimon)은 2021년 폭스뉴스와의 인터

---

10 외국 생명보험회사 및 손해보험회사의 중국 시장 점유율은 2018년 8.1%, 1.9%에서 2020년 10.0%, 2.6%로 증가하였다.

뷰에서 "중국은 전 세계에서 가장 큰 기회 중의 하나"라고 역설하였다(《조선일보》 2021/8/9). 얼마 전 타계한 버크셔 헤서웨이(Berkshire Hathaway Inc.) 부회장이었던 찰리 멍거(Charlie Munger) 역시 중국 경제에 대해 "향후 20년간 다른 대부분의 대규모 경제권보다 나은 전망을 가지고 있다. 첫째로 중국의 선도 기업들은 강하고 사실상 어떤 기업들보다 우수하며 주가가 저렴하다"고 평하였다(《연합뉴스》 2023/11/1). 중국 정부가 현재 미국 자본시장의 3분의 1 수준인 중국 자본시장을 미국에 필적하는 규모로 발전시키는 계획을 가지고 있다고 볼 때 미국 금융기업의 중국 진출은 계속될 확률이 높다.

그러나 국제정세의 불확실성이 더욱 증폭될 수 있는 가운데 이러한 금융 상호의존의 강화가 상대국을 향한 영향력 행사의 전략적 도구가 될 수 있다. 기실 미-중 금융 상호의존이 앞으로 전개될 미-중 경쟁에 따라 전략화 될 수 있는 개연성은 이미 존재한다. 가령, 앞서 언급한 다이먼 JP모건 회장의 폭스뉴스 인터뷰는 JP모건의 대규모 중국 투자에 대한 미국내 부정적인 여론에 대한 반박 형식으로 이루어졌다. 다이먼은 "나는 애국자이고, JP모건은 미국의 대외정책을 따른다. 미국 기업에 이익이 나도록 할 것"이라고 주장했다(《조선일보》 2021/8/9). 상호의존이 비대칭적일 때 우위국이 비대칭적 상호의존을 무기화하여 열위국을 강제하거나 압박할 수 있는 카드로 쓸 수 있다는 말이다. 이러한 까닭에 비대칭 상호의존과 정치적 레버리지의 관계는 국제정치학에서 오랫동안 연구되어 왔다. 지면 관계상 아래에 이 중 가장 중요한 몇몇 연구를 간략하게 검토하고 이들 연구가 제공하는 핵심 가설들을 미-중 금융 상호의존에 적용해 보고자 한다.

알버트 허쉬만(Albert Hirshman)은 강대국(나치 독일)이 비대칭적 상호의존을 이용하여 약소국(독일의 무역 상대국들인 동유럽 국가들)에 영향력을 미치는 두 가지 메커니즘을 "영향력 효과(Influence Effect)"라는 개념을 통해 논증하였다(Hirshman 1969). 첫 번째 메커니즘은 경제 규모에 관한 것이다. 무역이 단절되었을 때 경제 규모가 작은 국가가 큰 국가보다 상대적으로 더 큰 손해를 보게 되는데 이를 활용하여 강대국은 약소 무역상대국을 무역규제 혹은 중단 등으로 압박할 수 있다. 두 번째 메커니즘은 약소국 국내정치세력의 강대국 정책 동조화이다. 상호의존적인 무역관계가 지속되면 강대국과의 무역관계가 자신들의 이익의 핵심이 되는 국내정치세력이 약소국 내부에 부상하게 된다. 이들이 국내정치과정을 통해 강대국의 입장을 자발적으로 대변하게 된다. 이 두 번째 메커니즘이 중국이 적극적으로 활용할 수 있는 전략이 될 수 있다. 가령, 미국 굴지의 반도체 기업인 엔비디아, 퀄컴, 인텔은 최근 미국 정부에 대중국 반도체 수출규제를 완화해 줄 것을 요청하였다(Mickle et al. 2023). 베사니 알렌(Bethany Allen)은 그의 최근 저서에서 중국이 미국과의 경쟁에서 가장 강력하게 활용할 수 있는 카드가 미국 기업이 미국 정부를 압박하게 하는 것이라고 주장하였다(Allen 2023).

로버트 코헤인(Robert Keohane)과 조지프 나이(Joseph Nye)는 민감성과 취약성을 개념화하여 상호의존이 전략의 대상이 될 수 있음을 논하였다(Keohane and Nye 1977). 민감성은 상호의존관계에 있는 한 국가의 변화를 상대 국가가 체감하는 속도와 규모를 말한다.

취약성은 상호의존관계가 외부조건의 변화 등으로 단절되었을 때 이에 대한 대안의 유무와 대체비용에 관한다. 민감성은 허쉬만의 두 번째 메커니즘과 연결될 수 있다. 강대국은 약소국 내부의 특정세력의 이해관계에 민감하게 영향을 줄 현상변경정책을 추진하여 이 세력이 자국의 정책을 강대국의 선호도에 부합시키는 정치적 노력을 하도록 유인할 수 있다. 취약성은 기존의 상호의존관계에 대한 대안의 유무와 대체비용이 관건인데 미국과 중국이 금융자본의 축적을 국가 이익으로 규정하는 한 상대방과의 민감성과 취약성을 우세적으로 관리해 나가는 노력을 경주할 것이다.

이러한 연구 기반 위에서 헨리 파렐(Henry Farrell)과 아브라함 뉴만(Abraham Newman)은 최근 상호의존이 무기화될 수 있다고 주장하였다(Farrell and Newman 2019). 이들은 네트워크 이론을 활용하여 심화된 글로벌 경제 네트워크가 정치적 지렛대로 활용될 수 있음을 밝혔다. 무기화의 성패는 누가 경제 네트워크 내부의 중심 노드(Central Nod)를 장악하고 있는가이다. 중심 노드를 차지하고 있는 국가가 타 국가들을 압도하는 방법은 두 가지 경로를 통해서다.

먼저, 중심 노드 국가는 경제네트워크 내부의 정보 흐름을 이용, 조정, 조작하여 자국의 지정학적 목적에 따라 상대방에 압력 행사를 할 수 있다(패놉티콘 효과). 다음은 숨줄 조르기("Choke Point Effect")이다. 중심 노드 국가는 타국의 경제 급소를 조준하여 금융 제재, 무역 제재, 가치사슬 공급망 배제 등을 강제하거나 위협하여 자국이 원하는 바를 실현시킬 수 있다. 앞서 논의한 타국의 취약성을 공략하는 것이다. 해롤드 제임스에 따르면 중심 노드 국가는 자국이 장악하고 있는 경제네트워크를 지정학적 목적을 위해 사용하려는 유혹에 빠지기 쉽다(James 2021). 그 만큼 금융과 통화분야에서 "패놉티콘 효과"와 "숨줄 조르기 효과"의 강제력이 뛰어나다는 것이다. 반면에 역풍도 존재한다. 특정 경제네트워크가 무기화될 경우 관련국들은 이를 위협으로 인식하고 대안을 모색하기 시작하기 때문이다(예: 탈달러 무역 결제, 투자 결제, 중국 위안화국제결제시스템(Cross-Border Interbank Payment System: CIPS)과 같은 스위프트(Society for Worldwide Interbank Financial Telecommunication: SWIFT)에 대안 모색). 이는 중심 노드 국가의 네트워크 파워를 약화시키게 된다.[11]

파렐과 뉴만의 따르면 미국과 중국은 향후 양자 간 금융네트워크는 물론 시스템적인 글로벌 금융네트워크의 정보 흐름을 두고 상호견제 속에 각축전을 벌일 것으로 예상된다. 또한 미국과 중국은 금융 상호의존을 심화시키면서도 상대방의 숨줄을 공세적으로 쥘 수 있는 지점들을 끊임없이 찾고 자국 금융네트워크의 취약성을 보완하려고 할 것이다.

토마스 오틀리(Thomas Oatley)는 한발 더 나아가 미국이 글로벌 금융네트워크를 활용한 숨줄 조르기 효과를 북한, 이란, 러시아 등

---

11 제임스가 19세기 말 금본위제에서 영국 정부가 세계경제의 환어음(Bill of Exchange) 거래 중심지였던 런던을 "패놉티콘"과 "숨줄 조르기"로 이용한 사례를 통해 경제네트워크 무기화의 역작용을 보여준다. 영국 정부는 환어음 거래가 제공하는 무역과 생산 정보를 활용하여 독일과 미국 등에 경제적 압력을 행사하여 성과를 거두었다. 그러나 역작용으로 영국 정부의 환어음 거래의 무기화에 노출된 독일, 미국 등은 이를 제어하기위해 자국의 중앙은행을 설립하여 런던에 의존하지 않는 최종대부자의 역할과 국내 자산 활용의 길을 닦기 시작하였다. 이는 결국 영국과 국제금융시장에서 런던의 위상 약화를 초래하였다.

여러 사례 분석을 통해 미국이 상호의존 무기화를 달성할 수 있는 세 가지 조건을 제시하였다(Oatley 2021). 오틀리는 적대국들이 미국의 정책에 순응하는지 여부를 통해 숨줄 조르기 효과의 유무를 판단하였다. 오틀리는 미국이 글로벌 경제네트워크에서 중심 노드를 차지하고 있는 핵심 이유는 다름 아닌 기축통화로서 달러의 역할에 기인한다고 논한다. 미국이 본격적으로 금융상호의존을 무기화하기 시작한 것은 2001년 9/11 테러 이후이며 일련의 과정을 통해 미국은 미국 은행과 거래를 하며 달러에 대한 접근성을 중요시하는 외국 은행들이 미국의 금융제재에 대다수 순응하는 메커니즘을 새롭게 발견하게 되었다.[12]

미국은 2006년 북한을 6자 회담에 강제로 복귀시키기 위해 마카오 소재 방코델타아시아(Banco Delta Asia)를 제재하였고 북한은 6자 회담에 돌아왔다. 미국은 2011년 이란을 핵회담에 복귀시키기 위해 복귀하지 않을 경우 이란 은행들을 스위프트에서 배제할 것이라고 위협하였다. 이란은 결국 핵회담에 복귀하였다. 그러나 미국은 러시아 제재에서는 효과를 거두지 못했다. 미국은 2014년 러시아가 우크라이나를 침공했을 당시 러시아 은행들을 제재하였고 이란의 경우처럼 러시아 은행들의 스위프트(SWIFT) 배제 등을 위협하였으나 큰 성과 없이 조기 종료하였다. 오틀리는 러시아에 에너지를 의존하고 있던 서유럽 국가들이 러시아 제재에 대해서 미온적인 태도를 보인 것이 제재 효과를 반감시켰다고 분석한다. 오틀리는 이러한 분

---

12 미국의 금융제재에 대한 종합적인 연구는 스키타 히로키(2021) 참조

석을 바탕으로 미국의 금융제재 성공조건을 세 가지로 압축하였다. 첫째, 미국의 금융제재의 대상이 작은 은행이거나 작은 국가일 경우(북한과 이란 성공; 러시아 실패)이다. 둘째, 금융제재의 대상이 미국에 부과할 수 있는 "대안 숨줄 조르기(Alternative Choke Point)"를 보유하고 있지 않을 때이다. 셋째, 금융제재 대상이 러시아와 같은 강대국일 경우 미국과 서유럽 국가들이 금융제재의 수단과 방법에 의견을 일치할 경우이다.13

오틀리의 분석을 미-중 관계를 중심으로 반추하면 결국은 글로벌 통화경쟁이다. 미국이 글로벌 경제네트워크에서 중심 노드인 이유가 달러체제에 있기 때문이다. 중국은 2009년부터 추진한 위안화 국제화를 쉽게 포기하지 않을 것이고 미국은 사활을 걸고 달러체제 방어에 나설 것이다(Cohen 2019; Germain and Schwartz 2017; Schwartz 2019; 이용욱 2020). 또한 상대방의 숨줄 조이기 공세를 맞받아칠 대안 숨줄 조르기를 적극적으로 강구해 나갈 것이다.

정리하면, 미국과 중국은 금융 상호의존과 상호견제를 중장기적으로 병행할 것이다. 스테일과 리탄이 금융대전략을 "경제대전략의 한 종류로서 군사적, 외교적 목적을 위해 자본의 흐름을 통제하는 것"이라고 규정하듯이 미국과 중국은 양국 간의 자본의 흐름을 전략적으로 관리해 나갈 것이다(Steil and Litan 2008, 193). 미국과 중국

---

1 3 2022년 러시아의 우크라이나 침공 때 미국과 서유럽 국가들이 2014년과 달리 러시아 은행들의 SWIFT 배제를 비롯한 대규모 러시아 금융제재를 함께 실시하였음에도 숨줄 조르기 효과는 크지 않았다. 러시아산 원유, 가스를 대량으로 수입한 중국, 인도 등이 쿠션 효과를 하였다고 볼 때, 세 번째 조건은 코헤인과 나이의 취약성(대안 유무와 대체 비용)을 포함하여 세심하게 다듬어져야 할 것으로 보인다.

은 허쉬만의 영향력 효과, 코헤인과 나이의 민감성과 취약성, 파렐과 뉴만의 패놉티콘 효과 및 숨줄 조르기 효과 등을 포함하여 다양한 형태로 금융대전략을 구축하고 실행해 나갈 것이다.

IV. 미-중 금융 상호의존이 한국 금융대전략에 주는 시사점

지금까지 미국과 중국의 금융 상호의존의 현황과 미국과 중국이 향후 취할 수 있는 금융대전략을 살펴보았다. 미국과 중국의 금융 상호의존의 심화가 초기단계여서 그 미래 방향성을 섣불리 예단하긴 어렵다. 따라서 한국 금융대전략에 대한 함의나 시사점 역시 구체성이 제한적일 수밖에 없다. 이 글의 내용을 바탕으로 세 가지 내용을 간략하게 논하고자 한다.

먼저, 상호의존, 디커플링, 디리스킹은 병존하며 특정한 방향에 선험적으로 치우쳐서 실제 일어나고 있는 경험적 사실을 간과할 수 있음에 유의해야 한다. 다양한 금융지표와 미국과 중국의 정책 담론, 실제 정책, 국내정치 지형을 유기적으로 연결하여 통찰력 있는 미래 예측을 하고 정책 대응을 체계적으로 준비하여야 한다. 미국과 중국의 양자 금융관계뿐만 아니라 글로벌 차원의 자본 흐름과 금융 네트워크 파워를 측정할 수 있는 모델을 구축하여 지속적으로 모니터링 해야 한다.

둘째, 한국의 중추국 외교를 금융 분야에 적용하여 유럽연합, 영국, 일본, 호주, 캐나다 등과 정보 공유 및 집합적인 정책 대응 메커니즘을 선제적으로 마련할 필요가 있다. 이들 국가와 한국은 미국과 중국의 전략적 경쟁에 큰 영향을 받기도 하지만 반대로 미국과 중국의 전략계산방식에 유의미한 변화를 이끌어 낼 수 있다. 이들 모두가 G20 회원국인 만큼 이전의 믹타(a grouping of Mexico, Indonesia, Korea, Turkey and Australia: MIKTA)처럼 G20 내부에서 중추국 금융대전략 그룹으로 활동할 수 있겠다.

마지막으로, 한국의 금융대전략은 양자관계와 시스템 혹은 체제 차원을 다함께 고려하고 공세적 전략과 방어적 전략을 마련해야한다(Armijo and Katada 2015). 한국은 양자 금융관계를 미국과 중국과 각각 설계해야한다. 또한 미국과 중국이 글로벌 금융시스템 경쟁을 벌일 때 이에 대한 한국의 입장을 정리해야 한다.

V. 부록

〈그림 4〉 외국인 직접투자 유치 추이 (단위: 억 달러, 건)

연도	금액	건수
2014	1,197.1	23,778
2015	1,262.7	26,575
2016	1260	27,900
2017	1,310.4	35,652
2018	1,349.7	60,533
2019	1,381	40,888
2020	1,444	38,570
2021	1,735	47,643

출처: 〈코트라 해외시장뉴스〉 2022/5/26

<그림 5> 2010-2020년 중국 외국인 직접투자 추이

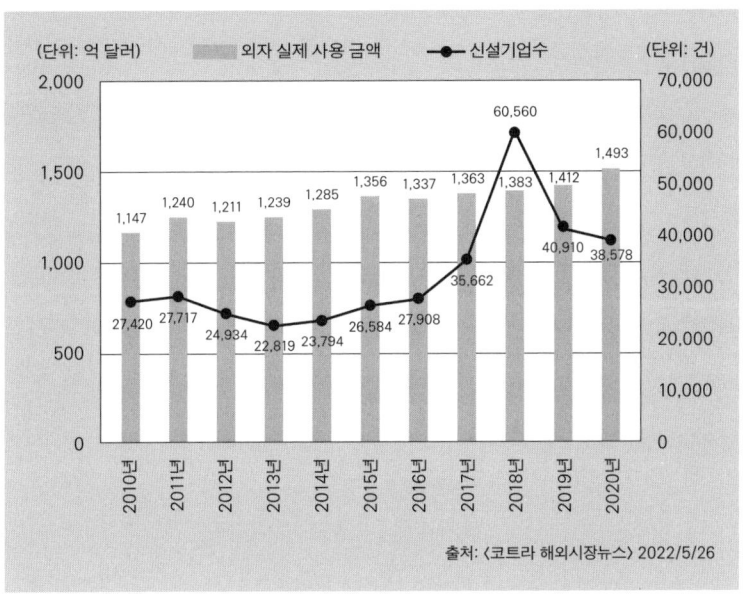

출처: <코트라 해외시장뉴스> 2022/5/26

참고 문헌

〈경향신문〉. 2020. "중국으로 몰리는 글로벌 자본…'몇 년 내 미 금융산업 지위 위협.'" 2020/12/14. https://m.khan.co.kr/economy/industry-trade/article/202012141631001#c2b

김예경. 2019. "중국의 외국인 투자관련 법률 제정."『외국입법 동향과 분석』. 제15호, 1-7.

김윤국. 2021. "中 외상투자법 시행 후 외국인투자 관리제도의 변화."『CSF 전문가 오피니언』. KIEP 대외경제정책연구원. 2021.03.31.

김윤국. 2022. "中 '외상투자법' 시행 후 외국인투자 관리제도의 변화."『KIEP 대외경제정책연구원』. 중국전문가포럼. https://csf.kiep.go.kr/issueInfoView.es?article_id=44981&mid=a20200000000 (검색일: 2023년 9월 4일)

김치욱. 2020. "세계금융위기와 미국의 국제경제전략."『위기이후 한국의 선택』. 손열(편). 한울. 39-76.

서봉교. 2018.『중국경제와 금융의 이해: 국유은행과 핀테크 은행의 공존』. 도서출판 오래.

〈서울경제〉. 2023. "JP모건, 중국 투자 전략 그대로 유지할 것." 09/07. https://www.sedaily.com/NewsView/29ULAUNT2J (검색일: 2023년 11월 5일)

신화망 한국어판. 2023. "中 자본시장 개방 신호 잇따라… 빠졌던 자금 하반기 '회귀' 전망." https://kr.news.cn/20230705/5aa5aeb0a8434af79707f42794c714ef/c.html (검색일: 2023년 11월 4일)

스키타 히로키(이용빈 역). 2021.『미국의 제재외교』. 한울.

안유화. 2020. "신외상투자법 실행이 중국 금융업에 미치는 영향."『성균관차이나브리프』. 8, 2: 113-119.

이소양. 2023. "중국 보험시장의 대외개방과 외국 보험회사의 성장 동향."『CSF중국전문가포럼』. KIEP 대외경제정책연구원. 2021/12/21. https://www.emerics.org:446/issueInfoView.es?article_id=44668&mid=a20200000000&board_id=4 (검색일: 2023년 9월 4일)

이용욱. 2020. "미중 국제 기축통화 전략경쟁과 한국의 대응."『EAI Special Report』. 동아시아연구원. 2020.08.

이용재. 2023. "디커플링: 미중 공급망 경쟁에서 담론에 불과한 것인가?"『Online Series CO 23-21』. 통일연구원. 2023.08.11.

이은재. 2022. "미·중 갈등 지속에 따른 중국 자본시장 영향 평가." 『국제금융센터』. 7.

이치훈. 2020. "중국의 자본시장 개방 추진 및 글로벌 파급 영향." 『CSF 중국전문가포럼』. KIEP 대외경제정책연구원. 2020.11.12.

_____. 2022. "중국의 외국인자금 유입 급증 명암과 시사점." 『이슈 & 트렌드』. KIEP 대외경제정책연구원. 2022.1.14. https://csf.kiep.go.kr/issueInfoView.es?article_id=44981&mid=a20200000000 (검색일: 2023년 9월 4일)

〈월간중앙〉. 2023. "전병서의 중국 경제 다시보기(2) 서방세계가 중국에 헛발질 하는 진짜 이유." https://jmagazine.joins.com/monthly/view/337724 (검색일: 2023년 9월 4일)

〈아주경제〉. 2021. "[안유화 칼럼] 월스트리트는 중국을 떠나지 않는다." https://www.ajunews.com/view/20210524104743314 (검색일: 2023년 11월 5일)

〈연합뉴스〉. 2023. "버핏 단짝 찰리 멍거 '中 경제, 향후 20년간 다른 경제 보다 좋다.'" https://yna.co.kr/view/AKR20231031184500072 (검색일: 2023년 11월 5일)

임지현. 2005. 『적대적 공범자들』. 소나무.

조고운. 2019. "최근 중국의 금융시장 개방 추진 현황 및 평가." 『KIEP 대외경제정책연구원』. 20.

〈조선일보〉. 2021. "미·중 갈등에도 월가-중국은 '밀월'...JP모건, 中 증권사 설립 허가 받아." https://biz.chosun.com/international/international_economy/2021/08/09/BVEZ2DQFGFB7FABHN7M2JNI7OU/ (검색일: 2023년 11월 5일)

정원식. 2020. "중국으로 몰리는 글로벌 자본…'몇 년 내 미 금융산업 지위 위협.'" https://m.khan.co.kr/economy/industry-trade/article/202012141631001#c2b (검색일: 2023년 9월 4일)

〈코트라 해외시장뉴스〉. 2022. "중국 〈2022년 외국인투자 장려 및 네거티브 목록〉 발표." https://dream.kotra.or.kr/kotranews/cms/news/actionKotraBoardDetail.do?MENU_ID=100&pNttSn=194434 (검색일: 2023년 9월 5일)

〈프레시안〉. 2022. "미·중시대, '힘센 사춘기 소년' 미국의 양면 전략 이해하기 [한광수 칼럼] 상호투자3조3천억 달러, vs 글로벌 공급망 전쟁." https://www.pressian.com/pages/articles/2022112109432898708 (검색일: 2023년 11월 3일)

Allen, Bethany. 2023. *Beijing Rules How China Weaponized Its Economy to Confront the World*. New York: Harper.

Armijo, Leslie and Saori Katada. 2015. "Theorizing the Financial Statecraft of

Emerging Powers." *New Political Economy* 20(1): 42-62.

Cohen, Benjamin. 2019. *Currency Statecraft: Monetary Rivalry and Geopolitical Ambition*. Chicago: The University of Chicago Press.

Farrell, Henry and Abraham Newman. 2019. "Weaponized Interdependence: How Global Economic Networks Shape State Coercion." *International Security* 44, 2:42-79.

Germain, Randall and Herman Schwartz. 2017. "The Political Economy of Currency Internationalization: The Case of the RMB." *Review of International Studies* 43, 4: 765-787.

Hirshman, Albert. 1969. *National Power and the Structure of International Trade*. Berkeley: University of California Press.

James, Harold. 2021. "Weaponized Interdependence and International Monetary System." in Daniel Drezner, Henry Farrell, and Abraham Newman (eds). *The Uses and Abuses of Weaponized Interdependence*. Washington, D.C.: Brookings Institution Press. 101-114.

Keohane, Robert and Joseph Nye. 1977. *Power and Interdependence: World Politics in Transition*. New York: The Free Press.

Mickle, Tripp, David McCabe and Ana Swanson. 2023. "How the Big Chip Makers Are Pushing Back on Biden's China Agenda." *The New York Times*. October 5, 2023. https://www.nytimes.com/2023/10/05/technology/chip-makers-china-lobbying.html

Oatley, Thomas. 2021. "Weaponizing International Financial Interdependence." in Daniel Drezner, Henry Farrell, and Abraham Newman (eds). *The Uses and Abuses of Weaponized Interdependence*. Washington, D.C.: Brookings Institution Press. 115-129.

Schwartz, Herman. 2019. "American Hegemony: Intellectual Property Rights, Dollar Centrality, and Infrastructural Power." *Review of International Political Economy* 26, 3: 490-519.

Steil, Benn and Robert Litan. 2008. *Financial Statecraft: The Role of Financial Markets in American Foreign Policy*. New Haven: Yale University Press.

5
미중 전략 경쟁 속 군사인공지능의 정치경제

전재성 | 동아시아연구원 국가안보연구센터 소장, 서울대학교 교수

I. 인공지능이 제기하는 기회와 위험

4차 산업혁명 기술 중에서 인공지능(Artificial Intelligence: AI)은 광범위한 영역에 걸쳐 모든 기술을 뒷받침하는 메타기술로서 향후 엄청난 변화를 일으킬 것이 틀림없다. 이미 군사와 상용 기술 모두에 걸쳐 혁명적 변화를 불러온 AI는 유례없는 속도로 빠르게 발전하고 있고 기술의 방향 역시 예측하기 어려운 상황이다. AI 기술이 어디까지 발전할지 알 수 없는 상황에서 강대국 간 지정학 경쟁이라는 변수가 합쳐지면 과연 인류에게 AI 기술이 축복이 될지, 혹은 해악이 될지도 가늠하기 어렵다.

AI는 군사 전 영역에 걸쳐 엄청난 변화를 불러일으키고 있다. 양

자컴퓨팅이나 바이오 기술, 우주와 사이버 기술 등과 함께 향후 전쟁의 판도를 좌우할 핵심적 기술 영역이다. 미국과 중국은 치열한 전략 경쟁을 벌이는 가운데 AI 기술 혁신 경쟁에 선두적 위치를 점해 미래의 전쟁을 유리한 방향으로 이끌고자 노력하고 있다. 현재 미국이 기존 군사 영역과 AI의 여러 영역에서 중국을 앞서고 있는 것으로 평가되지만, 중국은 단기간 엄청난 군사 기술을 발전시켜 왔고, AI를 활용한 지능화 전쟁에 대규모 투자를 하며 향후 미국을 압도하려는 노력을 기울이고 있다(Luo 2022). AI 기술의 문제는 미중 간 경제 관계와도 밀접하게 연결되어 있으며, 군사안보 분야를 바탕으로 향후 미중 전략 경쟁의 판도를 좌우할 여러 변수 중 하나가 될 수밖에 없다.

한편 AI의 미래 발전 방향에 대해 국제사회의 협력이 이루어지지 않으면 AI는 인류에게 커다란 해악을 가져올 수도 있다(Bremmer and Suleyman 2023, 102-105). AI 기술은 다른 분야와 달리 정부와 군이 일방적으로 주도할 수 없으며, 많은 기업과 경제 행위자들이 AI 개발에 앞장서고 있다. 급속히 발전하는 AI 기술은 국가들 간의 합의만으로 통제되기 어렵고, AI 기술 자체에 대한 지식도 여전히 부족하다. 대표적으로 AI가 인공 일반 지능(artificial general intelligence: AGI)에 이르러 인간의 통제를 벗어나 자체통제적인 힘을 가질지, 혹은 주관과 의식을 소유하여 AI에 대한 기본 관점을 바꾸어야 할지 등에 대한 지식은 여전히 부족한 상황이다.

AI에 대한 규제 역시 국가마다 이해관계가 다르고 국가와 기업의 입장이 다르기 때문에 과거 핵무기나 기후 변화 등과 같은 영역에서 규제와 통제를 발전시키려는 노력과는 또 다른 자원과 합의를 해야할 수밖에 없다. 새로운 영역에서 필요한 규제 레짐을 만들기 위해 초보적 노력이 시작되고 있지만, 미중 AI 경쟁과 같이 강대국 지정학 경쟁이 이를 주도하는 논리로 작동할 경우 AI는 인류 전체에게 커다란 도전을 안겨줄 수도 있다(Kissinger and Allison 2023).

미중 지정학 경쟁의 한복판에 놓여있는 한국은 양국 간 군사경쟁은 물론, AI 경쟁에서 우위를 점하기 위한 수출통제 및 투자제한 등 경제 영역에서도 많은 변화를 겪고 있다. 반도체 생산 부문에서 일정한 중요성을 점하고 있는 한국에게 향후의 상황을 어떻게 예측하고 어떻게 대응해 나갈지는 매우 중요한 문제이다.

II. 인공지능과 미래 전쟁

미래 전쟁은 AI로 강화된 기술, 특히 완전 자율 무기 시스템의 사용으로 특징지어질 것이고 이를 선점하는 측이 군사안보 분야는 물론 전략 경쟁 전반에서 유리한 고지를 차지할 것이다. 군사 AI의 발전은 매우 빠른 속도로 이루어지고 있는데, 미 공군의 '로열 윙맨' 무인 항공기 또는 드론과 같은 기능은 사람의 개입 없이도 표적을 식별, 추적, 공격할 수 있게 되었다. 최근 가자지구, 리비아, 나고르노카라바흐, 우크라이나 등 분쟁 지역에서 자율살상무기 시스템이 사용되면서 중요한 법적, 윤리적, 도덕적 문제도 제기되고 있다. AI로 강화된 군사 기술이 전쟁의 본질과 역학을 어떻게 변화시킬 수 있을지는 아직 불분명하다. 군사적 목적의 AI 사용을 가장 우려하는 사람들은 기계가 세계를 지배할 수 있을 정도로 발전하는 디스토피아적 미래, 즉 'AI 종말(AI apocalypse)'을 거론하기도 한다.

AI가 과연 어떠한 목적으로 어느 정도 미래의 전쟁을 좌우할 것인가에 따라 미래 국제정치는 상당한 영향을 받을 것이다. AI로 강화된 군사 기술을 채택하는 방식은 의사 결정의 수준(전술적 또는 전략적)과 인간의 개입 유형(인간 또는 기계)에 따라 다를 수 있다. 각 국가들은 알고리즘을 최적화하여 전장에서 전술적 작전을 수행하거나 전반적인 전쟁 목표를 지원하기 위한 전략적 결정절차를 수행할 것이다.

우선 전술적으로 이러한 기술은 전장에 분산된 센서에서 수집한 대량의 데이터를 신속하게 분석하여 적보다 빠르게 표적을 생성함으로써 현장 지휘관의 성공률을 높일 수 있다. 이는 목표물 획득과 공격 사이의 시간 간격을 의미하는 '센서에서 공격까지의 시간'을 크게 단축함으로써 달성할 수 있다. 미국 국방부의 태스크포스 리마(Task Force Lima)와 프로젝트 메이븐(Project Maven)이 이러한 AI 적용의 사례이다.

전략적 차원에서 AI로 강화된 군사 기술은 정치 및 군사 지도자들이 주요 목표와 목적을 설정하도록 보조할 수 있다. 즉, 전쟁 접근 방식을, 물자 및 인력을 포함한 한정된 자원의 조합과 동기화할 수 있도록 돕는 것이다. 심지어 전략적 방향과 국가 차원의 전략을 수립하는 등 미래의 군사 작전에서 인간을 대체할 수 있는 새로운 역량이 등장할 수도 있다.

인간적 요소의 개입, 감독 유형에 따라 분류해보면, 국가는 AI로 강화된 군사 기술에 위임된 감독 또는 통제 유형을 조정할 수 있다. 기술에 대한 인간의 감독을 강화하여 의사 결정에 대한 권한을 강화하도록 설계하는 것이다. 이러한 시스템은 종종 반자율적이라고 불리며, 인간의 통제 하에 있다는 의미이다. 제너럴 아토믹스 MQ-9 리퍼 드론과 같은 대부분의 미국 무기체계는 AI 강화 무기 시스템이 현재 작동하는 방식이다.

국가는 또한 인간의 감독을 줄이면서 AI로 강화된 군사 기술을 설계할 수도 있다. 이러한 시스템은 인간이 개입하지 않는 형태이며 킬러 로봇이 대표적이다. 이러한 애플리케이션에서 인간은 표적 결정에 대해서도 제한적으로만 감독권을 행사하게 된다.

AI가 군사안보에 적용되는 상황에 따라 이상의 내용을 정리해보면 AI가 작동하는 의사 결정 수준과 인간의 감독 유형에 따라 전쟁의 유형이 네 가지로 나뉠 수 있다. 첫째, 국가는 AI로 강화된 군사 기술을 인간의 감독 하에 전술적 의사결정을 내리는 데 사용할 수 있다. 둘째, 각국은 인간적 요소의 개입을 최소화하고 기계의 감독을 통해 전술적 의사결정을 내리는 데 AI로 강화된 군사 기술을 사용할 수 있다. 셋째, 전략적 의사 결정 차원에서 기계의 통제를 극대화한 유형으로, AI로 강화된 군사 기술에 막강한 권한을 부여하여 국가 간 전쟁의 궤도를 형성하는 형태이다. 인공지능을 활용하여 수행하게 되는 전쟁은 국가가 시간과 공간에서 적보다 우위를 확보하고 유지하여 전쟁의 전반적인 결과를 좌우할 수 있게 된다. 마지막으로 AI로 강화된 군사 기술에 대한 인간의 감독을 유지하되, 알고리즘을 활용하여 전략적 의사 결정을 최적화함으로써 상대방의 취약점을 공격하고 활용하려고 시도하는 전쟁이다. 알고리즘 의사결정 지원 시스템이라고 부르는 이 전쟁 수행 모델의 목적은 알고리즘을 사용하여 중요한 지원 작업을 수행하면서 전반적인 인간의 감독을 유지하는 것이다. 이러한 전쟁 수행에서 실시간 위협 예측을 통해 가능한 적의 행동 경로를 예측하고, 가장 실현 가능하고 수용 가능하며 적합한 전략을 식별하며 경쟁적인 작전 환경에서 군대가 주도권을 확보하고 유지할 수 있도록 물류와 같은 주요 전쟁 기능을 맞춤화하는 것 등의 목적으로 달성할 수 있다(Lushenko 2023).

AI는 군사안보 분야 거의 모든 차원에서 사용될 것이다. 군수 및 물품 조달 등 행정적 업무에서 전쟁 수행의 전략적 결정에 이르기까지 이미 상당 부분 사용되고 있고 향후에도 그러할 것이다. 민주주의 대 권위주의라는 정치체제 역시 중요한 변수이다. 인간의 개입을 어느 정도 허용할지, AI 운용에 대한 책임에서 시민사회의 역할을 어떻게 설정할지에 따라 군사 AI의 운용 환경이 바뀔 것이다. 군사 AI는 전쟁의 문제이고 전쟁의 승패는 국가의 운명을 좌우하므로 AI 운용에 관한 윤리적, 도덕적 책임보다 전쟁 수행의 효율성이 더 중시될 수도 있다. 현재까지 AI 운용에 대한 국제적 합의나 국제사회의 규범이 존재하지 않는 상황에서 개별 국가들의 AI 운용은 경쟁적으로 전개될 가능성이 매우 높다.

III. 군사 인공지능을 둘러싼 미중의 경쟁

1. 군사 인공지능 발전을 위한 중국의 전략

현재 미중 간 전략 경쟁은 경제분야를 벗어나 군사안보 분야로 확대되고 있다. 군사경쟁에서 미국은 통상무기, 핵전력, AI 전력 등에서 중국을 앞서고 있다. 이러한 우위를 바탕으로 미국의 대중 전략 목표는 중국에 대한 압도적인 군사적 우위를 유지하면서 전략 경쟁이 군사적 대결로 화하는 것을 막고, 경제부문에서 협력의 분야를 유지하며, 자유민주주의의 우월성에 기초한 이념적 토대를 다지면서 동맹과 전략적 파트너들과의 관계를 강화하는 것이다(Krepinevich 2024, 103-111). 반면 통상 전력에서 중국의 추격이 매우 빠르게 진행되고 있고, 특히 AI 전력에서 중국은 미국을 압도할 전기를 마련하기 위해 총력을 기울이고 있다(Flournoy 2023, 102-106).

2017년 중국은 21세기 중반까지 인민해방군을 세계 최고 수준의 군대로 육성하여 군의 역량 부족을 극복하고 중국을 세계 주요 군대의 대열에 확고히 자리매김하겠다는 목표를 발표했다. 이 목표는 중국이 세계의 중심 무대에 접근하고 있으며 국력의 모든 중요한 요소에서 중국의 선도적인 글로벌 지위를 확립하기 위한 다각적인 목표의 군사적 구성 요소를 대표한다는 중국 공산당 지도자들의 견해에 따른 것이다. 중국은 세계 수준의 인민해방군이 힘과 명성에서 세계의 다른 군대, 특히 미군을 능가하고 다른 국가가 중국의 국가 목표 추구에 저항하는 것을 막을 수 있는 것으로 보고 있다.

후발국의 이점을 생각해 보면 중국이 미국보다 군사 AI와 같은 신기술들을 채택하는 데 더 유리한 위치에 있다고도 볼 수 있다. 스텔스기, 항공모함, 정밀 군수품 분야에서 미국이 현재 누리고 있는 우위가 장기적으로는 오히려 불리할 수 있는데, 이는 오늘날 군사적 우위를 뒷받침하는 확고한 비즈니스 및 정치적 이해관계가 향후 미국이 AI 기반 군사 기술 패러다임으로 전환하는 데 걸림돌이 될 것이기 때문이다. 중국은 2007년부터 2017년까지 군사비를 3배로 늘렸고, 기술을 최우선 순위로 삼고 있으며, 현재의 플랫폼과 접근 방식 중 상당수가 구식이기 때문에 반드시 교체해야 한다는 인식이 일반적이다. 미국은 여전히 중국보다 국방비를 더 많이 지출하고 있지만, 그 지출의 상당 부분이 기존 프로그램에 묶여 있다. 이러한 레거시 프로그램들의 존재는 처음부터 새로 구축되는 새로운 접근 방식에 투자하는 것에 비해 불리하게 작용한다(Huang and Drexel 2023).

중국은 군사 능력의 기술적 발전을 세계 최고 수준의 군대가 되기 위한 필수 요소로 인식하고 있다. 미래 분쟁에서 성공하기 위해 중국군이 세계 수준의 군대로의 변신과 함께 기술 변화에 주의를 기울이고 "정보화 및 지능화(informatized and intelligentized) 전쟁"에서 승리할 수 있는 능력을 향상시켜야 한다고 지적해 왔다. 중국은 AI가 경제 및 군사력의 미래를 위한 기반이 될 것으로 보고 2017년 7월, 국무원은 차세대 인공지능 개발 계획(New Generation Artificial Intelligence Development Plan: AIDP)을 발표했다. 중국 군사 지도부는 AI를 활용한 지능화된 전쟁의 도래가 20세기의 기계화 및 정보화 혁명에 버금가는 군사 기술 혁명을 의미한다고 믿고 있다. 무기체계에 AI를 사용하는 것은 최근 몇 년 동안 중국 군사 개혁의 중심이 되었고 세계 최고 수준의 군대를 구축하기 위한 주요 측면이 될 것이 확실한 상황이다.

중국 공산당 지도부는 AI를 탐색, 데이터 처리, 표적화 등 인간의 능력을 뛰어넘는 다양한 전쟁 수행 능력을 빠르게 향상시킬 수 있는 잠재력을 지닌 획기적인 기술로 보고 있다. 중국의 군 지도자들과 AI 엔지니어들은 모두 AI의 적용을 전쟁에서 불가피한 것으로 인식하고 있고, 군사적 적용을 위한 AI의 조기 채택이 중국군이 미국의 군사력을 넘어 "도약(leapfrogging)"시킬 수 있는 기회를 제공할 수 있다고 믿고 있다고 본다.

중국군은 지난 수십 년 동안 현대 정보 기술을 사용하는 전쟁에서 사용할 수 있는 비대칭 역량과 전략을 연마해 왔다. 최근 AI 및 기타 기술을 사용하여 전시 의사 결정과 프로세스에서 결정적인 이점을 얻는 방법을 연구하고 있다. 군 지도자들이 뇌-컴퓨터 인터페이스 사용과 같은 기술을 통해 인간과 기계의 지능을 혼합하는 "하이브리드 지능" 개념을 개발해 온 것으로 알려져 있다. 이 개념이 뇌-기계 통합을 통해 명령권을 행사하는 무기의 "지능형 자율성" 사용과 같은 인간 성능 향상을 촉진하기 위한 프로젝트를 포함한 새로운 프로그램을 통해 실현되고 있다고 볼 수 있다. 중국은 자율 군용 로봇에 AI를 사용하는 것 외에도 군 지휘부의 의사결정을 위한 AI 기능에도 관심을 보이고 있는 것으로 보인다. 중국의 전략이 전장에서 인간의 감독 받는 것을 넘어 점점 더 자율적인 AI 기반

전쟁으로 나아가는 야심찬 계획임을 시사하는 징후가 있다고 볼 수 있는 근거이다. 앞서 살펴본 전쟁의 미래에서 AI의 군사적 활용을 극대화하기 위해 인간의 개입도를 줄이는 방향이다.

중국 공산당은 AI에 대한 높은 관심에 걸맞게 AI에 대한 투자도 확대하고 있다. AI 리더가 되기 위해 중국은 AI 개발에 대한 정부 총 지출을 매년 27%씩 늘려 2026년까지 270억 달러까지 늘릴 계획으로 알려져 있다. 중국의 민간 AI 기업은 명목상으로는 국영 기업이 아니지만, 중국 공산당은 많은 기업에 영향력 있는 중국 공산당 위원회를 운영하고 있다. 중국은 근대화 과정에서 서양 제국주의의 대상이 되었지만 4차 산업혁명에서는 우위를 점해 향후 세계의 리더로 나아가고자 하는 의지를 드러내고 있다. 이 과정에서 AI 전반은 물론 군사 AI를 위한 정치적, 경제적 기초를 확고히 하는데 전력을 투구하고 있다고 볼 수 있다.

2. 중국의 군민융합전략과 장단점

인공지능 기술이 정부, 군과 상업 부문의 민간 기술, 그리고 대학과 연구소의 지식을 결합한 생태계 속에서 발전한다는 사실은 잘 알려져 있다. 미국은 정부의 노력과 더불어 실리콘밸리의 혁신 기술 환경, 그리고 주요 대학들의 인공지능 연구가 세계 최강의 인공지능 혁신의 생태계라는 점을 잘 활용해왔다. 중국 역시 권위주의 체제에 맞는 인공지능 개발을 가속화해오고 있다(Scharre 2023).

중국의 국방 기술 혁신은 중국의 군민융합(Military-Civil Fusion:

MCF) 전략에 따라 민간 기업과 대학의 기여에 점점 더 의존하고 있다. 군민융합전략은 특히 우주, 사이버 공간, 심해와 같은 영역과 인공지능 및 양자 정보 과학과 같은 전략 기술 분야에서 미국을 따라잡고 능가하려는 중국의 어젠다에서 매우 중요한 요소이다 (Muhammed and Vieira 2022, 85-102).

최근 인민해방군 조달 계약에 따르면 AI 장비 공급업체 대부분은 2010년 이후에 설립된 비정부 부문 중국 기술 기업이다. 여기에는 2016년에 설립되어 주로 군사 항공우주 및 전자 산업에 서비스를 제공하며 중국 최대 인텔리전트 장비 제조업체로 성장한 Anwise Global Technologies(北京安怀信科技股份有限公司)도 포함된다. 2015년에 설립된 AI 기업 심천시 REALIS 다매체과기유한회사(약칭Realis)는 인민해방군 요원을 위한 다인원 훈련이 가능한 AI를 탑재한 가상현실 훈련실을 개발했다. 중국 인민해방군 전략지원군(People's Liberation Army Strategic Support Force: PLASSF)은 알고리즘 구축, 위성 별자리 관리, 잠재적 공격용 전자전 수행 등 AI 적용 가능성이 높은 임무 포트폴리오를 수행하기 위해 노력하기 때문에 AI 파트너십을 모색하는 데 특히 유리한 위치에 있다.

국가 주도의 투자자들도 기꺼이 자금을 지원하고 있다. 중국의 전향적인 감시 시스템은 정부와 협력하는 초기 AI 기업이 기술을 실험하고 개발할 수 있는 방대한 데이터 세트를 제공한다. 국가가 AI 애플리케이션의 글로벌 리더로 성장할 수 있도록 지원하는 것이다. 이를 통해 중국 정부는 AI 개발 관리 경험을 쌓을 수 있었고, AI를 통해 이미지 및 비디오 데이터의 정보 수집과 분석을 가능하게 하는 컴퓨터 비전과 같은 특정 AI 분야의 혁신에 박차를 가하고 있다. 중국 정부는 컴퓨터 비전을 감시 및 군사적 응용 분야 모두에서 중요하게 여기고 있다. 중국은 컴퓨터 비전 재검색을 강력하게 지원하고 있는데, 중국 기관 소속 연구자들이 컴퓨터 비전 및 시각 감시 연구 논문의 3분의 1 이상을 작성하여 컴퓨터 비전과 정부 기관의 활용에 관한 연구를 가장 많이 생산하는 국가로 부상했다(Fedasiuk et al. 2022).

상업용 AI 기업들도 중국군과 협력하고 있으며, 이를 위해 글로벌 시장을 좌우하는 영향력을 발휘하는 경우도 있는 것으로 본다. 드론 제조 기업 DJI는 상업용 드론의 글로벌 시장 점유율 76%를 달성하기 위해 물체 감지 및 내비게이션에 머신러닝 도구를 적용했다.

중국 군과 비정부 AI 기업이 AI 개발을 위해 협력하고 있는 상황에서 국제적 제재를 피하는 것도 중요한 부문이다. 중국의 많은 기업들이 적대국 군대를 지원하는 데 따른 감시와 제재를 피해 민간 비정부 기술 기업으로 계속 운영되고 있다. 안보신흥기술센터의 연구에서 확인된 273개 중국 인민해방군 AI 장비 공급업체 중 2021년 현재 미국의 수출 통제 및 제재 체제에 지정된 기업은 8%인 22개에 불과하다. 이들 기업 중 상당수는 개발 과정에서 미국의 기술 발전과 일부 미국 기반 자금에 의존해 왔다.

AI 기술이 작동하려면 반도체가 필요하며, 반도체 생태계의 핵심 부품을 포함한 많은 부분이 미국과 그 파트너들에 의해 통제되고 있다. 2020년 최근 CSET가 중국군 공개 구매 기록에서 확인한 97개의 AI 칩 중 거의 모든 칩이 엔비디아(NVIDIA), 자일링스(현재

AMD의 일부), 인텔, 마이크로세미 등 미국 기반 칩 회사에서 설계되었다. 거의 모든 AI 모델은 그래픽 처리 장치(Graphic Processing Unit: GPU)로 훈련되는데, 이는 정교한 AI 모델을 훈련시킬 수 있는 고도의 기능을 갖춘 칩이다. 2022년 9월 기준, 미국의 두 GPU 공급 업체인 엔비디아와 AMD는 중국 국내 GPU 시장의 95%를 점유하고 있으며, 군사용을 포함하여 중국 AI 개발에 필수적인 칩을 공급하고 있는 것으로 알려져 있다.

뒤에서 살펴보듯이 2022년 10월 바이든 정부의 대중 반도체 관련 수출통제가 시행되고, 미국의 최첨단 칩에 대한 중국의 접근이 제한되면서 중국의 AI 개발이 둔화되는 경향을 보이고 있다. 미국의 제한 조치의 도입으로 인해 많은 중국 기업들이 제재 회피 활동을 확대했으며, 그 결과 수천 명의 중개인을 동원해 엔비디아를 포함한 세계 최고급 반도체를 중국으로 밀반입하는 등 제재 회피 활동을 확대하고 있다.

한편, 미국으로부터의 자본도 중국 AI 군사기술 기업의 발전을 촉진해 왔다. 여기에는 실리콘밸리 벤처 캐피털 회사인 세쿼이아 캐피털과 제휴했던 세쿼이아 캐피털 차이나 등 미국의 저명한 벤처 캐피털 펀드와 연결된 자금도 포함된다. 세쿼이아 캐피털은 2024년 3월까지 중국 법인을 미국 및 유럽 사업에서 분리하고 브랜드를 변경하는 작업을 진행 중이지만 세쿼이아 캐피털 차이나는 미국 대학 기부금과 자선 신탁으로부터 투자를 계속 유치하고 있다. 세쿼이아 캐피털 차이나는 현재 중국군에 AI 기반 오픈소스 데이터 마이닝 및 정보 기술 지원을 제공하는 에버섹의 초기 투자자였다. 2021년

11월, 인민해방군 전략지원부대는 에버섹과 AI 기반 "사이버 위협 인텔리전트 감지 및 조기 경보 플랫폼" 계약을 체결하였다. 또한 골드만삭스는 2020년 중국 최대 AI 기업 중 하나인 4패러다임에 투자하기도 하였다.

AI 대규모 언어 모델(Large Language Models: LLM) 부문에서도 중국 기업들은 중국의 AI LLM 역량을 강화하기 위해 국제 AI 과학자를 공격적으로 영입하고 있다. 중국의 AI 기반 국방기술 개발은 특정 전쟁 시나리오를 위한 훈련 데이터에 대한 제한된 접근과 AI 엔지니어 부족으로 인해 지연되는 상황을 겪어왔다. 중국의 컴퓨터 비전 개발은 부분적으로는 중국의 전국적인 감시 프로그램을 기반으로 확장되어 AI 기업이 AI 컴퓨터 비전 기술의 운영적 사용을 개발하고 테스트할 수 있는 수백만 개의 사용 사례를 제공했다.

이와 같이 중국은 장기적인 계획으로 군사 AI를 발전시키기 위한 국가 총력전을 벌이고 있다. 이 과정에서 경쟁상대국, 특히 미국의 기술과 반도체 수입이 핵심적이었고 이를 유지하면서도 자체적인 AI 능력을 개발하기 위해 최선을 다하고 있다. 점증하는 대중 AI 제재 속에서 중국이 초고속 추격자의 위치를 유지할지 아직 알 수 없다. 중국은 여러 분야에서 AI를 발전시킬 수 있는 기반을 가지고 있기도 하다. 특히 권위주의 체제 속에서 방대한 데이터는 AI 발전에 큰 도움이 될 것이다. 군사 부문에 한정해 보면 군사 AI 개발에 혁신적인 현장 군사 데이터는 한정되어 있는 것도 사실이다. 중국은 AI를 직접 테스트하기 위해 해외 분쟁에 참여하는 경우가 거의 없기 때문에 AI 기반 전쟁 수행 능력을 개발, 훈련 및 개선할 수 있는 데이터가 제한적이라는 사실도 미중 군사안보 경쟁에서 중국이 안고 있는 한계의 하나이다.

중국 정부는 신장 주민의 행동을 감시, 검열, 제약하기 위해 매우 광범위한 인공지능 기반 시스템을 설치했고, 중국 AI 개발의 최전선에 있는 많은 기업을 포함하여 중국의 감시 산업 복합체에 풍부한 자금, 데이터, 운영 경험을 제공했다. 그러나 적용 분야에 따라 데이터의 유용성은 제한될 수밖에 없다. 일반적으로, 특히 아군 무기 시스템과 센서가 적군의 사정거리 내에 있지 않은 경우에는 적군보다 상업 고객이나 국내 감시 표적에 대한 훈련 데이터를 얻는 것이 훨씬 쉽다. 가장 성숙한 미국의 국가 안보 AI 애플리케이션은 인공위성 정찰 이미지의 AI 기반 분석과 같은 분야이다. 평시에도 위성은 러시아와 중국 군대의 수많은 사진을 촬영하며, 이러한 사진은 인간 전문가가 디지털 레이블을 지정하여 학습 데이터로 전환할 수 있다. 학습 데이터는 머신러닝 AI 시스템이 학습하는 데이터로, 학습 알고리즘과 학습 데이터의 조합은 AI 시스템이 이미지의 내용을 인식하는 방법을 학습한다.

중국은 국내 감시 애플리케이션이나 소비자 금융과 같은 상업적 애플리케이션에서 안면 인식과 관련된 데이터 우위를 점하고 있을 수 있지만, 실제 군사운용 관련 데이터는 군사 애플리케이션과의 관련성이 제한적이다. 정밀 미사일 조준이나 자율 드론 탐색과 같은 일부 군사 AI 애플리케이션의 경우, 중국은 미국에 비해 데이터 우위가 매우 낮은 것이다.

IV. 바이든 정부의 대중 인공지능 기술 통제 전략

1. 첨단 기술 분야에서 미국의 대중 기술통제 전략

군사 인공지능 분야의 혁신은 미래의 전쟁에서 우위를 점하려는 미중 간 경쟁의 일환이지만, 이미 경제정책 전반의 영역에서 경쟁은 치열하게 전개되고 있다. 시진핑 정부는 집권 직후, 중국 제조 2025 계획을 발표하여 첨단 과학 국가로 중국을 재정립하고자 노력했다. 중국은 비록 기술과 과학, 첨단 산업에서 미국을 압도하지는 못하고 있지만, 배터리와 태양광, 그리고 양자통신, 인공지능 분야에서 두각을 나타내고 있다. 이러한 발전은 중국의 과학 혁신, 생태계에 힘입은 것이라기보다는 중국의 제조 과정에 기반한 혁신에서 비롯된 것이다. 중국 정부는 태양광 산업과 같이 미래의 중요한 산업 분야에서 기업들 간의 무한 경쟁을 부추기며, 기술 혁신과 원가 절감을 통해 국제적 경쟁력을 획득하게 되었다. 향후에도 이러한 혁신은 지속될 것이며, 중국은 최첨단 기술과 달 무인 탐사선 착륙과 같은 우주 산업에서도 두각을 나타낼 가능성이 있다(Wang 2023).

　미국은 중국에 대한 기술통제를 통해 우위를 지키려 해왔다. 미국이 추구하는 중국에 대한 수출 통제와 투자 제한이 어떠한 결과를 가져올지는 매우 중요한 문제이다. 미국은 중국이 미국 및 서방 기업의 핵심 과학, 제조 기술을 불법적으로 탈취하거나 기술 이전을 강제하여 경제 발전을 추구해 왔다고 본다. 이러한 불공정한 경제 관행에 제한을 가하고, 중국의 기술 혁신을 제어하는 것이 향후 미중 지경학 경쟁에서 우위를 점하는 길이라고 믿고 있다(Horowitz et al. 2022, 101-103).

그러나 중국이 미국과 서방의 기술을 수용하여 발전해 온 것만이라고 보기는 어렵다. 미국과 서방이 과학과 지식, 기술 혁신에서 앞서고, 이를 통해 경제적 우위를 지킨 것은 사실이다. 그러나 중국은 스스로의 경제 발전 전략을 창출해 온 점에 집중해야 한다. 예를 들어, 애플은 2007년부터 중국에서 부품을 생산하기로 하고, 단순 부품 조립에서 중국 노동자의 힘을 빌렸지만, 점차 보다 복잡한 부품 생산과 조립에 중국 노동자들의 역할이 커졌다. 애초에 매우 적은 가치 사슬에 공언했던 중국 기업이 이제는 4분의 1에 가까운 공헌을 하게 된 것이다.

이러한 중국의 경제 발전은 중국 정부의 보조금 지급과 기업에 대한 지원 정책이 큰 몫을 한 것이 사실이지만, 대량 제조 공정 과정에서 취득한 지식과 관리 시스템, 그리고 무한 경쟁에서 나오는 효과 또한 중요한 요인이다. 중국의 기업들은 값싼 노동력을 활용하고, 서방에서 배운 경영 및 지식 관리 시스템을 극대화하여 중국만의 제조업 기반 혁신 시스템을 만들었다. 이러한 혁신은 오랜 과정과 경쟁에서 얻어질 수 있는 것으로, 미국이 과학과 지식 혁신, 생태계에서 발전을 이루는 것과는 매우 대조적이다. 향후 중국이 미국의 제재 속에서 독자적인 AI 발전의 가능성이 가능하다는 사실을 보여주는 대목이다(Danzman and Kilcrease 2022).

2. 인공지능 분야에서 미국의 대중 기술 통제 전략

AI 분야에서 앞서기 위해서는 과학분야 연구 능력과 연구 인력, 정부와 군의 자원 및 효율적 전략, 민간 부문의 혁신 기술 개발 및 기업 성과, 인공지능 기술의 하드웨어에 해당하는 반도체 생산 능력 모두가 포함된다. 미국과 중국의 인공지능 경쟁에서 각각 서로 다른 측면의 강점을 가지고 있는데, 미국은 특히 반도체 부분에서 중국을 압박하는 전략을 강화해오고 있다.

1950년대와 1960년대에 미사일 유도 시스템에 사용하기 위해 발명된 최초의 반도체는 모든 가전제품을 구동하게 되었지만, 방위 시스템에서 그 기원을 찾을 수 있다. 우크라이나가 러시아와의 전쟁에서 큰 효과를 거둔 자벨린 대전차 미사일과 같은 미사일, 우크라이나의 통신을 온라인 상태로 유지하는 데 도움을 준 스타링크 저궤도 위성 네트워크 등에서 볼 수 있듯이 전쟁에서 반도체는 핵심적이다. 앞으로 군은 지금보다 훨씬 더 많은 반도체를 필요로 하게 될 것이며, 민간 경제와 마찬가지로 AI를 적용하려면 엄청난 양의 컴퓨팅 성능이 필요하다는 근본적인 도전에 직면할 것이다.

중국의 군사 AI 혁명을 막으려면 미국 반도체 판매를 차단하는 것뿐만 아니라 중국이 자체생산하거나 대체구입을 하지 못하도록 막을 수 있어야 한다. 중국의 대체 경로를 차단하기 위해 바이든 행정부는 글로벌 반도체 공급망의 핵심 요충지에 대한 미국의 기술 우위를 활용하고 있는데 반도체 설계 소프트웨어, 제조 장비 및 장비 구성 요소에 대한 중국의 접근을 차단하고 있고, 이는 모두 미국 기술이 중요하고 거의 대체 불가능한 입력 영역이라고 볼 수 있다.

중국은 매년 석유를 수입하는 것만큼 많은 돈을 쓸 정도로 수입 반도체에 의존하고 있고, 대부분 상업적 경쟁국일 뿐만 아니라 지정학적 적대국이기도 한 국가로부터 수입해야 하는 상황이다. 네덜란드의 ASML이 향후 1~2년 내에 차세대 EUV 리소그래피 장비 출시를 계획하고 있다는 점을 생각해 볼 때, 반도체 산업을 따라잡는다는 것은 현상 유지를 따라잡는 것이 아니라, 인류 역사상 가장 빠른 속도로 진행되는 경쟁을 따라잡는 것을 의미하는 것이다. 현재 첨단 소재 분야에서 필요한 화학 물질을 생산할 수 있는 역량을 갖춘 기업은 대부분 일본에 몇 개 밖에 없다고 보며, 반도체 설계 소프트웨어 생산에서 세 기업 정도가 독점적 영향력을 확보하고 있고, 제조에 있어서도 비슷한 집중도를 보이고 있다.

특히 중국이 AI 분야 반도체에서 국내 생산으로 자체 수요를 충족시킬 수 없다는 것은 잘 알려져 있다. 현재 AI 시스템을 학습시키는 데 사용되는 반도체가 극도로 부족하며, 엔비디아가 거의 90%의 물량을 생산하는 것으로 알려져 있다. 오늘날 OpenAI 시스템과 같은 인공지능 시스템을 훈련하고 있는 것으로 추정되는데, 이 칩은 인공지능의 미래에 절대적으로 중요한 역할을 하기 때문에 현재 1조 달러에 달하는 가치를 지니고 있다고 본다.

이러한 상황에서 2022년 10월 7일 바이든 정부는 8월의 반도체와 과학법에 이어 반도체 분야 대중 견제전략을 발표했다. 미국이 발표한 규정에서 18나노미터 미만의 DRAM, 128단 이상의 낸드 플래시, 14나노미터 미만의 로직 칩(비메모리 칩)을 생산할 수 있는 반도체 장비 및 소프트웨어의 중국 수출을 금지한 것이다. 미국은 AI 분야에서 기업들이 가장 강력한 컴퓨터 클러스터를 구축하는 데 필요한 데이터를 가장 빠른 속도로 서로 공유할 수 있는 강력한 AI 훈련용 칩을 판매하지 못하도록 막았다. 이 규제로 인해 세계 최대 칩 제조업체인 엔비디아는 세계에서 가장 강력한 AI 트레이닝 칩인 H100 및 A100 칩을 중국 기업에 판매할 수 없게 되었다.

전체 매출의 30% 이상이 중국 시장에서 발생하는 엔비디아는 이전 규정에서 정한 기준치보다 낮은 초당 600기가바이트가 아닌 초당 400기가바이트로 클러스터 내의 다른 칩과 통신하여 미국의 통제를 피할 수 있는 대체 제품인 H800과 A800을 신속하게 개발했다. H800과 A800은 최첨단 칩보다는 느리지만 강력한 AI 애플리케이션을 구축하는 데 여전히 유용하기 때문이다. 틱톡, 바이두, 알리바바, 텐센트를 소유한 바이트댄스를 비롯한 중국 기술 기업들은 규제 발표 이후 50억 달러 상당의 H800 칩을 주문한 것으로 알려졌다.

1년이 지난 2023년 8월 9일, 바이든 행정부는 반도체 및 마이크로일렉트로닉스, 양자 정보 기술, AI 시스템과 관련하여 중국에 특정 투자를 하는 미국인에게 이를 통보하고 경우에 따라 금지하는 행정명령을 발표했다. 이로써 미국은 앞서 논의된 A800의 수출 규제를 추구할 수 있게 되었다. 미국 정부는 또한 핵심 기술 개발에서 중국과 긴밀히 협력하고 있다는 점을 지적하면서 특정 중동 국가에 대한 엔비디아의 수출을 제한했다. 또 다른 표적은 클라우드 서비스 시장으로 미국 정부는 중국 기업이 어디서나 강력한 컴퓨팅 기능을 제공하는 아마존 웹 서비스(Amazon Web Services: AWS)와 마이크로소프트 애저(Microsoft Azure)에 접근하지 못하도록 하는 조치를 고려하고 있다. 이러한 서비스가 수출 통제 조치를 우회하는 데 사용될 수 있다는 우려 때문이고, 더 나아가 반도체 장비에 대한 기존 수출 규제도 업데이트될 것이라고 보도된 바 있다.

V. 미국의 대중 인공지능 견제 전략의 미래

반도체는 세계에서 가장 복잡한 공급망 중 하나로 다자적 대응이 필요한 분야이다. 미국의 대중 양자 정책이 성공하려면 다자체제를 마련해야 하는데 이때 고려해야 할 중요한 특징들이 존재한다. 첫째, 반도체 무역에서 차지하는 유럽의 중추적 역할이다. 중국이 반도체를 발전시키는 데 있어 주요 걸림돌 중 하나는 네덜란드의 ASML과 같은 첨단 포토리소그래피 기술과 테스트 장비에 대한 접근성으로, 네덜란드와의 무역 규제에 대한 미국의 협상은 강력한 압력을 필요로 했다. 그러나 그 압력이 앞으로는 불가능할 수도 있다. 중국과 유럽, 특히 독일과의 경제 관계가 심화됨에 따라 대규모 무역 관계는 잠재적으로 유럽이 미국의 우선순위와 일치하는지를 재평가하게 만들 수도 있다. 2024년 미국 대선을 앞두고 후보들이 암시한 우크라이나 주둔군 감축이나 나토에서의 역할 축소와 같은 미국의 유럽 안보 공약에 변화가 생기면 이러한 변화는 더욱 가속화될 수 있을 것이다.

둘째, 기술 혁신 변수로 미국과 대만의 반도체 생산, 특히 최첨단 반도체 생산의 기술적 우위는 글로벌 전력 균형의 중요한 요소이다. 무어의 법칙으로 알려진 첨단 제조업체의 트랜지스터 집적도 증가 능력이 둔화되면서 중국이 그 격차를 좁힐 수 있는 기회가 생겼다. 서구가 10년 이상 앞서 있는 것으로 알려져 있지만, 향후 돌파구를 마련하면 역학 관계가 바뀔 수도 있다. 화웨이의 새 휴대폰에 탑재된 7나노미터 칩에서 볼 수 있듯이 혁신주체로서 중국의 기업들이 계속 발전하고 있는 상황인 것이다.

셋째, 차세대 기술의 실행 가능성으로 삼성, 인텔, TSMC가 차세대 3D 반도체 기술을 선도하고 있지만, SMIC와 같은 중국의 경쟁사들은 숙련된 추격자인 것이 사실이다. 3D 반도체는 역사상 가장 복잡한 장치이며, 중국 이외의 기업이 생산량을 성공적으로 확대할 수 있다는 보장은 없지만, 복잡성과 비용 증가로 인해 기술 발전이 더뎌진다면, 정부 지원을 받는 중국 기업이 더 쉽게 달성할 수 있는 목표가 될 수 있다.

넷째, 청정 에너지 생산 요소로 인공지능에 사용되는 충전능력과 냉각 등에 필요한 막대한 에너지 수요를 생각해 볼 때, 미국과 동맹국들은 중국의 지원 없이는 이러한 데이터 센터에 전력을 공급하기 어려울 수도 있다는 것이다. 중국은 전 세계 태양전지의 $\frac{2}{3}$을 생산하고 있으며 4세대 원자력 기술을 가장 먼저 시장에 내놓기도 하였다.

마지막으로 자원의 방정식으로 미국은 갈륨과 게르마늄과 같이 반도체 생산에 필수적인 소재를 중국 기업에 크게 의존하고 있다. 미국의 주요기업들은 반도체 생산에 필요한 자원의 디커플링이 최소 10년이상 소요될 것으로 보고 있다. 이는 미국 반도체 생산의 잠재적 걸림돌로 중국은 이미 핵심 소재에 대한 수출 통제를 시작한 바 있다(Brill 2023).

이러한 상황에서 바이든 행정부가 국가 안보 무역 및 투자 도구를 확장함에 따라 동맹국들이 이 의제를 받아들일지 여부는 중요한 문제이다. 현재까지 미국의 동맹국들과 전략적 파트너 국가들은 미국의 대중 경제전략에 대체적으로 동조해왔다. 미국은 독자적인 수출 통제 발표 이후 일본, 네덜란드, 한국 등 반도체 태스크포스 '팹(FAB)4'에 포함된 국가들과 동맹을 맺고 있다. 우르줄라 폰데어라이엔(Ursula Gertrud von der Leyen) 유럽연합 집행위원회 위원장은 미국에 대한 지지의 표시로 유럽연합에 자체적으로 이에 상응하는 조치를 도입할 것을 촉구하기도 하였다. 반도체 장비 및 소재 강국인 일본은 2023년 7월부터 첨단 반도체 리소그래피 및 세정 장비 등 23개 품목에 대한 수출 규제 조치를 발표했다. 네덜란드도 앞서 수출 규제 강화를 발표했다. 미중 반도체 분쟁은 특히 2023년 5월 중국 당국이 안보 위험을 이유로 미국 마이크론의 반도체 제품 구매를 중단하면서 더욱 격화되었다. 미국이 첨단 반도체 장비의 수출을 제한하고 지난해 중국 국영 반도체 기업 YMTC를 수출 통제 목록에 추가하자 중국도 갈륨과 게르마늄 등 30개 품목에 대한 수출 통제를 시작하면서 반도체를 둘러싼 양국 간의 긴장이 발생한 바 있다.

미국은 2023년 5월 히로시마에서 열린 G7 정상회의에서 해외 투자 심사의 우선순위를 정하려고 시도했다. 정상들의 성명에 따르면, "우리는 해외 투자로 인한 위험을 해결하기 위해 고안된 적절한 조치가 수출 및 해외 투자에 대한 기존의 표적 통제 수단을 보완하는 데 중요할 수 있으며, 이는 우리의 민감한 기술이 국제 평화와 안보를 위협하는 방식으로 사용되지 않도록 보호하기 위해 함께 작동할 수 있음을 인식한다"고 언급하였다. 2003년 6월에 발표된 유럽연합의 경제 안보 전략에는 민감한 기술을 보유한 유럽연합 기업에 대한 과도한 투자 방지, 군사적으로 사용될 수 있는 제품에 대한 수출통제, 제3국의 주요 유럽연합 인프라 또는 기업 인수 방지 등의 조치가 포함되어 있기도 하였다.

향후에도 중국의 AI 발전을 견제하기 위한 다자체제는 계속 강화될 것이다. 동시에 중국은 자체적인 AI 발전을 위해 제재를 우회하기 위한 노력과 더불어 자체생산을 서두를 것이다. 이러한 상황에서 어떤 기술을 통제해야 하는지, 어느 정도의 성숙도를 통제해야 하는지 동맹국 및 파트너와 합의가 지속적으로 가능할 것인가의 문제가 제기될 것이다. 동맹국 및 파트너와의 통제 조율이 항상 간단한 것은 아니며, 많은 성숙한 기술과 그 공급망의 경우 중국의 획득을 효과적으로 늦추려면 더 광범위한 국가들 간의 정책 조율이 필요할 수 있다. 신흥 기술의 경우, 상업용 및 잠재적 국방 응용 분야가 발전함에 따라 관련 산업이 어떻게 발전할지, 어느 국가가 해당 기술에서 가장 큰 역량 또는 장애물을 보유하고 있는지, 기술 성숙도 통제는 어느 단계에 있어야 하는지 아직 명확하지 않기 때문에 조율 문제가 더욱 복잡해진다.

예를 들어 한국, 일본, 대만과 같은 동아시아의 주요 국가들은 나름대로의 심사 제도를 유지하고 있으며, 각 관할권은 강력하고 고도로 글로벌화된 기술 생태계를 유지하고 있다. 그럼에도 불구하고 미국이 추진하는 제도는 매우 독특한데 이러한 유형의 제도에 동맹국을 참여시키려면 공동의 노력, 정치적으로 집약적인 과정, 지도자들 간의 상당한 시간 투자가 필요할 것이다.

더 큰 문제는 현재의 미국 수출 통제 및 투자 제한은 다자 수출 통제 및 미국 동맹국 및 파트너의 투자 심사 제도와 결합하더라도 미국과 외국의 기술, 전문성, 자본이 중국 국방 부문으로 유입되는 것을 막기에 충분한가 하는 문제가 있다. 중국의 군민융합전략은 수출 통제를 유지하는데 많은 도전을 제기하고 있고, 기술 발전 속도와 신기술 연구개발 및 해당 기술에 사용되는 공급망의 지구화가 심화되면서 통제 및 제한 정책도 복잡해지고 있기 때문이다(O'Dea 2023).

중국 기업들은 수출 통제의 개발과 시행이 느리기 때문에 우회 방법을 개발할 수 있었다. 예를 들어, 2023년 3월 호주 파이낸셜 리뷰는 2019년에 엔티티 리스트에 추가된 중국 음성인식 기업 아이플라이텍이 첨단 엔비디아 칩이 탑재된 클라우드 컴퓨팅 서버에서 시간을 빌려 AI 모델을 훈련하는 방식으로 미국산 첨단 칩 구매 규제를 피하고 있다고 보도했다. 2023년 9월, 미국 수출 규제의 주요 타깃이 된 화웨이가 중국의 최첨단 반도체 제조업체인 SMIC에서 제조한 7나노미터 칩을 탑재한 스마트폰인 메이트 60을 발표했다. 7나노 제조 공정은 비교적 고난도 공정으로, SMIC가 예상보다 빠른 속도로 기술 발전을 이루었거나 수출 통제를 피할 수 있었음을 시사하는 것이다. 또한 2023년 10월 베이징에서 열린 행사에서 중국의 거대 검색 업체인 바이두는 가장 성능이 뛰어난 어니(ERNIE) 4.0이라는 새 버전의 언어 모델을 발표한 바 있다. 바이두는 이 모델의 성능이 ChatGPT의 AI 모델과 맞먹는다고 언급하면서 어니 4.0을 학습시키기 위해 수만 개의 칩을 사용했다고 밝혔는데 결국 엔비디아 칩이 사용되었다고 확인했다. 2023년 규정으로 미국 정부는 H800 칩의 이름을 밝히지 않았지만, 이 칩이 새로운 규제의 대상이 될 것으로 널리 알려져 있다(Wired October/17/2023).

결국 미국의 수출 통제는 기술의 중국 이전을 억제하는 데 있어 일련의 도전에 직면해 갈 것이다. 첫째, 수출 통제는 중국의 핵심 기술 획득과 개발을 지연시킬 수는 있지만 완전히 막을 수는 없는 한시적 해결책이다. 둘째, 최종 사용자 중심 접근 방식은 중국군을 대리하는 새로운 기업의 확산을 추적하기 위해 광범위한 자원이 필요하다. 또한 이러한 기업을 식별하기 위한 소유권 및 거래 데이터가 부정확하거나 확보가 불가능할 수 있다. 셋째, 많은 기술에서 미국은 일방적으로 효과적인 통제를 도입할 만큼 공급망에 대한 충분한 통제권을 갖고 있지 않다. 넷째, 기존 체제는 이중용도 기술의 이전을 제한하기보다는 비확산에 초점을 맞추고 있으며 모든 회원국의 동의를 필요로 하기 때문에 다자간 조율이 어렵다는 한계도 존재한다.

VI. 한국의 정책적 과제

AI와 강대국간 전략 경쟁, 특히 AI 기술에서 선두를 달리고 있는 미중 간의 전략 경쟁이 결합되면 인류의 미래는 더욱 불투명해진다. 미중 양국 이외에 AI 기술을 주도하는 선진국들이 공통의 규범을 마련하지 못하고 미중 전략 경쟁의 논리에 휘말리면 향후 지구안보환경은 더욱 악화될 가능성이 크다. 현재 미중 양국은 AI 기술 발전에 필요한 제반 분야에서 치열한 경쟁을 벌이고 있는데, 이러한 경쟁이 미중 전략 경쟁의 전반적 논리 속에 군사적 대결로 화하기 전에 공통의 국제규범과 제재레짐을 만드는 방향으로 발전해야 한다. 현재 미국과 동맹국이 중국에 대해 가지는 우위가 단순한 군사제재의 논리에 따르지 않고, 기술격차의 기회의 창 속에서 AI를 위한 공통의 규제레짐에 이를 수 있도록 노력하는 것이 중요하다. 2023년 11월 샌프란시스코 아시아태평양경제협력체(Asia-Pacific Economic Cooperation: APEC) 미중 정상회담에서 AI의 군사적 이용에 대해 논의한 것은 그간의 AI를 둘러싼 국제사회의 우려와 노력을 한층 발전시키는 계기라고 볼 수 있다.

　한국은 AI 기술 전반에 대해 독자적인 발전계획을 세우고, 한미 기술 동맹을 발전시키면서 서방 국가들과의 협력을 제고하고, 정부와 기업 간의 관계를 강화하며, 기존의 메모리 반도체 기술에 이어 국제적으로 필수불가결한 기술 발전을 한층 발전시키기 위한 광범위한 AI 정책을 추진해왔다(배영자 2023; 윤정현 2023; 김상배 2022). 이러한 노력은 앞으로도 계속되어야 할 것이다. 특히 AI를 둘러싼 미국의 대중 경제견제 정책이 더욱 가속화되는 과정에서 한국의 경제적 이익이 손상되지 않도록 하는 노력이 중요할 것이다. AI 기술 관련해서는 당장은 미국과 유럽연합의 대중국 제재 강화에도 불구하고 한국 반도체 산업은 큰 영향을 받지 않을 것으로 볼 수 있다. 삼성전자는 중국에서 낸드플래시 공장을, SK하이닉스는 D램과 낸드플래시 공장을 운영하고 있지만 두 회사 모두 AI 반도체를 생산하지 않고 있기 때문이다(Choi 2023). 그러나 향후 한국이 AI 기술 혁신의 폭을 넓혀갈 때 변화하는 지정학 요인을 고려하는 것이 필요하다.

더욱 중요한 것은 AI 군사기술의 확대와 이를 둘러싼 정치경제 환경 변화에 미칠 다각적인 영향을 예의주시하는 것이 필요하다. 향후 한국의 과제는 첫째, 미중의 전략 경쟁과 AI 경쟁이 어떠한 방식으로 연계되어 나갈 것인지, 그리고 한반도를 둘러싼 군사안보 환경이 어떻게 변화할지를 파악하는 것이 중요하다. 미국은 AI 경쟁을 위해 현재 반도체 부문에서 대중 견제를 추진하고 있고, 양자 견제를 심화하는 동시에 다자체제를 진화시켜 나가고 있다. 그러나 동시에 중국은 제재를 우회하기 위해 다양한 노력을 지속해가면서 독자적인 기술 개발에 박차를 가하고 있다. 이러한 경쟁은 결국 군사 AI의 전반적 발전을 가속화할 것이고, 미중 군사안보 경쟁 양상도 바뀌게 될 것이다. AI의 전술적, 전략적 이용이 더욱 가속화될 경우 한반도의 안보환경에 어떠한 영향이 미치게 될지 구체적으로 연구해 나가는 것이 필요하다. 특히 미중 군사경쟁이 본격적인 핵무기 경쟁으로 확대되고 있고, 우주기술과 AI 기술을 활용하는 핵무기 경쟁이 더욱 활발해지고 있다. 20세기 상호확증파괴 논리로 억제되던 핵무기가 새로운 환경에서 다른 전략 속에 운용될 가능성이 있는지 매우 중요한 문제이다. 대만을 비롯하여 아시아 전반에서 미중 간 군사경쟁이 확전의 가능성을 잠재하고 있는 현재, AI 기반 핵전쟁의 가능성을 항상 고려할 필요가 있다.

둘째, 한국의 군사혁신에 필요한 군사공급망의 확보가 중요하다. 한국은 독자적인 AI 개발을 추진하는 과정에서 반도체는 물론, 연구인력, 광물자원, 전력 등 혁신생태계를 유지하는 것이 중요하고 이를 통해 한국의 군사력을 발전시킬 수 있는 발판을 마련할 것이다. 한국은 군사혁신 4.0 기본계획을 제시하고 있는데 그 핵심은 전 영역을 교차·통합하며, 유·무인 복합전투와 초연결·초융합을 기반으로 하는 지능형 전쟁에 대비한다는 것이다. 이를 위해 4차 산업혁명 과학기술 기반의 첨단전력을 적기에 확보함으로써 AI 과학기술강군을 육성한다는 것이다. 이를 위해서는 AI 개발을 위한 경제적 공급망 확보가 중요하다. 미중 기술경쟁 속에서 지구적 차원의 공급망이 재편되고 있고 한국은 지속가능한 군사공급망의 재설계를 위해 노력할 필요가 있다. 한미동맹이 산업동맹, 기술동맹으로 발전하는 추세와 전략적 파트너 국가들과 광범위한 전략협력을 유지하는 노력을 함께 중시하면서 동시에 이러한 노력이 중국 등 주요 교역상대국과의 관계를 악화하지 않도록 관리하는 것이 중요할 것이다.

셋째, 미중의 전략 경쟁이 군사화, 특히 파멸적 효과를 가지는 AI 군사화로 진행되는 것을 막기 위한 규범적 노력이 필요할 것이다. 앞서 논의한 대로 G7 국가들은 AI 개발에 대한 비구속적 행동 강령을 발표한 바 있다. 11월 초, 영국은 28개국 대표단이 AI의 위험을 관리하기 위한 협력을 약속하는 AI 안전 정상회의를 개최하기도 하였다. 12월 초 유럽연합 의원들은 기술의 위험을 완화하고 글로벌 규제 표준을 설정할 선구적인 법안인 AI법에 대한 정치적 합의에 도달한 바도 있다. 이러한 노력은 광범위한 AI 개발에 대해 논의하고 있지만, 특히 자율살상무기시스템을 포함한 군사 AI에 대한 논의가 매우 시급한 실정이다. 한국은 우리의 안보는 물론 파멸적 효과를 가질 수 있는 AI의 군사적 활용에 대한 국제적 표준 마련을 위해 노력을 배가해야 할 것이다.

참고 문헌

김상배. 2022. "비대면 시대의 디지털 플랫폼 경쟁: 미중 기술패권 경쟁의 복합지정학." 『[EAI 워킹페이퍼] 코로나 위기 이후 세계정치경제질서 시리즈 ②』. 2022-02-08.

배영자. 2023. "2023 미중 기술경쟁 전망과 한국의 기술외교 전략." 『한국외교 2023 전망과 전략』. 8.

윤정현. 2023. "군사AI 기술의 혁신과 국제규범적 제약: 안보와 책임성의 조화를 위한 시사점." 『제주평화연구원 정책포럼』. No. 2023-04.

Bremmer, Ian and Mustafa Suleyman. 2023. "The AI Power Paradox: Can States Learn to Govern Artificial Intelligence—Before It's Too Late?" Foreign Affairs. September/October. 102-5.

Brill, Jonathan. 2023. "America's Shaky Semiconductor Supremacy Over China." Forbes. https://www.forbes.com/sites/jonathanbrill/2023/12/20/americas-shaky-semiconductor-supremacy-over-china/?sh=12b773071aca

Choi, Jasmine. 2023. "US-China Semiconductor War Enters 'Round 2.'" Business Korea. https://www.businesskorea.co.kr/news/articleView.html?idxno=202813

Danzman, Sarah Bauerle, and Emily Kilcrease. 2022. "The Illusion of Controls: Unilateral Attempts to Contain China's Technology Ambitions Will Fail." Foreign Affairs. December 30.

Fedasiuk, Ryan, Karson Elmgren, and Ellen Lu. 2022. "Silicon Twist: Managing the Chinese Military's Access to AI Chips." *Center for Security and Emerging Technology*. June.

Flournoy, Michèle A. 2023. "AI Is Already at War: How Artificial Intelligence Will Transform the Military." *Foreign Affairs*. November/December. 102-6.

Horowitz, Michael C., Lauren Kahn, and Laura Resnick Samotin. 2022. "A Force for the Future: A High-Reward, Low-Risk Approach to AI Military Innovation." *Foreign Affairs*. May/June. 101-3.

Huang, Sihao and Bill Drexel. 2023. "China Goes on the Offensive: in the Chip War What the United States Should Do to Keep Its Lead." *Foreign Affairs*. October 11.

Kissinger, Henry A. and Graham Allison. 2023. "The Path to AI Arms Control: America and China Must Work Together to Avert Catastrophe." *Foreign Affairs*. October 13.

Krepinevich, Andrew F. Jr. 2024. "The Big One: Preparing for a Long War With China." Foreign Affairs. January/February. 103-1.

Luo, Shuxian. 2022. "Addressing Military AI Risks in U.S.-China Crisis Management Mechanisms." *China International Strategy Review* 4. 2: 233-47.

Lushenko, Paul. 2023. "AI & the future of WARFARE." *Bulletin of the Atomic Scientists*. https://thebulletin.org/2023/11/ai-and-the-future-of-warfare-the-troubling-evidence-from-the-us-military/

Muhammed, Can and Alena Vieira. 2022. "The Chinese Military-Civil Fusion Strategy: A State Action Theory Perspective." *The International Spectator*. 57. 3: 85-102.

O'Dea, Ann. 2023. "How the chip war and the future of AI are inextricably linked". *Silicon Republic*. https://www.siliconrepublic.com/future-human/chip-war-semiconductors-supply-tech-geopolitics-chris-miller.

Scharre, Paul. 2023. "America Can Win the AI Race: It Has the Resources—Now It Needs a Plan." *Foreign Affairs*. April 4.

Wang, Dan. 2023. "China's Hidden Tech Revolution: How Beijing Threatens U.S. Dominance." *Foreign Affairs*. March/April.

Wired. 2023. "The US Just Escalated Its AI Chip War With China." https://www.wired.com/story/the-us-just-escalated-its-ai-chip-war-with-china/

제2부 주요국별 대응

6
미-중 기술패권 경쟁에 따른 미국과 유럽연합의 경제안보 정책

이효영 | 국립외교원 교수

I. 미국의 경제안보 정책과 조치

미국 바이든 행정부가 추진하고 있는 다양한 경제안보 관련 정책은 크게 공급망 재편 정책, 산업 보조금 정책과 수출 통제 정책으로 구분해 볼 수 있다. 기존에는 미국의 대(對)중국 무역적자 해소를 위한 수입규제 조치와 특정한 중국 통신장비 기업으로의 기술 유출을 막기 위한 수출통제 및 외국인투자 규제 조치 등 일방주의적인 성격의 정책수단이 주로 활용되었다고 할 수 있다. 또한 미국의 제조업 일자리를 수호하겠다는 국내정치적 목적을 대외적으로 천명하며 매우 노골적인 보호무역주의적인 조치를 도입해왔다. 반면, 바이든 행정부 하에서는 글로벌 경제통상 및 군사안보 분야에서의 미국의 패권적 지위를 위협하고 있는 경쟁국에 대응하기 위한 보다 근본적인 문제해결 방식을 추구하고 있다. 미국의 높은 대중국 수입의존도, 글로벌 공급망의 구조적 취약성, 중국의 첨단기술 및 전략산업 분야에서의 경제적 영향력 등 당면 문제를 해결하기 위해서는 근본적으로 미국의 국가핵심산업 분야에서의 글로벌 경쟁력 회복 및 제고, 즉 경제안보의 강화가 필요하게 된 것이다.

실제로 주요국에 대한 미국의 제조업 수입의존도를 비교해보면 미국의 중국에 대한 수입의존도가 가장 높은 것으로 나타난다(아래 〈그림 1〉 참조). 특히 코로나19 팬데믹을 계기로 필수의약품 및 장비의 안정적 공급 등 보건안보 측면에서도 중국에 대한 공급망 의존

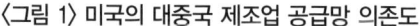

〈그림 1〉 미국의 대중국 제조업 공급망 의존도

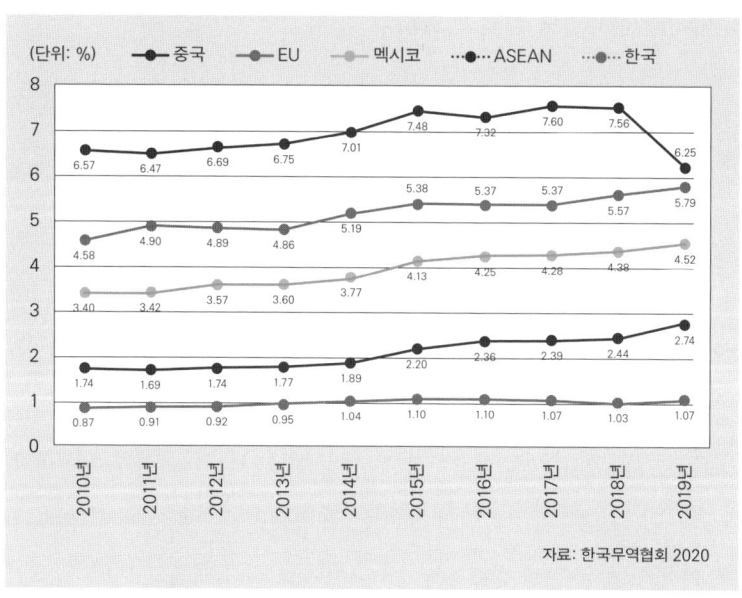

자료: 한국무역협회 2020

도가 문제로 드러났다. 반도체 분야에서의 글로벌 공급망의 경우, 반도체 생산공정 전반에 투입되는 소재와 재료의 다양성으로 인해 구조적인 공급의 취약성 문제가 있으며, 특히 아시아 지역에 대한 반도체 생산 및 재료 공급의 의존도 집중으로 인하여 자연재해 등 자연발생적인 위기 뿐 아니라 지정학적 요인에 의한 인위적인 규제로 인한 공급망 위기에 모두 취약한 것으로 드러난다.

1. 공급망 재편 정책

미국의 공급망 재편 정책은 바이든 대통령의 취임 직후 2021년 2월 24일 서명한 '공급망 안정화 행정명령(Executive Order 14107)'을 통해 공식적으로 추진되기 시작하였다. 반도체 제조 및 패키징, 고성능 배터리(이차전지), 전략적 광물자원 및 의약품·의약재료 등 4개 핵심품목에 대한 공급망 현황 검토 및 공급망 리스크 식별, 대응방안 및 정책권고 제시 등을 주문하였다. 대표적으로 반도체 공급망 관련하여 가장 큰 리스크 요인으로 지목된 것은 반도체 공급 및 소비 분야 모두에서의 중국에 대한 높은 의존도 문제였다. 특히 반도체 생산공정 전반에 투입되는 소재와 부품의 다양성으로 인하여 공급망 교란이 생기게 될 경우 이에 대한 반도체 공급의 취약성과 중국 뿐 아니라 한국, 대만, 일본 등 아시아 지역에 대한 집중된 의존으로 인한 반도체 생산의 취약성에 노출되어 있었다. 또한 미국의 반도체 제조장비 및 전자 설계 자동화(Electronic Design Automation: EDA) 공급업체들은 최대 반도체 소비시장인 중국에 이미 구축되어 있는 반도체 생산 생태계로부터 벗어나기 힘든 현실로 미국 정부의 중국 견제조치로 인하여 미국 기업들이 중국으로부터 부정적 영향을 받을 수 있는 상황이었다. 또한 중국 기업과의 합작투자 등을 통해 반도체 기술 이전이 이루어지고 있었으며 이를 통해 중국의 반도체 산업 육성에 큰 도움을 주게 된 것으로 평가하고 있다. 이와 더불어 군사적 무기 및 국방 시스템에 사용되고 있는 구형 반도체와 같은 경우 민간기업 입장에서는 수익성이 부족하여 투자 중단 등으로 인하여 지속적인 생산이 이루어지지 못하여 공급 부족 문제가 초래되었으며, 첨단 반도체 생산을 위한 투자 결정도 민간기업의 수익성 판단기준에 따라 이루어져 미국내 공급 부족 및 생산역량의 부재를 초래하게 된 것으로 진단하고 있다.

반도체 분야에서의 공급망 안정성을 강화하기 위한 대응방안으로서 미국 상무부는 궁극적으로 정부의 보조금 지원 확대 및 국내외 기업에 의한 민간 투자의 증진을 통한 미국 반도체 제조산업의 역량 강화를 권고하고 있다. 특히 '반도체 과학법(CHIPS and Science Act)'의 이행을 위한 재정적 지원을 확보하여 반도체 생산공정 전반의 미국내 구축을 통해 생산시설 확충, 새로운 공정 및 장비 개발을 위한 R&D 지원, 반도체 주력사용 산업에 대한 투자를 통한 반도체 수요 확대 및 민간 투자 유도를 주문하고 있다. 또한 반도체 관련 스타트업 및 중소기업에 대한 지원, 반도체 산업인력의 확보를 위한 고숙련 기술훈련 지원, 동맹국 및 우방국의 미국내 파운드리 및 소재의 생산시설 투자 유도 등 공급망 협력도 제안하고 있다. 이외에도 첨단 반도체 기술의 유출 방지를 위하여 우려대상국에 대한 수출통제 조치의 효과 증진 및 이를 위한 다자적 수출통제 조치의 부과를 제안하였으며, 국가안보 관련 공급망 안정성 강화를 위한 외국인투자 심사 규제를 지속적으로 도입할 것을 주문하고 있다.

결국 미국의 공급망 안정성 강화를 위한 정책은 주요 전략산업의 제조 역량 및 경쟁력 강화를 위한 산업 보조금 정책으로 연계된다. 국내 반도체 산업의 경쟁력 제고를 위해 직접적인 보조금 공여뿐 아니라 세금면제, 대출지원 및 보증 등 다양한 재정 지원 정책을 추진하고 있다. 또한 외국 기업의 미국내 현지투자를 유도하면서 동시에 미국 제조업 산업과의 연계를 강화하기 위해 '미국산 제품 구매요건(Buy America)' 제도를 적극 활용하여 국내 반도체 산업의 경쟁력 제고를 추구하고 있다.

2. 산업 보조금 정책

바이든 행정부의 대표적인 산업 보조금 정책인 '반도체과학법(CHIPS and Science Act)'과 '인플레이션 감축법(Inflation Reduction Act: IRA)'은 첨단기술 및 전략산업 분야인 반도체 및 전기차 산업의 대대적 육성을 위한 입법화 조치들이다. 2022년 8월 제정 및 시행된 반도체과학법은 미국의 핵심 미래기술 산업의 경쟁력 강화를 위해 총 2,800억 달러의 예산을 투입할 계획을 수립하고 있으며, 이 중 527억 달러는 반도체 제조역량 강화 및 연구개발(R&D) 지원에 책정되어 있다. 인플레이션 감축법도 2022년 8월 제정과 함께 즉시 발효되었으며, 총 7,730억 달러를 친환경경제로의 전환 및 인플레이션 감축 효과의 도모를 위해 투입할 계획이며 이 중 4,330억 달러는 친환경 에너지 산업 육성, 청정연료 자동차 산업 지원 및 기후변화 대응에 투입될 예정이다.

한편, 이들 산업 보조금은 다양한 규제 조치와 함께 도입되어 있어 미국의 핵심기술 유출 방지 및 우려대상국으로의 보조금 혜택 이전을 차단하고 있다. 반도체과학법은 대(對)중국 투자제한 요건인 '가드레일' 조항을 삽입하여 보조금 수혜기업에 대하여 중국내 반도체 제조업의 확장을 위한 중대한 거래에 대하여 상한 기준을 두고 이를 위반하는 경우 보조금의 회수를 규정하고 있다. 특히 중국내 첨단 반도체 제조를 위한 신규시설 건립 시 기존 생산능력의 5% 이상을 초과할 수 없으며 10년간 10만 달러 이상의 투자를 금지하고 있다. 또한 기존 생산시설을 통한 전통(구형) 반도체를 생산하는 경우에는 기존 생산능력의 10% 이상을 증대할 수 없으며 중국기업과의 공동 R&D 및 기술 라이센싱도 금지하고 있다. 인플레이션 감축법(IRA)은 전기차를 신규 구입하는 소비자에 대한 세액공제 형태의 보조금을 주고 있는데, 전기차의 10% 정도 비중을 차지하는 7,500달러의 보조금 지급의 조건으로 세 가지 요건의 충족을 요구하고 있다. 우선 전기차 및 전기차 배터리 생산을 위해 필요한 핵심광물의 채굴 및 가공이 일정 비율 이상 우려대상국(foreign entities of concern)에서 이루어질 경우 보조금 지급대상에서 제외되며, 우려대상국에서 생산 및 조립된 배터리 소재를 일정 비율 이상 사용할 경우에도 보조금을 받을 수 없다. 그러나 이 두 가지 요건을 충족한다 하더라도 완성된 전기차가 북미 지역(미국, 캐나다, 멕시코)에서 최종 조립되는 경우에 한정하여 보조금을 받을 수 있도록 원천적인 제한 규정을 두고 있다. 이와 같은 보조금 지원과 함께 적용되고 있는 엄격한 지급 요건은 결국 외국기업에 대한 불리한 적용을 가능하게 함으로서 매우 차별적인 조치로서 평가되고 있다. 또한 전기차 보조금의 지급요건으로서 적용되고 있는 '국내산 소재 구매요건'은 수입대체 보조금의 성격을 갖고 있어 국제통상법적으로 쟁점이 될 수 있는 것으로도 평가되고 있다.

3. 수출 통제 정책

미국 정부는 우려대상국에 대한 미국산 첨단기술의 유출 차단을 위하여 2022년 10월 '수출관리규정(Export Administration Regulation: EAR)'을 개정하여 반도체 장비에 대한 대(對)중국 수출통제 강화 조치를 시행한 바 있다. 특히 중국에 대한 수출통제 대상 목록을 개정하여 고성능 컴퓨터 칩과 이를 포함하는 컴퓨터, 전자조립체 및 구성품, 소프트웨어와 기술, 반도체 제조와 관련된 특정 품목 및 이와 관련된 소프트웨어와 기술을 통제대상으로 신설하였다. 또한 기존의 '해외직접생산품규칙(Foreign Direct Product Rule: FDPR)'을 확대하여 '고성능 컴퓨팅 FDPR'과 '슈퍼컴퓨터 FDPR'을 신설하고 이들 품목에 대한 수출허가 취득 요건을 부과하여 중국으로의 우회수출을 원천적으로 차단하고 있다. 이외에도 중국 내에 위치한 반도체 제조시설에서의 집적회로(IC) 개발 및 생산에 사용하는 최종용도(end-use)에 대하여 통제를 신설하고, 기업의 실태 조사시 외국정부의 협조가 부족하여 최종용도에 대한 확인이 적시에 완료되지 않을 경우 '대상기업 목록(Entity List)'에 등재하도록 하여 우려거래자에 대한 관리를 강화하였다.

이에 앞서 미국 정부는 2018년 '수출통제개혁법(Export Control Reform Act: ECRA)'의 제정을 통해 수출통제 정책에 대한 행정부의 권한을 대폭 강화하고 수출통제 대상 기술과 품목을 확대 및 관리를 더욱 엄격화한 바 있다. 대통령에게 수출통제 관련 권한 일체를 영구적으로 위임하여 수출통제 정책에 대한 미국 행정부의 권한을 강화하고, '신흥·기반 기술(emerging and foundational technologies: EFT)' 분야로 통제대상을 확대하고 수출허가를 더욱 엄격하게 운영하도록 하였다.

미국 정부는 자국의 국내법에서 명시하고 있는 수출통제 조치를 자국 기업 뿐 아니라 외국 기업에게도 적용하기 위하여 역외적용(extraterritoriality) 규정을 도입하고 있는데, 미국 수출관리규정(EAR)에 명시되어 있는 '해외직접생산품규칙(FDPR)'에 따라 외국산 제품이라도 미국의 기술, 소프트웨어, 장비 및 소재를 사용하거나 이러한 시설을 통해 생산한 경우 미국 당국의 수출허가를 받도록 하고 있다. 이와 같은 미국 수출통제 규정의 역외적용을 받게 되는 경우는 ▲국가안보 목적(National Security FDPR), ▲우주, 위성 관련 품목(9x515 FDPR), ▲국방무기 관련 품목(600 series FDPR), ▲중국 화웨이 대상(Entity List FDPR), ▲러시아, 벨라루스 대상(Russia/Belarus FDPR) 등 5가지 경우에 해당된다.

이외에도 미국 정부는 기존의 수출통제 법을 개정하면서 새로 도입하게 되는 수출통제 조치에 대한 다자적 적용(multilateral application)을 실질적으로 의무화하고 있다. 이는 수출통제의 효과를 제고하고 미국 기업에게 수출통제로 인한 상업적 피해가 일방적으로 집중되지 않도록 안전장치를 마련하기 위한 것으로 볼 수 있다. 특히 '수출통제개혁법(ECRA)' 제1758조에 의하면 미국이 새로 도입하는 수출통제 조치를 3년 이내에 국제수출통제체제의 통제 목록으로 신규 도입하지 못하게 되는 경우 미국 기업에 대한 일방적인 수출통제 조치가 미국의 국가안보 목적에 부합하는지 여부에 대하여 결정하도록 규정하고 있다.

II. EU의 경제안보 정책과 조치

유럽연합집행위원회(European Commission)는 2023년 6월 '유럽 경제안보전략(European Economic Security Strategy)'을 공식적으로 발표하였는데, 이는 미국 등 주요국의 경제안보전략 추진에 대응하고 유럽연합(European Union: EU) 전체 차원의 경제안보 위험요인에 대한 포괄적인 관리 및 대응 체계를 구축하기 위한 목적으로 추진되었다. 또한 올해 3월 '디리스킹(de-risking)' 중심의 대(對)중국 정책기조의 방향을 발표한 이후 EU 차원의 대중국 정책 방향과 정책수단을 보다 구체적으로 제기한 것으로 평가되며, 향후 EU 회원국들 간 논의 과정을 거쳐 최종 입법화할 계획을 갖고 있다.

EU의 경제안보 전략은 EU가 앞서 표방했던 '개방적·전략적 자율성(Open Strategic Autonomy)' 전략과 일맥상통하면서도 경제안보에 더욱 초점을 맞추어 오늘날의 지정학적 갈등과 기술발전의 가속화로 인한 리스크를 최소화하고, 이와 동시에 역내 지역에서의 경제적 개방성과 역동성을 최대한 유지할 수 있도록 역내 환경을 구축하는 것을 목적으로 하고 있다. 특히 특정국에 대한 높은 경제의존도를 축소하여 EU의 자율성을 강화하고 우방국과의 협력을 통해 위기의 발생시 빠르게 회복할 수 있는 탄력성(resilience)을 확보하고자 하고 있다. 또한 EU 단일시장으로서 기술과 혁신 능력 및 산업역량의 향상을 통한 역내 경쟁력의 제고를 목적으로 하고 있으며, 신뢰할 수 있는 우방국과의 협력을 통해 공통의 안보 문제에 공동으로 대응하고 이를 위해 기존의 무역협정 개선, 국제규범과 제도의 기능 강화, 지속가능한 개발에 대한 투자 증대를 추구하고 있다.

EU의 경제안보 전략은 역내 경제안보 위험요인(risk)을 사전에 파악 및 분석하고 이를 해소하기 위해 기존의 정책수단을 전략적으로 활용할 뿐 아니라 새로운 정책수단의 도입을 추구하고 있다. 특히 경제안보 위험요인을 크게 4가지 유형으로 분류하고 있는데, ▲에너지 안보 등 공급망 복원력 관련 위험, ▲핵심 인프라에 대한 물리적 위험 및 사이버 안보 관련 위험, ▲기술안보 및 기술유출 관련 위험, ▲경제적 의존성의 무기화 또는 경제적 강압 관련 위험 등이다. 또한 EU는 기본적으로 경제안보 리스크를 해결하기 위해 동원되는 정책적 수단은 목적에 비례하고 대상이 한정되어야 한다는 '비례성(proportionality)'과 '정밀성(precision)'의 원칙을 따르고 있다.

EU 집행위원회는 경제안보 전략을 추진하기 위한 3가지 우선순위로서 ▲촉진(promotion), ▲보호(protection), ▲협력(partnership)

을 강조하고 있다. 우선 EU 단일시장 강화, 경제적 지원, 기술투자 및 산업기반 육성을 통해 EU의 경쟁력을 촉진하고자 하며, 특히 첨단반도체, 양자컴퓨팅, 생명공학, 탄소중립산업, 핵심원자재 등 전략적 분야에서의 기술연구 및 산업기반 육성을 목표로 하고 있다. 또한 경제적 의존성의 무기화 및 통상위협에 대한 대응조치, 역외보조금 규제, 외국인직접투자 심사, 이중용도 품목에 대한 수출통제 조치의 EU 차원의 통합 및 강화, 해외투자 규제의 도입 검토 등 EU 경제안보를 강화하고자 하고 있다. 이외에도 새로운 무역협정의 추진, 다양한 글로벌 파트너십 강화, 글로벌 규칙에 기반한 경제질서 및 다자기구의 강화 등 EU의 경제안보 강화를 위해 다양한 파트너국과 협력을 추진하고자 하고 있다.

1. 공급망 재편 정책

EU 경제안보 전략을 구성하고 있는 주요 입법화 작업도 공급망 재편 정책, 산업 보조금 정책 및 수출통제·투자규제 정책으로 구분해 볼 수 있다. 우선 공급망 재편 정책의 대표적인 입법 조치로서 '핵심원자재법(Critical Raw Minerals Act: CRMA)'을 꼽을 수 있으며, 이는 2023년 3월 EU 집행위원회가 핵심원자재에 대한 안전하고 지속가능한 EU의 접근성 보장을 위해 발표한 법안이다. 특히 EU는 러시아-우크라이나 전쟁에 따른 에너지 위기, 미-중 전략적 경쟁과 수출통제 조치의 확산에 따른 보호무역주의의 강화, 자원 민족주의 심화 등에 따른 공급망 위기의 심화 속에서 EU 역내에서의 핵심 원자재에 대한 공급 안정성의 강화 필요성에 따라 추진하고 있는 것이다.

핵심원자재법(CRMA)은 핵심 및 전략 원자재를 지정하고 2030년까지 원자재 가치사슬의 각 단계에서의 탄력성을 강화하여 EU 역내에서의 원자재 확보역량을 제고하는 것을 목적으로 하고 있다. 특히 핵심 원자재에 대한 EU 역내에서의 생산, 정제·가공, 재활용 역량을 향상하기 위하여 공급망 관리 강화, '전략 프로젝트'에 대한 행정·재정적 지원을 확대하고자 하고 있다. '전략 프로젝트'를 지정하여 행정 및 재정적 지원을 우선적으로 적용받도록 하고 있는데, EU 각 회원국에서는 '전략 프로젝트'에 대한 신속하고 효과적인 이행을 위해 행정절차 및 자금조달 관련 정보 제공 등의 행정적 지원을 강화하도록 의무화하고 있다. '전략 프로젝트'로 지정되기 위해서는 EU의 전략원자재 공급 안보에 기여하거나, 합리적인 기간 내 기술적으로 실현 가능 및 예상 생산량의 추정이 가능하거나, 환경영향 최소화 및 사회적 의무를 준수해야 하는 등의 기준을 충족해야 한다.

또한 EU는 핵심원자재 공급 관련 제3국과의 전략적 파트너쉽을 구축하여 특정 원자재의 단일국으로부터의 수입 집중 문제를 해소하고 공급 리스크를 관리하고자 하고 있다. 특히 전략적 파트너쉽을 활용하여 핵심원자재 공급망의 단계별 투자를 확대하고 제3국과의 협력 강화를 추구하고자 하며, 유사입장국들과 '핵심원자재클럽(Critical Raw Materials Club)'을 형성하여 핵심원자재 공급망 협력 과정에서 지속가능성을 개선하고 공급협력 지역의 인권 강화, 분쟁 해결 및 지역 안정도 함께 도모하고 있다.

이외에도 EU의 대표적인 공급망 재편 정책인 '기업 지속가능성

실사 지침(Directive on Corporate Sustainability Due Diligence)' 초안이 2022년 2월 발표되고 2024년 이후 본격적으로 시행될 예정인데, 이에 따라 대상기업은 EU 공급망 참여시 인권 및 환경과 관련된 실사(due diligence)를 의무적으로 시행해야 한다. 2024년 이후 본격적으로 시행될 예정인 실사 지침은 EU에서 활동하고 있으면서 고용 및 매출 기준을 충족하는 역내외 대·중소기업 모두에 적용되므로 EU 지역의 공급망 관련 교역 및 투자 활동을 하고 있는 대부분이 역외기업에 적용된다. 이에 따라 대상기업의 자회사를 포함하여 해당기업의 가치사슬에 포함되어 있는 모든 '확립된 비즈니스 관계(established business relationship)'를 체결하고 있는 기업에 대하여 실사 의무가 부과될 예정이다. 또한 대상기업은 공급망의 모든 활동에서 발생할 수 있는 인권 및 환경에 대한 부정적 영향을 식별, 예방, 완화 또는 대응하도록 하고 있으며, 해당 기업과 자회사의 활동으로 인한 영향을 방지, 완화 및 개선하기 위한 실행계획을 마련하고 이행해야 한다.

2. 산업 보조금 정책

EU 집행위원회는 2023년 3월 기존의 '한시적 위기 프레임워크(Temporary Crisis Framework: TCF)'를 개정하여 '한시적 위기 및 전환 프레임워크(Temporary Crisis and Transition Framework: TCTF)'를 채택하며 EU 역내에서의 친환경 산업에 대한 국가보조금(state aid) 규제를 추가적으로 완화하는 조치를 도입하고 있다. 당초 TCF는

2023년 12월 말 종료 예정이었으나 미국의 인플레이션 감축법(IRA)에 대응하고 EU '그린딜 산업계획'의 목표 달성을 위해 탄소중립산업으로의 전환에 필요한 보조금의 지급을 2025년 12월 말까지 한시적으로 허용하기로 결정한 것이다.

EU는 그동안 회원국들의 무분별한 보조금 지원을 방지하고 '공정한 경쟁의 장(level playing field)'을 보장하기 위해 EU 회원국의 국가보조금 지급을 매우 엄격하게 규제하여 왔다. 그러나 이번 EU의 한시적 보조금 규제 완화(TCTF) 조치는 지원 대상별 보조금 지원규제를 완화하고 보조금 지원대상 확대 및 보조금 지원한도의 확대를 내용으로 하고 있다. 특히 배터리, 태양광 패널, 풍력터빈, 히트펌프, 전기분해장치, 탄소 포집·활용·저장 관련 제조기업 및 모든 재생에너지원 관련 산업으로 보조금 지원대상이 확대되었다. 이외에도 EU 집행위원회는 TCTF의 신설과 함께 '일반적용 면제규정(General Block Exemption Regulation: GBER)'을 개정하여 친환경 산업 관련 보조금 지급 절차를 간소화하였다. 특히 면제적용 대상을 친환경 분야(재생에너지, 탈탄소사업, 친환경 이동성, 생물다양성 강화, 재생수소 개발, 에너지효율 향상 등 분야)로 확대하여 EU 회원국의 탄소중립경제 전환에 필요한 핵심산업에 대한 보조금을 보다 유연하게 지급하도록 하였다.

무엇보다 EU는 탄소중립 기술의 안보 및 경쟁력 확보를 위해 2023년 2월 '그린딜 산업계획(Green Deal Industrial Plan)'을 발표하였는데, 이를 이행하기 위한 정책의 일환으로 EU 집행위원회는 2023년 3월 역내 탄소중립 기술의 제조역량 확대를 위한 '탄소중립

산업법(Net Zero Industry Act: NZIA)'을 발표한 바 있다. 탄소중립산업법(NZIA)은 2030년까지 '전략적 탄소중립기술'의 역내 제조능력을 역내 수요의 40% 이상으로 확대하는 것을 목표로 관련 규제의 간소화 및 절차의 신속화, 인력과 연구개발에 대한 재정지원 강화가 핵심 내용이다. 또한 이를 위하여 '8대 전략적 탄소중립 기술'을 선정하고 8대 기술을 사용하는 주요 프로젝트를 '기후중립 전략 프로젝트'로 지정하여 행정 및 인허가 절차 간소화, 행정처리 기한 단축, 규제 샌드박스 도입 등 규제완화, 보조금 지원 등 각종 혜택을 제공하여 집중적인 육성을 목표로 하고 있다.

3. 수출통제 및 투자규제 정책

EU는 경제안보 전략을 통해 특정국으로의 이중용도(dual-use) 기술의 이전을 통한 군사적 용도로의 활용을 견제하고자 한다. 이의 일환으로 EU는 기존의 무역구제(수입규제) 조치를 더욱 적극적으로 활용하고 '역외보조금 규정(Foreign Subsidies Regulation)'을 통해 EU 단일시장 내 공정한 경쟁의 환경을 조성할 것을 강조하고 있다. 또한 '경제적 강압 대응조치(Anti-coercion Instrument)'를 도입하여 상대국이 무역·투자에 대한 규제를 통해 EU의 정책변화를 유도하는 행위를 차단하고자 하며 우방국과의 협력을 통해 공동 대응을 모색하고자 한다.

EU는 군사적 용도로 활용될 수 있는 이중용도 품목 중에서도 민감성이 높은 신흥기술에 대한 수출통제 조치의 강화를 위하여

2021년 개정된 '이중용도 수출통제 규정(EU Regulation on dual-use export controls)'을 통해 EU 차원의 통합적이며 조율된 수출통제 제도로 강화하고자 하고 있다. 이를 위해 각 회원국의 기술 분야별 위험평가(risk assessment)를 바탕으로 2023년 말까지 EU 차원의 수출통제 제안을 마련할 계획이다.

또한 외국인직접투자(Foreign Direct Investment: FDI) 심사 규제를 통해 외국인투자 거래에 대한 국가안보 위협 여부를 검토하고 제3국의 기관 또는 제3국의 통제를 받는 EU 기관들이 역내에서의 기술 개발 및 혁신 활동에 참여하지 못하도록 하고 있다. 특히 EU 회원국들의 5G 통신네트워크 구축사업 진행시 위험도가 높은 공급자를 배제하도록 하고, 통신 및 에너지 인프라의 사이버 안보 강화를 위한 '사이버탄력성법(Cyber Resilience Act)'도 입안하고 있다. 반면, 해외투자(outbound investment)와 관련된 안보 리스크 대응을 위해서는 EU 차원의 전문가 전담그룹을 수립하여 2023년 말까지 EU 집행위원회에서 제안을 마련할 계획이다.

EU는 또한 '공정한 경쟁' 환경의 조성을 명분으로 외국 정부가 자국 기업에게 지급하는 '역외보조금'에 대하여 규제하는 '역외보조금 규정(Foreign Subsidies Regulation)'을 도입하고 있다. EU 집행위원회가 2021년 5월 EU 역내시장의 왜곡을 초래하는 외국의 보조금에 대한 규제를 강화하기 위하여 제안된 규정은 2023년 7월 이후 시행되고 있다. 특히 EU 역외국에 의해 지급되는 보조금으로 인해 EU 역내 시장의 왜곡이 발생하여 '공정한 경쟁의 장'이 침해되고 있으며, 특히 민간기업의 인수 및 공공조달 입찰시 제3국의 보조금 정책의 혜택을 받고 있는 역외 기업은 EU 역내 기업에 비해 경쟁적 우위를 확보하게 된다는 것이다. 이에 따라 역외보조금 규정은 EU '역내 시장의 왜곡(distortions on the internal market)'을 방지하고자 하는데, 이는 보조금을 받은 기업의 경쟁적 지위가 향상되어 역내 시장에서의 경쟁 환경에 부정적 영향을 잠재적 또는 실질적으로 초래한 경우에 해당하는 것으로 적용하고 있다. EU 집행위원회는 역내 시장에 대한 왜곡을 시정하기 위해 구제조치(trade remedies)를 활용할 수 있으며, 이에 따라 보조금을 받은 기업에 대하여 시장 왜곡 상황을 시정하도록 하기 위해 보조금 원금과 적절한 이자를 포함한 금액을 보조금 지급 당국에게 상환하도록 하고 있다.

III. 평가 및 시사점

미국과 EU 등 주요국이 도입하고 있는 경제안보 관련 정책과 조치들은 공통적으로 오늘날 심화되는 지정학적 경쟁 위기를 비롯한 각종 공급망, 보건, 에너지, 기술 안보의 위기에 대응하기 위하여 자국 또는 역내의 경쟁력을 보호하고 복원력을 강화하기 위한 조치들로 구성되어 있는 것으로 평가된다. 중국에 대한 미국과 EU의 '디리스킹' 전략으로의 기조 변화도 과도한 견제와 규제로 인한 상업적 피해와 국제경제 위기의 심화를 방지하기 위한 정책적 판단의 결과로 여겨진다. 이에 따라 주요국은 자국 기업의 경제적 활동과 상업적 이해관계와 충돌하는 수출입 관련 규제 조치는 최대한 완화하거나 효과성을 제고하기 위하여 집중적으로 적용하는 대신, 불공정한 경쟁 환경에서의 불리한 입지에서 벗어나기 위해 필요한 산업 보조금 정책과 이를 도입하기 위한 보조금 규제 완화 정책을 적극적으로 채택하고 있는 상황인 것으로 평가된다.

EU의 경제안보 전략은 특정국에 과도하게 집중된 의존으로 인해 초래될 수 있는 공급 교란의 위기 및 상호의존의 '무기화(weaponization)'에 대비하여 공급망의 탄력성 강화와 수출통제 등의 정책수단을 통해 기술유출의 차단을 추구하고 있다는 점에서 미국의 경제안보 전략과 동조화되어 있는 측면이 있다. 그러나 기본적으로는 미국보다 신중한 접근방식을 채택하고 있다는 점에서 차이가 있는 것으로 평가된다. 특히 EU는 기본적으로 대내외적 위험요인에 비례하는 대응조치를 취하는 '리스크 기반 접근방식(risk-based approach)'을 취하고 있다는 점에서 공격적인 수출통제 정책을 채택하고 있는 미국과 큰 차이가 있다. 또한 산업 보조금 정책에 초점이 맞추어져 있는 미국의 경제안보 전략과 달리, EU는 보조금 지원 등을 통한 산업정책보다는 기술유출의 차단 및 경제 인프라의 보호 등에 더욱 중점을 두고 있는 것으로 평가된다.

반면, 미국의 인플레이션 감축법(IRA)과는 달리 역외 기업에 대한 명시적인 차별적 적용을 규정하고 있지는 않지만, EU의 '지속가능성 기업 실사지침' 등을 통해 EU 역내 시장의 진입 및 공급망 참여의 조건으로 노동 및 환경 기준의 강화를 채택하며 교역상대국이 도입하고 있는 환경 기준에 대하여 EU는 적합성 내지 동등성을 인정해주지 않고 있다. EU 차원에서 도입하고 있는 국내법 및 국내기준을 EU 역내시장에 진출하고자 하는 외국 기업에게 진입 요건으로 적용하는 '역외적용(extraterritoriality)'은 과도하게 적용될 경우 교역상대국의 역내 시장 진출에 대한 보호무역 장벽으로 작용할 수 있다.

EU 기업들이 글로벌 시장에서의 공정한 경쟁 환경에서 경제적 활동할 수 있도록 보장하기 위한 목적의 역외보조금 규정도 결국 EU 역내에서 활동하는 역외 기업에 대하여 상당한 규제 부담으로서 작용하게 될 것으로 예상되며, 궁극적으로 외국 정부의 보조금 관행을 제약하는 효과를 갖게 될 것으로 전망된다. 특히 기업 인수의 경우, 외국 정부의 보조금을 받은 기업은 해당 거래에 대하여 EU 당국에 통보를 해야 하며, 필요한 경우 EU 및 회원국 별 합병 통제 관련 규정, 각 국의 외국인투자법 등 다양한 법적 근거에 기반하여 복수의 검토 절차를 거쳐야 한다. 특히 역외보조금 여부를 판단하기 위해 EU 당국에게 '직권조사(ex officio review)' 권한이 부과되며 일정 규모를 초과하는 공공조달 입찰에 대한 사전통보와 승인 의무는 역외 기업에게 상당한 규제의 부담을 지우게 될 것으로 예상된다.

그동안 EU는 다자통상체제의 틀 내에서 참여국 간 '공정한 경쟁의 장' 구축을 강조하며 국제무역질서 속에서의 경쟁력 유지 전략을 추구해왔다고 할 수 있다. 이와 같이 다자통상체제를 통한 무역자유화 확대에 대하여 가장 적극적인 지지 입장이었던 EU의 경제안보 전략의 발표는 기존 국제통상질서와 규범의 변화가 불가피함을 예고하고 있는 것으로 평가된다. 미국과 유사하게 EU의 경제안보 전략을 구성하고 있는 주요 입법화 작업도 공급망 재편, 산업 보조금, 수출통제 및 규제 정책으로 구분할 수 있는데, 이는 대부분 통상

정책의 영역과 중첩되어 있을 뿐 아니라 기존 다자통상규범의 원칙과 내용을 벗어나고 있는 것으로 평가된다. 특히 EU는 '지속가능성(sustainability)'이라는 정책 기조 하에 새로운 국제통상질서의 형성을 주도하고자 하는 것으로 보인다.

EU는 통상정책과 연계하여 노동과 환경 등 '지속가능성' 이슈의 중요성을 강조하고 있는데, 이러한 이슈는 각국의 고유한 사회경제 체제 및 경제발전 단계의 차이 등으로 양자 및 다자 차원에서의 규범화 노력이 잘 이루어지지 못한 분야들이라 할 수 있다. 그러나 중국을 비롯한 개발도상국은 취약한 환경 및 노동 관련 규제 등으로 인하여 국제시장에서의 가격 경쟁력 및 해외투자 유치 경쟁에서 유리한 입지를 확보하게 된 것으로 인식되고 있으며, 주요국은 대응방안으로써 '공정한 경쟁' 논리를 강조하고 있는 것으로 평가된다. 주요국의 '공정한 경쟁' 논리는 단순히 교역 관계에서의 비교우위를 확보하기 위한 통상정책의 수단을 넘어 보다 장기적인 경쟁력 확보를 위한 전략적 차원의 정책수단인 것으로 해석된다.

참고 문헌

대외경제정책연구원. 2023. "EU '그린딜 산업계획' 후속정책의 주요 내용과 시사점." 『KIEP 세계경제 포커스』. 6, 5.

대한무역투자진흥공사. 2022. "KOTRA 경제통상 리포트 – 미 산업안보국 대중 반도체 주요내용 및 현지반응."

오세영. 2023. "종합안전보장 정책으로써 일본의 경제안전보장추진법: 국제법적 정합성 및 WTO의 역할 문제를 중심으로." 『통상법무정책』 6.

정인교·채수홍. 2023. "미국의 안보정책과 수출통제 수단으로서의 해외 직접제품 규칙(FDPR)." 『국제통상연구』. 28, 1.

한국무역협회. 2020. "코로나 공존 시대, 글로벌 공급망 안정화 방안 – 미국, 일본의 지원현황과 우리에게 주는 시사점 및 정책제안." 『IIT Trade Focus』. 2020년 45호.

_____. 2023. "EU '한시적 위기 및 전환 프레임워크(TCTF)'의 주요 내용과 시사점." 『통상이슈브리프』. 6.

Center for Strategic and International Studies. 2023. "Toward a New Multilateral Export Control Regime." Commentary. January 10. https://www.csis.org/analysis/toward-new-multilateral-export-control-regime.

East Asia Forum. 2023. "The gaping 'national security' hole in the world trade regime." October 2. https://www.eastasiaforum.org/2023/10/02/the-gaping-national-security-hole-in-the-world-trade-regime/.

European Commission. "Foreign Subsidies Regulation." https://competition-policy.ec.europa.eu/foreign-subsidies-regulation_en.

_____. 2021. "[Press Release] Commission proposed new Regulation to address distortions caused by foreign subsidies in the Single Market." May 5.

_____. 2023. "[Press Release] State Aid: Commission adopts Temporary Crisis and Transition Framework to further support transition towards net-zero economy." March 9.

European Union. 2023. "European Economic Security Strategy." JOIN(2023) 20 final. June 26.

Mata Diz, J. B. and H. E. de Paiva Araújo. 2021. "Extraterritoriality and the Impact of EU Regulatory Authority: Environmental Protection as Soft Power." in Nuno Cunha Rodrigues (eds.). *Extraterritoriality of EU Economic Law: The Application of EU Economic Law Outside the Territory of the EU*. Cham: Springer.

Meijer, Hugo. 2016. *Trading with the Enemy: The Making of US Export Control Policy toward the People's Republic of China*. New York: Oxford University Press.

U.S. Department of Commerce and U.S. Department of Homeland Security. 2022. "Assessment of the Critical Supply Chains Supporting the U.S. Information and Communications Technology Industry." February 24.

The White House. 2021. "Executive Order on America's Supply Chains." February 24.

_____. 2022. "Executive Order on America's Supply Chains: A Year of Action and Progress." February 24.

World Trade Organization. 2023. "World Trade Report 2023: Re-globalization for a Secure, Inclusive and Sustainable Future."

7
중국의 경제안보:
개념과 전략

김용신 | 인하대학교 교수

I. 서론

경제적 효율 추구가 최우선이던 신자유주의 시대를 지나면서 전세계적으로 경제안보에 대한 관심이 증대되고 있다. 미국과의 전략 갈등 증대와 함께 중국 역시 새로운 안보관을 형성하고 경제 안보에 대한 보다 구체적인 정의와 이를 이끌어갈 영도기구를 마련하고 있다. 시진핑 주석은 2022년 제20차 당대회 보고를 통해 현재 세계의 변화, 시대의 변화, 그리고 역사의 변화는 이전에는 없던 유례없던 방식으로 전개되고 있다고 정의했다(习近平 2022). 이러한 전세계적인 시대적 격변기(global zeitenwende)에 미국과 중국의 지정학적 경쟁은 향후 글로벌 질서 변화의 향방을 결정하는 매우 중요한 요인이다.

미중 전략 경쟁이 여러 영역에서 복합적으로 진행됨에 따라 다양한 층위에서 논의가 진행되고 있다(김상배 2022; 이승주 2019; Kim and Kim 2019 등). 그러나 미중 갈등의 주요 원인에 대한 미중 양국의 근본적인 입장은 첨예하게 대립하고 있다. 중국 입장에서 개혁개방 초기 중국에 대해 매우 친화적이었던 서구가 공세적 태도로 전환한 것에 대한 설명은 세력 균형 변화에 따른 필연적 변화로 미중 간 국력 격차가 좁혀지면 어쩔 수 없이 발생할 수밖에 없는 일이라는 것이다. 냉전 시기 소련, 그리고 1980년대 일본과의 관계에서도 볼 수 있듯이, 미국은 도전국의 GDP가 미국의 60% 정도일 때 적극적으로 견제하였고, 이는 필연적으로 강대국 간 경쟁으로 연결될 수 밖에 없다는 것이다. 이에 반해 미국의 중국 정치 연구자인 수잔 셔크는 미중 간 경쟁은 중국의 과잉확장(overreach)에 따른 역풍(backlash)이며, 중국의 과잉 확장은 경제, 사회통제, 외교정책 등과 같은 세 가지 전선(fronts)에서 동시다발적으로 진행되고 있다고 주장한다(Shirk 2023).

미중 간 국력 격차의 측면에서 보건, 중국의 과잉확장 측면에서 보건 2012년 시작된 시진핑 시기는 중국의 경제, 사회통제, 외교정책, 안보 측면에서 새로운 분기점이 되었다. 이에 본 글은 II장에서 2012년 시진핑 집권 이후 중국에서 핵심 안보가 어떻게 변화했고 당의 역할이 어떻게 강화되었는지 먼저 살펴본다. 이를 근거로 III장에서는 중국의 새로운 안보관인 총체적 국가 안보관 하에 중국이 경제 안보를 어떻게 정의하는지 살펴보고, 이를 위한 영도기구를 어떻게 설정했는지 살펴본다. IV장에서는 시진핑 시기 중국의 경제 안보 상황에 대해 중국이 어떻게 평가하고 있는지 검토하고, 이를 기반으로 중국의 대미국 전략을 살펴본다. V장에서는 위의 내용을 정리하고 한국에 주는 함의에 대해 살펴본다.

II. 시진핑 시기 핵심 안보와 당의 역할 강화

2012년 시진핑 집권 이후 큰 변화라고 한다면 중국의 정치적 정당성의 근원이었던 경제 발전 보다 안보(安全)[1]를 우선시하고 있다는 것이다. 2023년 9월 파이낸셜타임즈(Financial Times)는 점증하는 외부 위협에 직면하면서 중국 정부의 우선 순위가 두 자리 수 이상의 경제 발전보다는 안보와 자립(self-reliance)에 있다고 보도했다(White and Yu 2023). 최근 들어 중국 정부의 안보에 대한 강조는 언론에서 뿐만 아니라 중국 정부가 연례적으로 하는 정부공작 보고에서도 확인된다. 최필수(2022)는 중국의 정부공작보고 및 주요 관련 문건들을 통해 어떤 키워드가 강조되었는지 정리했다(〈표 1〉 참고). 중국제조 2025의 핵심어였던 "제조강국"이라는 키워드는 2020년 정부업무보고부터 등장하지 않고, 오히려 안보(安全), 산업망, 공급망 등의 어휘가 상호 결합되어 사용되고 있다.

그렇다면 중국에서 강조되고 있는 안보는 어떤 안보를 의미하는 것일까? 베이츠 길에 의하면, 시진핑 시기 중국의 안보 및 외교 정책

---

[1] 본 글에서 중국어의 안전(安全)은 한국어의 안보(安保)로 번역한다. 다만 중국 기관 등을 지칭하는 고유명사의 경우 안전을 그대로 사용하였다. 예를 들어, 시진핑 시기 이후 안보관을 나타내는 "총체적 국가안전관"은 "총체적 국가안보관"으로, 고유명사인 중앙국가안전위원회는 한자 독음 그대로 표기하였다.

〈표 1〉 중국 주요 정책 문건에서 주요 강조 어휘의 사용 추이

	2015	중국제조2025	2016	13·5	2017	2018	2019	2020	2021	14·5	2022
제조강국	제조대국에서 제조강국으로	세계를 선도하는 제조강국	품질강국, 제조강국, 지재권강국	품질강국, 제조강국, 지재권강국	제조강국을 위한 정책 시스템 개선	제조강국	제조강국	-	-	품질강국, 제조강국, 지재권강국	품질강국
안보	식량안보	국제 경쟁력을 갖춘 제조업이 곧~국가의 안전을 보장하는 ~길이다	-	외국인 투자국가 안보심사, 국가경제 안보	식량안보	-	-	식량에너지안보	에너지안보, 국가경제 안보, 식량안보	국제산업 안보 협력, 식량안보, 자원안보, 외국인 투자국가 안보심사, 국가기술 안보 리스크 관리, 국가경제 안보	식량에너지안보
산업망 공급망	-	산업망 구축 공급망 관리 등	산업망 구조조정, 공급망 재구성 등	디지털 산업망, 녹색 공급망 등	농업 산업망 확장 등	-	-	산업망 공급망 안정	산업망 공급망 안정	산업망 공급망 안정	산업망 공급망 안보

출처: 최필수(2022)

의 핵심 목표는 중국 공산당의 정당성과 생존을 유지하고 강화하는 것으로 정의할 수 있다(Gill 2022). 중국 공산당의 생존과 정당성이라는 외교 정책의 핵심 목표는 전통적인 국제정치에서 개별 국가의 외교 정책을 결정하는 가장 중요한 요인과는 매우 상반된 것이라고 할 수 있다. 중국의 최고 정책결정자에게 있어 국가 간 경쟁이나 국력 극대화 등의 요인이 중요하지 않은 것은 아니나, 공산당의 생존과 권력 강화가 보다 핵심적인 요인이다. 이는 당의 생존이라는 당의 이익(party interest)이 국익은 물론 외교적 이익에 우선함을 의미한다.

그렇다면 시진핑 집권 이후 중국 외교 정책은 어떤 특징을 보일까? 우선 시진핑 집권 이전까지 당과 정의 역할 분담을 의미하던 당정분리(党政分开)는 당이 모든 것을 지도하는 것으로 바뀌었다. 2017년 공산당 당장(党章)에도 이러한 내용이 포함되어, 당, 정부, 군대, 민간, 학교, 동서남북 그리고 중앙, 당은 모든 것을 영도한다("党政军民学, 东西南北中, 党是领导一切的")는 내용이 포함되었다. 둘째, 2018년 시진핑 외교 사상인 시진핑 신시대 중국 특색 사회주의 외교사상(习近平新时代中国特色社会主义外交思想)을 외교 지침으로 지정하였다. 또한 2020년에는 외교부 산하 국제문제연구소 내에 시진핑외교사상연구센터(习近平外交思想研究中心)를 설립했다. 셋째, 2018년 공산당의 중국 국가에 대한 지도를 명시하기 위해 헌법에 공산당의 지도는 중국식 사회주의의 고유한 특성임을 명시했다. 넷째, 당의 국무원에 대한 통제를 강화했다. 예를 들어, 과거 국무원 직속 기관으로 국가공무원 재교육을 담당했던 국가행정학원(国家行政学院)이 2018년 공산당 간부 양성기관인 중앙당교(中央党校)

로 편입되었다. 마지막으로, 시진핑 집권 이후 현재 정세를 백년이 래 없던 대변화의 국면(百年未有之大変局: great changes not seen in a century)으로 정의하고, 대담하게 투쟁하고, 용감하게 승리할 것(敢 于斗争, 敢于胜利: Dare to struggle, dare to win)을 강조하고 있다. 이러한 전투의 대오에서 당의 경제, 사회, 군사 등 모든 영역에서의 통제와 조율은 강화되고 있다.

III. 경제안보의 중국식 정의와 영도기구

1. 총체적 국가안보관과 경제 안보

시진핑 총서기의 집권 이후 중국에서 경제안보(安全)에 대한 논의는 시진핑 시기의 국가안보관을 의미하는 총체적 국가안보관과 연계하여 이해할 필요가 있다. 2012년 중국 공산당 총서기로 취임한 시진핑은 2014년 4월 중앙국가안전위원회 1차회의에서 처음으로 총체적 국가안보관의 전략을 제시하였다. 이후 2017년 10월 19차 당대회에서 총체적 국가안보관을 신시대 중국 특색 사회주의의 기본 방침으로 정하고 당장에 삽입하였다. 이는 중국 공산당 역사상 국가 안보 이론이 당대회 보고에서 언급되고, 당의 지도 사상의 중요 내용으로 삽입된 첫 번째 사례이다. 2022년 10월 20차 당대회에서 국가 안보 체계 및 역량의 현대화, 경제 안보를 중심으로 새로운 안보 상황에서 새로운 발전 상황에 대한 보장을 강조하는 등 그 내용을 구체화하고 있다.

총체적 국가안보관은 전통 안보 영역뿐만 아니라 비전통, 신흥 안보 영역을 포함하여 총 16가지의 방향[2]을 제시하고 있다. 총체적 국가안보관은 5대 요소와 5대 관계로 귀결되는데, 5대 요소는 인민 안보를 종지(宗旨)로, 정치안보를 근본으로, 경제안보를 기초로, 군사안보·문화안보·사회안보를 보장(保障)으로, 국제안보를 지주(支柱)로 중국 특색의 안보의 길을 걸어야 함을 강조하고 있다. 또한 총체적 안보관을 실현하기 위해 5대 관계[3] 역시 중시 된다.

총체적 안보관은 중국 특색의 안보 노선을 강조하면서 또한 다음 5항을 견지할 것을 강조하고 있다. 공산당의 안보업무에 대한 "절대적 영도"를 견지하고, 국가 이익을 최고로 견지하며, 인민 안보를 종지로 하여 공동안보를 견지하고 중화민족의 위대한 부흥의 촉진을 견지한다. 그 중 "당의 절대적 영도"가 가장 중요하며 국가 안보의 근본적 정치적 원칙이다. 중앙국가안전위원회는 중국 공산당 예속 기구이며, 시진핑은 국가 안보 업무를 통일적으로 지도한다(유동원 2019).

결국 시진핑을 정점으로 당의 절대적 영도하에 경제 안보는 국가 안보의 전반적 이념을 확고히 한 총체적 안보의 기초로 간주되었다. 중국 중앙당교의 천위쉬에 등은 중국에서 경제 안보의 광의의 함의에 대해 다음과 세 가지로 정리하고 있다. 첫째, 나라의 경제주권과

---

[2] 정치, 군사, 국토, 경제, 금융, 문화, 사회, 과학기술, 사이버, 식량, 생태, 자원, 핵, 해외 이익, 우주, 심해, 극지, 생물, 인공지능, 데이터

[3] 5대 관계는 다음과 같다: ① 발전문제와 안보문제 동시 고려, ② 외부안보와 내부안보 동시 중시, ③ 국토안보와 국민안보 동시 중시, ④ 전통안보와 비전통 안보 동시 중시, ⑤ 자신의 안보와 공동의 안보 동시 중시

경제생명선을 확고히 틀어쥐고 자체의 경제체제와 발전전략, 천연자원이용과 주요경제를 자주적으로 결정하고 활동을 수행할 권리가 침해되어서는 안된다. 둘째, 경제발전이 국내외 요인에 의해 위협받거나 침해되어서는 안 되며, 지속가능한 발전 여건을 갖추어야 한다. 셋째, 국가는 강력한 경제적 경쟁력, 자원 및 에너지 안보 능력, 위기관리 능력, 국제 경제 규칙 수립에 참여할 능력을 갖추어야 한다(陈宇学, 许彩慧 2023).

중국의 당지도부는 경제 안보를 총체적 국가안보관이라는 보다 큰 우산 아래, 서구 국가의 경제 안보 이념을 모방하지 않으면서 중국 특색의 경제 안보에 대한 이념을 구축하고자 한다. 총체적 국가안보관에서 경제안보는 전체 안보의 기초역할인 하부구조를 담당하고 있다. 경제 안보 역시 총체적 국가안보관에서 강조하듯이 안보 영역을 담당하는 당의 핵심 지위하에 중국 특색의 국가 안보 경로를 구축하고자 한다.

이를 반영하듯, 2021년부터 시작된 14차 5개년 규획(2021~2025년)은 전방위적인 경제 안보에 대한 가이드라인을 제시했다. 첫째, 14차 5개년 규획 기간 동안 산업 체인과 공급 체인의 탄력성을 강화하고 개선할 것을 제시했다. 이는 산업사슬과 공급사슬에 존재하는 단점을 보완하고 강력한 연결고리를 만들어 핵심산업과 중요산업에서 보다 완전하고 효율적인 산업 및 공습 사슬을 만들어 국민경제에서 제조업이 차지하는 비중을 안정적으로 유지하는 데 일조해야 한다. 둘째는 식량안보를 보장하기 위해 식량안보법을 제정하며 곡물의 생산, 구매, 저장, 판매 체계와 중요 농산물의 공급 보장 메커니즘을 완비해야 한다. 셋째, 에너지 자원 안보를 강화하고 에너지 혁명을 촉진하며 에너지 생산, 공급, 저장 및 마케팅 시스템을 개선해야 한다. 넷째, 시스템적인 금융위험이 발생하지 않도록 하고, 금융위험 예방, 조기경보, 처분, 책임체계를 개선하며 전반적인 조정과 종합관리를 지속적으로 개선해야 한다. 이를 통해 포괄적이며 일관된 권한과 책임을 지닌 현대적인 금융 규제 시스템을 완비해야 한다(卢委, 谢玉科 2023).

2. 영도기구

총체적 국가 안보관을 운영할 영도기구로 중국 공산당은 2013년 11월 18기 3중전회에서 "전면심화개혁과 관련하여 약간의 중대한 문제에 대한 중공중앙의 결정"을 통해 당중앙에 중국국가안전위원회 신설을 결정했다. 시진핑은 국가안전위원회 설립 목적에 대해 다음과 같이 언급했다(人民网 2014).

> 국가안전위원회 성립의 목적은 바로 우리 국가안보가 직면하고 있는 새로운 상황과 새로운 임무에 더욱 잘 적응하기 위한 것이다. 또한 집중되고 통일되며 높은 효율을 지닌 국가안보체제를 건립하여 국가안보 업무에 대한 영도를 강화하기 위한 것이다.

허재철(2014)은 중앙국가안전위원회가 기존 국가 안보 관련 기구들과 지닌 차이점에 대해 다음과 같이 서술했다. 첫째, 기존 국가 안보 관련 기구들에 비해 참여단위가 확대되었다. 기존의 국가안보 컨트롤 타워 역할을 했던 국가안전공작영도소조(중앙외사공작영도소조의 대외 명칭)는 군사, 외교, 정보, 경제, 선전 부문 등 전통적인 국가 안보와 관련한 핵심 책임자만 참여했다. 그러나 중앙국가안전위원회에는 총체적 국가 안보관에서 강조한 16가지 방향의 모든 안보 관련자들이 참여하고 있다. 둘째, 기존 안보 관련 기구들에 비해 제도적으로 안정화되었다. 기존 안보 영역을 담당하던 영도소조를 보다 정규화, 상설화시켜 안보 컨트롤 타워 기구를 제도화했다. 셋째, 국가 핵심 영도자들의 직접 참여 및 영도로 기구의 권위가 상승되었다. 중앙국가안전위원회는 출범부터 총서기와 총리가 각각 주석과 부주석을 맡는 방식으로 기구의 권위를 높였다. 일반적으로 정치국 상무위원 한 명이 하나의 영도소조를 책임지는 경우가 많으나, 중앙국가안전위원회는 주석과 다수의 부주석 모두 정치국 상무위원으로 구성되어 있다. 2023년 현재 중앙국가안전위원회는 시진핑 총서기가 주석을, 총리 리창(李强, 정치국 서열 2위), 자오러지(赵乐际, 정치국 서열 3위), 차이치(蔡奇, 정치국 서열 5위) 등이 부주석 역할을 담당하고 있다. 마지막으로, 안보 문제가 점점 복잡해지고 관련 영역도 다양해지면서 안보 문제를 지휘(orchestration)할 수 있는 기구로 구성되었다.

IV. 시진핑 시기 중국의 경제 안보 상황에 대한 평가와 대미국 전략

1. 대내적, 대외적 경제 안보 상황에 대한 중국의 평가

그렇다면 시진핑 시기 중국 지도부는 중국의 경제 안보 상황에 대해 어떻게 평가를 하고 있을까? 중앙당교의 천위쉐 등의 연구를 통해 중국 지도부의 경제 안보상황에 대한 평가를 추론해볼 수 있다(陈宇学, 许彩慧 2023). 그들은 중국이 처한 외부 및 내부 환경 변화에 대해 다음과 같이 서술하고 있다. 우선 현재 중국이 처한 외부 환경은 미국, 유럽 등 선진국과 중국 간의 경제 및 무역 경쟁 심화, 동남아 및 남아시아 등의 신흥 경제국의 추격, 일방주의 및 반세계화 물결, 그리고 안보 중심의 경쟁 본격화 등으로 정리할 수 있다.

이러한 외부 환경 변화는 첫째, 서구 선진국과 중국의 전략적 딜레마 상황을 만들어 내고 있다. 중국은 아직까지 다방면에 걸쳐 서구에 대해 의존하고 있다. 중국은 다양한 산업군을 보유하고, 많은 산업 분야에서 규모 및 조율(配套)의 우위를 확보하고 있으나, 산업의 가치사슬과 수요-공급의 가치사슬에서 통제 및 영향력이 서구 선진국에 비해 미약하다. 또한 시장, 하이테크, 고급 브랜드, 핵심부품, 고급 인재 등에서 외국에 대한 의존 및 통제에서 자유롭지 못한 상황이다. 또한 국제 질서와 규칙을 정할 권리 및 발언권을 지니지 못하고 있다. 대표적으로 세계무역기구(World Trade Organization: WTO), 국제통화기금(International Monetary Fund: IMF), 세계은행(World Bank) 등 세계경제질서의 3대 축은 서방 국가들에 의해 구

축되었고, 현재도 주도되고 있다. 마지막으로 중국은 초국적 자본의 쌍방향적인 변동성에 취약하다. 총자본 흐름의 급격한 위축이나 증가는 중국의 자주혁신과 국제경쟁력을 약화시켜 경제안보에 악영향을 미칠 수 있다.

둘째, 신흥개발도상국의 도전 역시 빠르게 증가하고 있다. 국제분업구조의 변동과정에서 동남아 및 남아시아의 신흥발전국이 후발자의 우위를 보이며 부상하고 있다. 중국이 지난 30년 간 유지했던 세계의 공장이라는 전통적 지위는 후발국에 의해 빠르게 대체되고 있다. 예를 들면 2021년 중국과 아세안의 상품 교역액은 전년대비 27.5% 증가한 8,782억 달러 기록했다. 그 중 수입이 수출보다 빠르게 증가하여 중국의 대아세안 무역수지는 900억 달러 적자를 기록하였다. 이는 과거 중국이 독점적으로 담당했던 세계의 공장 역할 중 상당 부분이 아세안 국가로 이전되고 있음을 보여주는 것이다.

셋째, 국제무역에서 일방주의 확산에 따른 불확실성 증대 역시 매우 중요한 외부 위협 요인이다. 세계무역질서가 다자주의에서 일방주의로 이동하고, 유럽과 미국은 탈중국화(去中國化)된 가치사슬을 만들기 위해 노력하고 있다. 서구 선진국들은 중국의 첨단 제조업 분야에서의 부상을 억제하기 위해 양자 또는 소다자 형태의 협정을 체결하여 중국에 대해 배타적이고 차별적인 무역 관행을 만들고 있다. 반세계화 기조가 확산되고 있는 가운데, 중국은 중국을 핵심으로 안전하고 통제 가능한 경제발전 경로를 만들어야 할 필요성을 절감하고 있다.

중국이 처한 내부 환경 변화 역시 경제 안보에 새로운 도전이 되고 있다. 중국은 현재 경제 발전 모델의 전환 과정에서 오는 수많은 모순에 직면해 있고, 또한 과거에 축적된 모순과 새롭게 등장하고 있는 불안정성이 경제 및 사회적 취약성을 가중시키고 있다. 중국이 처한 첫 번째 내부 위협 요인은 중국 경제가 직면하고 있는 구조적 모순이라고 할 수 있다. 보다 구체적으로 중국은 현재 생산능력 과잉과 소비자 수요 부족이 공존하는 국내 수요 공급의 구조적 모순이 존재한다. 또한 내수와 수출 수요 간 모순, 에너지 소모 방식에서 자원집약적 방식과 혁신 생산 방식의 지체 사이에 존재하는 모순, 도시와 농촌의 이원화된 구조적 모순, 지역 간 경제 격차로 인한 모순, 제조 대국에서 제조 강국으로의 전환에 어려움을 겪고 있는 산업 구조 모순 등 다양한 구조적 모순을 보이고 있다. 둘째, 국내 체제의 특성상 정부와 시장 관계의 균형 문제가 지속적으로 해결되지 않고 있다. 마지막으로, 경제 주기성(週期性) 문제 역시 중요한 국내 요인으로 작동하고 있다. 현재 중국의 경기회복이 어려운 가장 큰 이유는 생산능력 과잉 문제가 해결되지 않고 필요한 부분에서의 공급은 부족하고, 필요치 않은 부분은 과잉 공급되는 수급 불일치가 순환적 불균형을 만들어내기 때문이라고 할 수 있다. 이를 해결하기 위해 정부는 과잉생산 축소, 재고 축소, 부채 축소, 환경 규제 강화 등의 공급측 개혁 조치를 시행했는데, 어느 정도의 성과에도 불구하고 "국진민퇴(國進民退, 국유기업의 전면적 성장과 사영기업의 상대적 후퇴)"라는 현상이 발생하여, 사영기업의 부채부담과 채무 불이행 가능성을 높이고 있다.

2. 대(對)미국 전략

중국의 경제 안보 상황에 대한 대내, 대외적인 다양한 위협 요인 가운데 가장 강력한 위협 요인은 2018년 무역 및 통상 분쟁에서 본격화된 미중 전략 경쟁이라고 할 수 있다. 그렇다면 중국은 점증하고 있는 미중 전략 경쟁 상황에서 어떠한 대미 전략을 취하고 있을까? 중국 인민대학교 야오루쿤과 진찬룽 등은 미국의 대미 전략에 대해 다음과 같이 정리하고 있다(姚汝焜, 金灿荣 2023). 중국은 우선 미국과 전략 소통을 강화하기 위해 노력하고 있다. 미국과의 전략적 소통 속에서 상호 간의 차이점을 인정하고 상호 공존하는 방안을 찾는 것이 중국의 기본적인 대미 전략이라는 것이다. 그러나 동시에 중국의 주권과 영토 등과 같은 핵심 이익을 지키기 위해서는 미국의 어떠한 위협에도 강력하게 투쟁할 것을 천명하고 있다. 중국의 구체적인 대미국 전략은 그 외교적 실천에서 다음 네 가지로 형태로 구체화되고 있다.

첫째, 미중 양국 간의 차이가 필연적으로 미중 갈등으로 연결되지 않을 수 있음을 강조하고 있다. 예를 들어, 2022년 3월 당시 리커창 총리는 기자회견에서 미중 양국의 이견은 불가피하지만, 협력이 주류가 되어야하는데, 이는 세계 평화와 발전이 협력에 달려있기 때문이라고 언급했다(新华社 2022a). 또한 2022년 당시 외교부장 왕이는 뉴욕에서, 중국과 미국의 서로 다른 체제는 개별 국가의 국민의 선택에 따른 것이며, 중국과 미국은 서로를 대체할 수 없고 서로를 패배시킬 수 없다고 언급했다(新华社 2022b). 게다가 2022년 11월

14일 발리에서 시진핑 주석이 바이든 대통령을 만났을 때, 획일성을 강요하고 상대방의 생각을 바꾸거나 심지어 전복시키려고 하기보다는, 미중 간에 존재하는 차이를 인정하고 존중하는 것이 미중 관계의 가장 중요한 측면이라고 강조했다(新华社 2022c).

둘째, 중국은 미중 양국간의 차이점 속에 공존을 강조하면서, 동시에 현존하는 국제질서를 변경하거나 미국의 국제적 지위에 도전할 의사가 없는 현상 유지 국가임을 강조하고 있다. 중국은 스스로의 현상유지 의도를 강조하면서 점증하는 미중 간 갈등의 수위에 대해서는 그 원인을 미국의 냉전적 사고와 전략에 기인하고 있다고 지적하고 있다. 예를 들어, 2022년 당시 외교부장이었던 왕이는 "개별적인 대국(个别大国)"이라는 방식으로 미국을 우회하여 지칭하면서, "패권적 지위를 유지하기 위해 냉전적 사고방식을 다시 이용하고, 진영 간 갈등을 조성해 혼란과 분열을 더욱 가중시켜, 이미 문제가 만연한 세계를 더욱 혼란스럽게 만들고 있다"고 비판했다(新华社 2022b).

이러한 미국에 대한 비판을 정리한 "미국의 패권·패도·집단 따돌림과 그 피해"라는 제목의 보고서를 2023년 2월에 신화사가 보도했다(新华社 2023). 중국의 관영언론들이 이 보고서를 대대적으로 보도했으나, 저자가 특정되지 않았었는데 중국 학자들조차 외교부 보고서라고 특정하고 있다. 위 보고서는 미국이 정치, 군사, 경제, 금융, 기술, 문화 분야에서 패권을 남용하고 있고, 미국의 일방적이고 이기적이며 퇴행적인 패권주의적 관행이 세계 평화와 안정, 그리고 모든 인민들의 안녕에 심대한 위협을 가하고 있다고 비판하고 있다.

V. 결론 및 한국에 주는 함의

중국은 현정세를 과거 100년 이래 없었던 중요한 시기로 보고, 시진핑을 핵심(以习近平为核心)으로 당의 전면적인 통제를 강화하는 방식으로 전면적인 투쟁을 진행하고 있다. 시진핑 외교사상, 전면적 국가안보관 등에서 핵심 목표는 당의 핵심인 시진핑 주석 및 당의 생존과 번영에 있다. 중국의 경제 안보의 핵심 목표 역시 시진핑 및 당의 생존과 번영이라는 핵심 목표 실현을 위한 물질적 기초 역할을 수행하는 것이라고 할 수 있다. 이러한 중국의 경제 안보 목표는 한국에 다음 세 가지 함의를 준다.

첫째, 시진핑 시기 중국의 중앙 집중화된 경제 안보 정책들은 첨단 과학기술부터 핵심 광물 수급 영역까지 한국이 중국과 전면적인 경쟁 관계에 노출될 가능성이 높음을 의미한다. 시진핑 주석은 경제성장의 활력이 부족한 상황에서 과학 기술 혁명은 경제 발전에 새로운 활력을 제공한다고 강조하며, 인공지능, 양자 정보, DNA 편집, 신재료, 신에너지 등과 같은 첨단 기술들은 국가의 명운을 좌우할 수 있음을 강조하며 과학기술에서의 혁신을 강조하고 있다(习近平 2021). 과학기술에 대한 강조는 과거보다 중앙집권화 된 방식의 혁신 드라이브를 만들어 내고 있고, 이는 한국 기업들이 중국 정부의 적극적 지원을 받는 중국 기업들과 전면적 경쟁을 할 가능성이 높음을 의미한다. 게다가 중국은 아프리카 및 브릭스(Brazil, Russia, India, China: BRICS)와의 남남협력을 강화하고 있다. 중국 기업들이 핵심 광물 가치사슬에서 지닌 높은 장악력과 남남협력의 결과로 한국 기업들의 핵심광물 확보에서 중국 기업들과의 경합이 강화될 전망이다.

둘째, 미중 전략 경쟁의 2차효과(second-order effect)로 한중 간에는 기존에 존재하지 않았던 형태의 새로운 상호 의존 관계가 등장하고 있다. 중국은 미국의 반도체 제재에 대응하기 위해 비미국화된 공급망을 구축하면서 중국 반도체 공급망에 한국 기업이 내포(embedded)되는 것을 유도하고(김용신 2023), 미국의 인플레이션감축법(Inflation Reduction Act)를 우회할 목적으로 한국에 진출한 중국 기업이 한국 배터리 공급망에 내포되는 상황이 발생할 수 있다. 기존의 안미경중(安美經中) 상황에서 한국은 중국의 시장에 대해 의존하는 경향이 많았으나, 새로운 상황에서는 시장뿐만 아니라 자원, 기술 등에도 의존하는 복합 의존 상황으로 전개될 가능성이 존재한다. 중국은 미국과의 경쟁에 대응하기 위해 보다 많은 국가들과 상호의존의 노드와 정도를 심화시키고, 이를 유사시에 무기화시키려 하고 있다. 결국 한국은 새롭게 등장하는 한중간 상호 의존 관계에 대해 선제적이고 전략적으로 대응해야 한다.

마지막으로 중국은 주변국 외교와 남남 협력 강화를 통해 미국을 포위하고자 한다. 이는 마오쩌둥(毛澤東)이 농촌으로 도시를 포위하는 전략을 차용한 것이다. 다시 말해 미국과의 일대일 대결보다는 개발도상국에 대한 경제적 지원 등을 확대하는 방식으로 지지세력을 확대하여, 개발도상국으로 서구 선진국을 포위하고자 한다. 중국은 이런 맥락에서 중국지혜 혹은 중국 방안을 제시하는 데, 이는 서구화가 현대화의 유일한 경로가 아님을 주장한다. 중국은 주변국 외교를 통해 미국 중심의 국제질서에 흠집을 내고자 하는데, 이를 위한 대(對)한국 외교 방안에 대해서도 한국의 전략적 대응이 필요하다.

참고 문헌

김상배. 2022. 『미중 디지털 패권경쟁: 기술·안보·권력의 복합지정학』. 파주: 한울아카데미.

김용신. 2023. "미·중 반도체 전쟁 상황에서 중국 반도체 산업 발전 전략과 한국의 대응." 『인차이나브리프』 Vol. 426. https://hanzhong.ii.re.kr/inchinabrief/view.do?m=01&boardID=102&boardSeq=95289&lev=0&searchType=null&statusYN=W&page=1&s=hanzhong

유동원. 2019. "중국의 국가안보전략 변화: 총체적 국가안보관(總體國家安全觀)을 중심으로." 『대한정치학회보』 27, 3: 109-134.

이승주. 2019. "미중 무역 전쟁: 트럼프 행정부의 다차원적 복합 게임." 『국제·지역연구』. 28, 4: 1-34.

_____. 2022. "기술과 국제정치: 기술 패권경쟁시대의 한국의 전략." 『한국과 국제정치』. 38, 1: 227-256.

최필수. 2022. "14.5 계획 이후 중국의 경제안보형 산업정책의 양상 전망." 『중국사회과학논총』. 4.

허재철. 2014. "중앙국가안전위원회 신설과 중국 국가안보관의 변화." 『한국동북아논총』. 72: 113-130.

Gill, Bates. 2022. *Daring to Struggle: China's Global Ambitions under Xi Jinping*. New York: Oxford University Press.

Kim, Youcheer, and Yongshin Kim. 2019. "Institutional Origins of the US China Trade War: The Concurrence of America's Limited Legal Leverage and China's Overproduction." *Pacific Focus* 34, 3: 345-375.

Shirk, Susan. 2023. *Overreach: How China Derailed Its Peaceful Rise*. New York: Oxford University Press

Sholz, Olaf. 2023. "The Global Zeitenwende: How to Avoid a New Cold War in a Multipolar Era." *Foreign Affairs* January/February.

White, Edward and Sun Yu. 2023. "Xi Jinping puts China's security ahead of tackling its economic woes." *Financial Times*. September 4. https://www.ft.com/content/abe34870-c388-4ba6-b9df-b96154e8c58f

人民网. 2014. "习近平: 坚持总体国家安全观走中国特色国家安全道路." 04月16日. http://cpc.people.com.cn/n/2014/0416/c64094-24900492.html

新华社. 2022a. 李克强总理出席记者会并回答中外记者提问. https://www.gov.cn/premier/2022-03/11/content_5678618.htm#allContent

_____. 2022b. 王毅谈中国自身发展和对美政策的确定性. https://www.gov.cn/guowuyuan/2022-09/20/content_5710784.htm

_____. 2022c. 习近平同美国总统拜登在巴厘岛举行会晤. https://www.gov.cn/xinwen/2022-11/14/content_5726985.htm

习近平. 2021. "努力成为世界主要科学中心和创新高地." 求是. (6):5.

_____. 2022. "习近平: 高举中国特色社会主义伟大旗帜 为全面建设社会主义现代化国家而团结奋斗――在中国共产党第二十次全国代表大会上的报告." https://www.gov.cn/xinwen/2022-10/25/content_5721685.htm

姚汝焜, 金灿荣. 2023. "百年大变局下美国对华战略竞争逻辑和实践." 『世界经济与政治论坛』. 2: 41-70.

卢委, 谢玉科. 2023. "中国共产党经济安全思想的历史演进、基本经验与现实启示." 『中国军转民』. 17: 26-29.

陈宇学, 许彩慧. 2023. "总体国家安全观视角下中国经济安全探讨." 『上海经济研究』. 5: 66-77.

8
지정학/지경학의 이중 도전과 한국의 경제안보 전략 연속성과 변화[1]

이승주 | 동아시아연구원 무역·기술·변환센터 소장, 중앙대학교 교수

I. 서론

전통적인 경제 안보는 타국의 공세로부터 자국의 경제와 안전을 보호하고, 외교안보적 목표의 달성을 위해 경제적 수단을 동원하며, 지정학적 도전에 대응하는 데 필요한 군사력의 경제적 기반을 강화하는 것을 뜻한다(Samuels 1996; Blackwill and Jennifer 2016). 그러나 미중 전략 경쟁과 코로나19의 세계적 확산 과정에서 지정학과 지경학적 도전이 동시다발적으로 전개됨에 따라, 세계 각국은 경제 안보를 보다 적극적이고 광범위하게 정의하기 시작하였다. 미국이 중국의 경

---

[1] 이 글은 이승주, 2024, "지정학/지경학의 이중 도전과 한국의 경제안보 전략: 연속성과 변화," 『세계지역연구논총』을 일부 수정한 것이다.

제적 부상을 경제적 침공으로 정의하고, 경제 안보가 곧 국가안보라고 주장한 것이 대표적인 사례이다(Navarro 2018). 주요국들이 보호와 안전에 초점을 맞춘 방어적이고 반응적인 경제 안보 전략에서 핵심 기술과 산업 경쟁력을 전략적 우위의 확보 수단으로 활용하는 전략적 선회 현상이 나타난 것이다. 이 과정에서 주요국들은 자국의 국가 이익을 증대하는 데 초점을 맞춘 적극적이고 선제적인 경제 안보 전략으로 전환을 모색하고 있다.

경제 안보 전략의 전환은 세계화로 인해 증가한 국가 간 상호의존을 무기화하고, 민군 겸용 기술의 발달로 인해 경제와 안보 사이의 경계가 약화된 것과 밀접한 관련이 있다. 국가 간 상호의존이 평화를 증진하는 효과를 낳을 것이라는 자유주의적 전망과 달리, 강대국들이 증대된 국가 간 상호의존이 상대국을 압박하는 수단으로 활용하는 현상이 확산되고 있다. 겸용 기술의 확산 또한 첨단기술이 미래 경쟁력의 확보를 위한 경쟁을 가속화 시켰을 뿐 아니라, 국가안보에 대한 위협을 증대시키는 요인으로 대두함에 따라, 첨단기술의 안보화가 빠르게 진행되었다. 한국 역시 이러한 추세적 변화를 반영하여 경제 안보 전략을 적극적으로 정의하고, 그 범위를 지속적으로 확장해왔다. 이와 동시에 한국은 다른 국가들의 경제 안보 전략과 차별화를 시도해왔는데, 중국 및 일본의 경제적 강압을 직접 경험하고, 첨단산업 공급망의 구조적 취약성을 완화해야 할 현실적 필요성이 커졌을 뿐 아니라, 미중 전략 경쟁과 같은 지정학적 리스크의 관리 필요성이 증대된 것 등이 결합하여 한국 경제안보 전략의 차별성을 촉진하였다.

이 글은 한국의 경제안보 전략에서 장기간 지속되는 연속성과 대내외 환경의 구조적 변화를 반영하는 변화의 두 가지 성격이 동시에 드러난다는 점에 주목한다. 한국의 경제 안보 전략은 1960년대 초에서 현재까지 몇 차례의 단계를 거쳐 변모해왔다. 이 과정에서 한국의 경제 안보 전략을 관통하는 특징이 형성되는 동시에, 대내외 환경의 변화를 반영한 경제 안보 전략의 변화가 발생하였다. 한국 경제 안보 전략의 연속성은 지정학과 지경학적 대응의 결합, 경제적 강압 수단의 결여, 중상주의적 성격과 산업정책 기반의 전략이다.[2] 한편, 한국의 경제 안보 전략에 첨단기술을 긴밀하게 통합한다는 점에서 기존과 차별화된 변화가 발견된다. 구체적으로 첨단산업 공급망의 취약성 완화, 첨단기술 역량의 강화, 산업정책과 첨단기술 전략의 결합 등이 그것이다.

II. 경제 안보 전략의 유형

경제 안보 전략은 지경학적 대응과 지정학적 대응이라는 대응 전략의 특성과 대외정책과 국내 정책적 대응이라는 대응 수단의 우선순위 두 가지를 기준으로 네 가지 유형으로 구분할 수 있다. 첫째, 대외적 도전에 대응하는 데 있어서 지경학적 대응과 지정학적 대응 가운데 어디에 우선순위를 부여하는가에 따라 경제 안보 전략의 유형이

---

[2] 경제 안보 전략에서 중상주의적 특징이 발견되는 것을 발전국가의 역량과 연관시키는 연구가 있다 (Katada et al. 2023; Carroll 2023). 그러나 경제 안보 전략의 중상주의적 성격은 추격 이후 단계에서도 지속된다는 점에서 고도 성장기 정부의 역할에 초점을 맞추는 전형적인 발전국가론과는 차별화된다.

나누어진다. 여기에는 두 가지 유형이 있는데, 우선 경제적 경쟁의 심화와 안보 위협의 증대와 같은 대외적 도전에 직면하여 지경학적 대응을 경제 안보 전략의 근간으로 설정하는 국가들이 있다. 이 유형의 국가들은 다른 국가들과의 경제적 또는 산업적 경쟁에서 우위를 확보하는 것을 경제 안보의 핵심 과제로 설정할 뿐 아니라, 지정학적 도전에 대해서도 산업 경쟁력의 강화라는 지경학적 대응을 통해 해결하려는 특징을 보인다(Samuels 1996).

반면, 대외환경의 변화에 직면하여 지정학적 대응에 우선순위를 부여하는 유형이 있다. 냉전기 미국과 소련이 대표적인 사례이다. 이러한 유형의 국가들은 (공세적인) 지정학적 목표를 추구하는 데 우선순위를 부여한다(Andrews 2006; Baldwin 1985; Cohen 2018; Drezner 1999, 2015). 상대국의 경제적·산업적 추격에 대한 우려가 존재하는 것은 사실이나, 그 근저에는 경제 안보에 대한 위협이 국가안보에 대한 위협으로 언제든 전환될 수 있다는 인식이 작용한다. 냉전기 미국은 소련과의 경쟁에서 우위를 확보하기 위해 고위험 연구개발에 대규모 자금을 투입하는 한편, 혁신 생태계의 재편을 추진한 것은 이러한 맥락이다.

지정학적 대응은 냉전기 미소 경쟁뿐 아니라, 최근 미중 전략 경쟁에서도 발견된다(Navarro 2018). 중국에 대한 견제가 지정학적 우위를 확보하는 데 도움이 된다고 판단될 경우, 때로는 경제적 효율성의 저하마저도 감수하는 현상이 나타나기도 한다. 21세기 중국의 기술 굴기에 직면한 미국은 또 다시 기술 혁신 시스템의 업그레이드와 국내 생산 역량의 강화를 통한 주요 첨단산업의 경쟁력 강화를 연계하는 전략을 추구하고 있다. 이는 중국의 기술과 산업 추격이 궁극적으로 국가안보 위협으로 전환될 것이라는 근원적 두려움이 작용한 결과이다. 다만, 냉전기 소련과 달리, 중국이 첨단기술 격차를 빠르게 좁히고 있고 겸용 기술이 빠르게 확대되고 있기 때문에, 중국의 혁신 역량 발전의 지연과 자체적인 역량의 강화를 동시에 추구하는 특징이 나타난다. 미국이 혁신 생태계의 업그레이드와 산업 경쟁력의 강화를 연계하지 않으면 중국의 추격을 허용할 수밖에 없다는 '혁신 명제(innovation imperative)'가 미국의 경제 안보 전략의 핵심으로 자리 잡게 된 배경이다.

이러한 현상은 세계 질서의 근간은 위협하는 국가에 대한 경제 제재에서 나타나듯이, 초강대국들뿐 아니라 주요국으로 확산되는 경향이 있다. 러시아-우크라이나 전쟁의 사례에서 보듯이, 미국과 유럽 국가들이 러시아의 에너지 공급 중단 가능성에도 불구하고, 러시아에 대하여 수출 통제, 투자 규제, 금융 제재 등 대외 경제 정책을 적극 동원하였다. 특히, 유럽연합(European Union: EU)의 경우 특정 국가에 대한 구조적 의존(dependency)에 따른 리스크를 관리하는 차원에서 경제적 효율성에 대한 극단적 추구를 지양하는 경향을 보인다(European Commission 2023).

둘째, 대응 수단 면에서 경제 제재, 수출 통제, 대외 원조 등 대외 경제 정책에 상대적으로 높은 우선순위를 부여하는 유형과 산업정책, 기술 혁신 전략, 제도적 혁신과 같은 국내적 차원의 대응에 초점을 맞추는 유형으로 나누어진다. 대외 경제 정책 중심의 경제 안보 전략은 주로 강대국의 전유물이라는 점에서 다수의 국가로 확산되기 어려운 측면이 있다. 또한 강대국들이 독자 제재를 넘어 다자 차원의 경제 제재를 선호하는 경향이 있기 때문에, 중견국 또는 약소국을 경제 제재에 동원하기도 한다. 중견국 또는 약소국들도 대외경제정책 성향의 경제 안보 전략을 추구하기도 하나, 이는 강대국과의 협력 관계를 훼손시키지 않기 위한 것이라는 점에서 그들의 경제 안보 전략의 핵심은 아니다. 강대국이 비대칭적 상호의존을 활용하여 상대국에 제재 조치를 부과하거나 유인을 제공하는 능력을 보유하였기 때문이다. 냉전기 미국은 소련과의 경쟁에서 우위를 확보하기 위해 국내적 차원에서 수월한 기술 및 제도적 역량을 수립하는 데 경제 안보 전략에 우선순위를 부여하였다. 다만, 미국 경제 안보 전략의 국내적 차원은 소련에 대한 군사적 우위의 확보가 지배적 동기였다는 점에서 본질적으로 지정학적 접근이다.

반면, 대내외 도전에 직면하여 국내 산업정책 중심의 경제 안보 전략을 추구하는 유형의 국가들이 있다(Weiss and Thurbon 2021). 이 유형의 국가들은 경제 안보를 경제적 차원에서 정의하는 경향이 있을 뿐 아니라, 대외환경 변화에 대한 대응을 위해서는 국내적 차원의 산업 경쟁력 강화와 제도적 혁신이 필수라고 인식한다. 더 나아가 이 유형의 국가들은 산업정책의 범위를 방위 산업 또는 군사력 증강과 직간접적으로 연관된 산업으로 확장함으로써 지정학적 도전에 대해서도 산업정책 기반의 대응을 우선한다. 안보 위협의 증가에 직면하여 군사력의 증강과 같은 지정학적 대응을 배제하지는 않지만, 군사력 증강을 방위 산업 역량의 강화와 연계한다는 점에서 국내적 차원에서 산업정책적 대응이 경제안보 전략에서 여전히 중요한 위치를 차지한다.

지정학적 리스크의 증가, 팬데믹의 세계적 확산, 기후 변화, 자연재해의 빈발 등으로 인한 글로벌 공급망의 교란과 세계 경제 질서의 불안 등 대외환경의 변화는 국가의 귀환, 더 나아가 산업정책의 귀환을 촉진하였다(Wade 2012; Siripurapu and Berman 2023).[3] 대외환경의 불확실성이 고조될수록 국가의 역할이 강조되고, 더욱 첨단산업 경쟁을 위한 경쟁이 격화될 경우, 경쟁의 최전선에 있는 국가들은 그 지위를 유지하는 것을 지상 과제로 인식하게 된다. 한국과 일본의 사례에서 나타나듯이, 산업정책의 강화를 경제 안보 전략에 초점을 맞추는 것은 이 때문이다(Carroll 2023; 이승주 2023).

일본은 지경학적 접근을 추구한 대표적 국가이다. 경제적 경쟁에서 우위를 확보하기 위해 자원을 동원하는 데 초점을 맞춘다는 점에서 2차 세계대전 이후 일본은 지경학적 전략을 추구하였다. 이러한 면에서 일본은 경제 발전과 안보라는 지정학적 이해관계를 교환한 사례라고 할 수 있다. 일본의 지경학적 접근은 리쇼어링(reshoring) 정책에서도 나타난다. 일본 정부가 2000년대 후반에서 2010년대 초 사이에 일본 기업의 회귀를 위해 다양한 노력을 기울인 것은 대중국 투자와 사업에 수반된 리스크를 관리하고 공급망 복원력을 강화하려는 지경학적 접근이라고 할 수 있다. 리쇼어링 정책은 투자처로서 중국의 매력이 감소함에 따라, 일본 기업의 중국+a의 필요성이 증가한 것과 상호작용한 결과이다(Katada et al. 2023).

---

3   이에 대한 반론으로는 Irwin (2023) 참조.

지금까지 소개한 유형은 연속선상에 있는 차이이기 때문에, 경계가 언제나 명확한 것은 아니다. 두 가지 기준의 경계에 놓여 있거나, 두 가지 특징을 함께 공유하는 유형도 있을 수 있다. 최근 세계 각국이 경쟁적으로 추진하는 리쇼어링은 다면적 성격을 갖는다. 리쇼어링은 생산 효율성의 최적화를 위해 해외로 진출했던 자국 기업, 특히 제조기업을 국내로 회귀시키는 정부 정책이다(Bals et al. 2016). 다른 국가 또는 경쟁국에 대한 의존도를 감소시키고 공급망의 복원력을 강화하기 위해 추진한다는 점에서 지경학적 고려에 기반한 경제 안보 전략이다. 이와 동시에 리쇼어링을 특정 국가를 대상으로 추진할 경우, 지경학과 지정학의 결합이 발생한다. 미국이 대중국 견제라는 전략적 목표를 명시적으로 표방하고, 자국 기업뿐 아니라 동맹 및 파트너 국가의 기업마저도 미국 내 유치하려는 리쇼어링 정책은 지경학과 지정학 결합의 전형적인 사례이다. 미국의 리쇼어링 정책은 중국과의 첨단산업 경쟁에서 우위 확보뿐 아니라, 겸용 기술의 광범위한 확산 추세를 감안한 안보 전략이기도 하다.

리쇼어링은 상대국의 행위를 변경시키겠다는 전략적 의도를 내포하지 않고도 기업의 생산 지점을 변경시킨다는 점에서 대외 경제 정책의 성격을 띤다. 이와 동시에 리쇼어링은 세계화에 대한 반발에 대응하기 위해 일자리 창출에 높은 우선순위를 부여하는 국내 정책의 성격을 모두 갖는다. 자국 기업의 국내 회귀를 지원함으로써 주요 산업의 제조 역량을 강화하는 데 목적이 있다는 점에서 리쇼어링은 전형적인 산업정책이라고 할 수 있다. 한편, 국내 생산 역량의 강화라는 목표에 부합할 경우, 외국 기업을 배제하지 않는다는 점에서 대외 경제 정책의 요소도 내포하고 있다.

III. 한국 경제안보 전략의 연속성

직면하는 도전의 성격과 국내의 대응 역량에 따라 시기별 한국의 경제 안보 전략의 수단과 방식에 변화가 있었으나, 중상주의적 성격, 산업정책 기반의 전략, 지정학적 대응과 지경학적 대응의 결합, 반응적 성격 등은 지속되었다. 첫째, 1960년대 수출지향산업화는 후발국으로서 선진국을 추격하겠다는 중상주의적 목표를 뚜렷하게 드러낸 생존 전략이었다는 점에서 한국 경제 안보 전략의 기원이었다. 무역 자유화나 자유무역협정(Free Trade Agreement: FTA)과 같이 자유주의적 성향의 경제 안보 전략에도 중상주의적 요소가 구조적으로 내재되어 있었다.

이후 한국은 산업 구조의 고도화를 추구하면서 자국 산업의 보호와 육성에 초점을 맞춘 산업정책을 심화·확대하는 경제 안보 전략을 추구하였다. 미중 전략 경쟁, 팬데믹, 기후변화 등 다양한 위험이 동시다발적으로 발생한 21세기 초불확실성 시대에도 한국의 경제 안보 전략은 중상주의와 산업정책 기반의 접근을 유지하고 있다. 첨단 기술 역량과 첨단 산업의 경쟁력 강화를 양자 차원의 경제적 강압과 다자 차원에서 증대된 불확실성에 대응하는 효과적 수단으로 설정하였다는 점에서 21세기 한국의 경제안보 전략에서 중상주의의 전통과 산업정책의 연속성이 발견된다.

둘째, 한국이 지경학적 대응과 지정학적 대응을 결합하려는 시도 역시 한국 경제안보 전략의 특징 가운데 하나이다. 한국의 경제 안보 전략에서 중상주의적 전통과 산업정책에 대한 우선순위가 높은 것은 사실이나, 안보 위협과 전략적 환경 변화에 대한 대응에 초점을 맞춘 지정학적 대응 전략이 없었던 것은 아니다. 그보다는 한국은 지정학적 대응을 우선하기보다 지정학적 대응을 지경학적 대응에 긴밀하게 통합하는 전략을 추구하였다.

셋째, 반응적 성격은 상대적으로 뒤늦게 형성된 경제안보 전략의 특징이다. 한국은 1980년대 중반 이후 미국과 서구 선진국들의 무역 자유화와 시장 개방 압력에 직면하였다. 당시 한국은 선진국들의 양자적 차원의 압력에 직면하여 무역 자유화의 범위와 속도를 조정하는 반응적 성격의 통상 정책을 추구하였다. 2000년대 중국이 통상 분쟁의 새로운 상대로 부상하였다. 2000년 6월 한국 정부가 마늘 농가의 보호를 위해 중국 마늘의 관세율을 10배 이상 높이는 세이프가드(safeguard)를 발동한 데 대하여, 중국은 한국의 주력 수출 품목이었던 핸드폰과 폴리에틸렌의 수입을 금지하는 조치로 대응하였다. 이른바 '마늘 파동' 사태에 직면한 한국은 중국의 보복 조치에 따른 피해를 최소화하는 반응적 전략에 주력하였다. 2010년대에도 반응적 성격의 경제 안보 전략은 지속되었다. 사드(Terminal High Altitude Air Defense: THAAD) 배치 결정에 대한 중국 정부의 경제적 강압과 한일 관계가 악화된 가운데 일본 정부가 한국을 화이트 리스트(white list)에서 제거하기로 한 결정에 대하여 한국은 동일한 유형의 경제적 강압으로 대응하기보다는 경제적 피해를 최소화하는 데 우선순위를 부여하였다.

1. 중상주의적 전통과 산업정책 기반의 경제안보 전략: 기원과 지속성

1) 1960년대 수출지향산업화 전략

전통적으로 강대국의 경제 안보 전략은 주로 대외정책의 일환으로 추진되는 경향이 있다. 이 가운데 상대국에 원조 및 경제적 지원과 같이 인센티브를 제공하는 방식과 경제 제재 또는 수출 통제와 같이 상대국에게 징벌적 조치를 취하는 방식으로 나누어진다. 반면, 한국의 경제안보 전략에서 대외 경제 정책은 상대적으로 미발달한 분야이다. 한국은 원조 제공과 같은 인센티브의 제공과 경제 제재와 같은 경제적 강압이 경제 안보 전략에서 핵심적 위치를 차지한 적은 없었다고 해도 과언이 아니다.[4] 이러한 특징은 최근까지 지속되고 있다. 중국과 일본으로부터 경제적 강압에 직면하였음에도 한국은 반경제적 강압 정책으로 대응하는 데 매우 신중한 자세를 유지하고 있다.

한국의 경제 안보 전략을 관통하는 또 하나의 특징은 중상주의적 성격이다. 몇 차례 변화의 단계를 거쳤음에도 중상주의적 요소는 한국의 경제 안보 전략에서 언제나 핵심적인 역할을 하였을 뿐 아니라, 최근에도 중상주의의 위상에는 변화가 없다. 한국 경제 안보 전략에서 중상주의의 기원은 1960년대로 거슬러 올라간다. 한국은 해방 이후 1960년대 초까지 미국에 원조와 안보 우산에 의존하였으나, 1960년대 초반 산업화 전략에 착수하였다(양재진 2012). 1962년

---

[4] 북핵 위기 이후 북한에 대한 경제 제재는 전형적인 경제 안보 전략이라고 보기는 어렵다.

수출지향산업화(export-oriented industrialization: EOI)와 함께 시작된 산업화 전략은 한국 경제 안보 전략의 시원이라고 할 수 있다. 국가 간 경쟁에 직면한 한국이 추격을 통한 산업화의 완수라는 지경학적 대응을 국가 생존의 첩경으로 설정한 것이 한국 경제안보 전략의 기원이었다. 당시 한국은 후발국으로서 선발국에 대한 추격은 산업화 전략을 넘어선 국가 생존을 담보하는 지경학적 대응의 핵심 요소였다.

이러한 시도가 표면적으로는 수출 산업의 육성을 통한 세계 경제로의 편입을 추구하였다는 면에서 자유주의적 성격이 드러나기도 하였다(류상영 1996). 그러나 이러한 시도가 국가 생존을 위한 지경학적 대응이라는 점에서 본질은 중상주의적 경제 안보 전략이라고 할 수 있다. 구체적으로 수입 품목의 선택적 자유화, 핵심 산업의 보호, 선발국의 추격 등을 명시적으로 추구하였을 뿐 아니라, 이후 산업 구조를 고도화하는 과정에서 이러한 성격이 오히려 강화되는 등 한국의 중상주의적 성격은 경제 안보 전략을 관통하는 특징이다.

선발국에 대한 추격, 즉 중상주의 기반의 경제 안보 전략은 일회성 전략에 그치지 않고 1970년대 이후에도 지속되었다. 다만, 중상주의적 접근은 도전의 성격에 따라 형태와 방식을 달리하였다. 한국은 1960년대 말부터 중화학공업화를 통해 산업구조의 업그레이드를 시도하였는데, 이 과정에서 중상주의적 특징이 더욱 강화되었다. 중화학공업화는 노동집약적 산업에서 자본 또는 기술 집약적 산업으로 업그레이드를 추구한 산업화 전략이었다. 이 시기 한국의 경제 안보 전략에는 선진국의 견제와 후발국의 추격이라는 지경학적 도전이 핵심 화두였다. 대외 환경의 변화에 직면한 한국이 선택한 대안은 중화학 공업으로 산업 구조를 업그레이드하는 것이었으며, 그 과정에서 중상주의적 성격이 오히려 강화되었다. 산업 구조의 업그레이드가 매우 도전적인 과제임에도 한국은 국제 분업 구조의 참여함으로써 선발국과의 협력 관계를 형성하기보다, 중화학 공업의 최종 제품 생산에서 선발국과 직접적 경쟁을 추구하는 전략을 선택한 것이다.

2) FTA 전략: 자유화의 외피와 중상주의의 내면

산업 구조의 업그레이드를 통한 추격에 성공한 한국은 1980년대 이후 자유화 전략으로 다시 한번 전환을 모색하였다. 이러한 시도는 대외적으로는 무역 자유화, 국내적으로는 금융 자유화로 나타났다. 그러나 이는 관리된 자유화 전략이었다는 점에서 중상주의와 결별을 뜻하는 것은 아니었다. 이러한 현상은 1990년대에도 계속되었다. 1997년 아시아 금융 위기는 1960년대 초 이후 한국이 추구했던 추격형 발전모델의 종언을 재촉하였다. 금융 기관 통폐합을 필두로 기업 지배구조, 노동, 공기업 개혁이 동시다발적으로 진행되었다. 일련의 변화는 경제와 안보를 연계한 전통적인 전략에서 경제와 안보를 분리하는 새로운 전략으로 전환할 것으로 예상되었다. 그러나 이러한 예상은 두 가지 측면에서 현실화되지 못하였다. 우선, 1990년대의 변화가 '강요된 자유화'의 성격을 띠었다는 점을 감안할 때(Higgott 1998), 전통적인 경제안보 전략과 근본적으로 차별화된 것으로 보기 어려운 측면이 있다. 또한 한국이 위기관리 차원에서 신자유주의적 성격을 내포한 제도 개혁을 실행에 옮긴 것은 사실이나, 이러한 시도가 실질적인 변화로 이어졌는지는 다소 불분명하다. 심지어 한국의 구조 개혁이 IMF로부터 구제 금융을 받기 위한 표면적 변화에 불과한 '위장 순응'이라는 평가가 이루어진 것은 이 때문이다(Walter 2008).

자유화의 외피와 중상주의의 내연은 한국이 1990년대 후반 이후 추진한 FTA에서 잘 나타난다. 금융 위기의 높은 파고 속에서 출범한 김대중 정부가 FTA를 추진하기로 결정한 것은 한국에서 중상주의의 급격한 소멸을 예고하는 것으로 이해되었다. 이어 노무현 정부는 '개방형 통상국가'를 표방하면서 미국, EU 등 거대 선진 경제권과의 FTA를 추진하는 등 공세적인 FTA 전략을 추구하였다. 이 시기 한국의 FTA 전략은 전방위적인 무역 자유화를 지향하되, 다음 네 가지 면에서 중상주의적 성향을 강하게 내포하였다.

첫째, 김대중 정부가 FTA를 추진한 데는 역내 경쟁국보다 FTA 경주에 먼저 참가함으로써 선발의 효과를 누리겠다는 전략적 의도가 작용하였다. 이는 FTA를 무역 자유화를 위한 수단이자 새로운 경쟁 우위의 수단으로 인식하는 전략적 사고의 결과였다(Ravenhill 2010). 둘째, 노무현 정부가 '거대 선진 경제권과의 FTA'와 '동시다발적 FTA'라는 FTA 전략을 병행한 것 역시 FTA의 안보적 효과에 주목한 결과이다. 한국이 국내적으로 FTA의 피해 집단이 발생할 것으로 예상됨에도 불구하고, 가능한 한 다수의 국가들과 또한 세계 무역에서 차지하는 비중이 큰 국가들과 FTA를 체결하려고 한 것은 FTA를 '경제 영토'의 확장으로 인식하였기 때문이다. 셋째, 한국은 이러한 전략을 바탕으로 '글로벌 FTA 허브'를 지향하였다. FTA 네트워크에서 허브 위치를 전략적 이점으로 활용하겠다는 것이었다(이승주 2010). 넷째, 한미 FTA의 사례에서 잘 나타나듯이, 한국은 FTA를 경제와 안보를 연계하는 수단으로 인식하였다. FTA를 체결함으로써 한미 관계를 군사 동맹에서 포괄 동맹으로 격상시킬 것으로 기대하였다.

한국이 1980년대 이후 자유화를 수용하면서 이전 시기와는 차별화된 경제안보 전략을 추구한 것은 분명하다. 이 시기 한국의 자유화 전략은 경제와 안보의 분리보다는 경제와 안보를 연계하는 새로운 방식과 수단을 발굴하는 데 초점이 맞추어져 있었다. 경제와 안보를 연계하는 넥서스로서 FTA의 가능성에 주목한 것이다(Lee 2012). FTA와 같은 대외 경제 정책에 대한 의존도가 높아지기도 하였으나, 여기에도 '경제 영토'의 확장이라는 중상주의적 요소가 강력하게 내재되어 있다(이승욱 2021). FTA를 무역 자유화를 위한 수단을 넘어 경제 영토를 확장하는 수단으로 추구하였다는 것은 한국 경제 안보 전략의 중상주의적 성격을 잘 보여준다.

3) 중국의 부상: 안미경중과 중상주의적 접근

2000년대 한국의 경제안보 전략은 새로운 단계로 진입하였다. 중국의 경제적 부상은 이러한 변화를 촉진한 구조적인 요인이 되었다. 외환 위기의 여파에서 완전히 회복하지 못한 상태에서 추격기 이후 새로운 경제 성장의 동력을 찾는 것이 절실했던 한국에게 중국의 경제적 부상은 매력적인 대안이 되었다. 중국이 세계무역기구(World

Trade Organization: WTO)에 가입한 2001년 이후 세계의 공장으로 부상함에 따라, 한중 무역 규모 또한 빠르게 증가되었다. 2008년 글로벌 금융 위기는 이러한 추세를 더욱 가속화하였다. 미국과 서구 선진국들의 경제적 혼란은 대외 의존도가 높은 한국에게 새로운 시장 확대의 필요성을 더욱 증폭시켰다. 이 시기 한국의 최대 무역 상대국으로 부상한 중국은 이러한 지위를 2022년까지도 유지하였다. 이 과정에서 한국과 중국이 양자 무역의 규모를 빠르게 증대시킨 것은 물론, 전자산업과 자동차 산업 등 주요 제조업에서 분업에 기반한 가치 사슬을 형성하는 질적 변화가 발생하였다.

글로벌 금융 위기 이후 미국의 상대적 쇠퇴가 중국의 경제적 부상과 대비되면서 세계 질서의 변화가 초래됨에 따라, 한국의 경제안보 전략의 복잡성이 획기적으로 증가하였다. 미국이 경제 면에서 최대의 무역 상대국이고, 안보 면에서 동맹국이었던 시기 한국의 경제안보 전략은 비교적 명확하고 단순하였다. 경제와 안보 양면에서 미국과의 협력이 한국 경제안보 전략의 지상과제였기 때문에, 이를 일관성 있게 추진하는 것을 넘어서는 경제 안보 전략의 근본적 변화를 추구할 현실적 필요성이 크지 않았다. 그러나 중국이 최대 무역 상대국으로 부상하는 구조적 변화는 한국 경제안보 전략의 변화를 촉진하는 압력으로 작용하였다. 변화의 압력에 직면한 한국은 '전략적 모호성'으로 경제안보 전략의 변화를 모색하였다(반길주 2020; 김소연 2023). 미국과의 안보 동맹을 공고하게 유지하는 가운데, 중국과의 경제 관계를 지속적으로 확대하는 경제와 안보의 분리 전략을 추구한 것이다. 이러한 시도는 지정학적 도전과 지경학적 도전에 대한 분리 접근이다.

전략적 모호성에 기반한 경제안보 전략의 추진 과정에서도 중상주의적 성격은 유지되었다. 한국은 중국의 경제적 부상을 좁게는 2008년 글로벌 금융 위기의 극복 수단으로, 넓게는 한국 경제의 성장 동력을 발굴하는 기회로 인식하고, 중국과의 경제적 관계의 심화·확대를 적극 추구하였다. 그 결과 한국 무역에서 차지하는 비중을 기준으로 할 때, 중국과 미국의 격차는 2배 이상으로 벌어졌다. 전략적 모호성에 기반한 지경학적 대응에서도 부상하는 중국을 산업 구조의 업그레이드 및 경제 성장 동력 확충의 기회로 활용하고자 하였다는 점에서 중상주의적 전통이 유지되었다고 할 수 있다.

2. 지경학과 지정학적 대응의 결합

한국 경제 안보 전략을 관통하는 두 번째 특징은 지경학과 지정학적 대응의 결합이다. 한국은 산업 경쟁과 같은 지경학적 위협과 안보 위협과 같은 지정학적 도전에 대한 대응을 동시 추구해왔다. 첫째, 1970년대 중화학공업화는 지경학적 도전과 지정학적 도전에 대한 산업정책적 대응이기도 하였다. 중화학 공업화를 추진한 것은 북한 안보 위협에 대응하기 위해 군사적 능력을 배양하기 위한 산업 역량의 강화를 목표로 하였다는 점에서 지정학적 도전에 대응한 경제 안보 전략을 추구하였다(김진기 2011). 이는 북한의 안보 위협이라는 지정학적 도전에 대하여 방위 산업 또는 방위력 증강에 직간접적으로 도움이 되는 산업의 육성에 초점을 맞춘 산업정책적 대응 전략이었다.

특히, 방위 산업의 육성이 오로지 지정학적 도전에 대한 대응 전략을 그친 것이 아니라, 산업 구조의 업그레이드라는 지경학적 대응을 내포하고 있었다는 점에서 산업정책은 한국의 경제 안보 전략에서 핵심적 위치를 차지하고 있었다.

둘째, 지경학적 대응과 지정학적 대응의 결합은 21세기 한국의 경제 안보 전략에서도 지속된다. 우선, 자국 우선주의와 보호주의의 확산은 지경학적 대응을 지속적으로 촉진하는 요인으로 작용하고 있다. 대외 의존도가 높은 한국으로서는 이에 대한 대응을 체계적으로 통합한 경제 안보 전략의 필요성이 더욱 크다. 이와 동시에 미중 전략 경쟁, 러시아-우크라이나 전쟁, 이스라엘-하마스 분쟁과 같은 지정학적 리스크는 이제 더 이상 변수가 아니라 상수이다. 지정학적 리스크를 경제 안보 전략에 통합시켜야 할 현실적 필요성이 더 커졌다.

지경학적 대응과 지정학적 대응의 결합이 한국의 경제 안보 전략을 관통하는 특징인 것은 분명하다. 다만, 지경학적 도전과 지정학적 도전의 성격이 변화하였다는 점을 감안할 때, 지경학과 지정학의 결합의 방식에서도 미묘한 변화가 발생하였다. 지경학적 도전의 실체가 다소 모호하였던 과거와 달리, 21세기 한국은 주요 선진국의 자국 우선주의, 경쟁적인 산업 정책 추진, 중국과 일본의 경제적 강압이라는 명확한 실체를 가진 지경학적 도전에 직면하고 있다. 지경학적 도전의 실체가 과거에 비해 더욱 명확해짐에 따라, 이에 상응하는 지경학적 대응의 필요성이 따라서 증가하였다. 원칙론 차원의 결합을 넘어, 세부 정책에서의 결합이 요구되는 시점이다. 또한 미중 전략 경쟁과 같은 시스템 차원의 지정학적 리스크와 개별 국가 차원의 자국 우선주의와 보호주의의 경쟁적 확산은 지경학적 대응과 지정학적 대응을 통합하는 데 있어서 보다 정교한 경제 안보 전략의 필요성을 더욱 증대시켰다.

3. 반응적 성격

위의 두 가지 특징과 비교할 때, 반응적 성격은 한국 경제 안보 전략에서 다소 뒤늦게 형성된 특징이다. 1980년대 중반까지 개도국으로서 또는 동맹의 일원으로서 미국을 포함한 선진국으로부터 본격적인 공세에 직면하는 경우가 많지 않았기 때문에, 굳이 반응적 성격의 경제안보 전략에 의존할 필요가 없었다. 여기서 반응적 성격은 상대국의 공세에 선제적이 아니라 사후적으로 대응하고, 상대국의 조치가 초래할 피해와 충격을 최소화하는 데 초점을 맞추는 것을 말한다.

한국 경제안보 전략의 반응적 성격은 1980년대 중반 선진국의 시장 개방 압력이 가시화되면서 드러나기 시작하였다. 양자적 차원과 관세무역일반협정(General Agreement on Tariffs and Trade: GATT) 차원의 무역 자유화 협상과 같은 다자 무역 자유화 및 시장 개방 압력에 직면한 한국은 일차적으로 개도국으로서 기존의 혜택을 유지하기 위해 정책적 전환을 최대한 지연시키는 전략을 추구하였다. 상대국의 공세를 수용하는 것이 불가피할 경우, 한국은 그 피해를 최소화하는 데 정책적 우선순위를 부여하였다. 1980년대 중반 이후, 미국의 시장 개방 압력은 농산물에서 통신 서비스, 자동차 등 전방위적으로 확대되었다. 미국의 통상 압력에 직면한 한국은 시장 개방 일정을 최대한 지연시키는 가운데 국내 기업의 경쟁력을 강화하는 이른바 '선 자유화, 후 시장 개방' 전략을 추구하였다. 이러한 전략이 개방 압력을 사전적으로 제거하는 데 초점을 맞춘 것은 아니라는 면에서 선제적 또는 예방적 전략이라고 하기는 어렵다. 다만, 개방으로 인해 초래될 수 있는 피해를 최소화하는 데 주력하였다는 점에서 반응적 경제안보 전략이라고 할 수 있다.

2016년 중국의 경제 제재, 2019년 일본의 수출 통제 조치에 대한 대응에서도 반응적 성격은 유지되었다. 전형적인 경제적 강압이라고 하기는 어려우나, 2018년 트럼프 행정부의 한미 FTA 개정 요구 등 미국의 일방주의적 접근에 대해서도 한국은 반응적 성격에 기반한 대응을 주요 수단으로 삼았다. 이처럼 한국의 경제안보 전략에서 반응적 성격은 시대를 관통하여 지속되는 주요 특징이다.

반응적 성격은 중국의 경제적 강압에 대해서도 나타난다. 한국은 중국에 대한 반강압 조치(counter-coercive measures)로 대응하기보다는 중국의 경제적 강압이 미치는 충격을 최소화하는 데 역점을 두었다. 중국의 경제적 강압은 일차적으로 소비재와 엔터테인먼트 등에 집중되었으나, 중국 내 반한 감정과 애국 소비가 확산되면서 경제적 강압의 효과가 가전, 스마트폰, 자동차 등 한국의 주력 수출 분야로 확대되었다. 2022년 기준 세계 스마트폰 시장 점유율이 20%를 상회하는 삼성전자의 중국 내 시장 점유율이 1% 이하로 떨어진 것은 사실상의 경제적 강압의 영향과 관련이 있다. 중국의 경제적 강압의 확대된 데 대하여 한국은 다변화와 리쇼어링을 동시 추진하는 반응적 전략을 추구하였다. 베트남, 말레이시아, 인도 등이 다변화 전략의 주요 대상국으로 부상하였다.

2016년 한국 정부의 사드 배치 결정 이후, 한국 기업들은 중국의 경제 제재로 인해 GDP의 약 0.5%에 달하는 피해를 입은 것으로 추산된다. 한국 정부는 경제 제재의 피해를 완화하기 위하여 한국으로 회귀하는 기업들에게 보조금을 지급하기로 하였다. 다만, 리쇼어링을 중국을 겨냥한 경제안보 전략의 핵심으로 사용한 미국과 달리, 한국의 리쇼어링 정책은 산업 구조 조정 및 전환의 수단으로 사용되었다는 점에서 차이가 있다.

중국에서 1개 생산 라인을 철수한 현대모비스는 정부의 리쇼어링 정책의 대표적인 사례이다. 이후 한국 정부는 코로나19의 확산에 따른 영향을 최소화하기 위해 '해외 진출 기업의 국내 복귀 지원에 관한 법률(이하 유턴법)'을 수차례 개정하여 보조금 지급 대상을 확대하였다. 중국 경제 제재의 여파로 현대자동차는 중국 베이징 공장을 매각하고 리쇼어링을 결정하였고, 정부는 2019년 현대모비스가 울산 지역에 약 2억 5천만 달러 규모의 투자에 대응하는 지원을 제공하였다. 이는 국내로 회귀하는 대기업에 대한 최초이자 최대 규모의 지원 사례이다. 현대자동차의 매각 조치 이후 한국 정부는 유턴법을 네 차례 개정하였다. 또한, 코로나19의 확산으로 인한 공급망 교란은 국내 회귀 기업에 대한 지원책을 강화하는 계기로 작용하였다.

그러나 리쇼어링을 통해 경제 활성화와 안정화라는 정책 목표를 달성하려는 정부의 노력은 절반의 성공에 불과하였다. 기업들이 국내 회귀에 소극적인 이유는 자격 기준에 비해 보조금의 규모가 작기 때문이다. 해외에서 투자를 회수하고 국내에 신규 투자를 하는 두 가지 조건을 모두 충족하는 기업에게 보조금을 지급하는 규정이 대표적이다. 이러한 상황에서 법인세의 인상과 노동 비용의 상승은 보조금 지급의 매력을 반감시키는 요인으로 작용하였다.

반강압 조치의 부재는 반응적 전략의 이면이다. 한국은 양자 차원에서 중국의 경제적 강압에 대응하여 동일한 유형의 조치를 취하지 않았다. 이러한 특징은 한국의 국제협력 전략에서도 나타난다. 한국은 미국과의 협력을 강화하면서도 특정 국가―중국―을 견제하거나 고립시키는 협력 메커니즘에는 참여하지 않을 것이라는 점을 반복적으로 밝혔다. 한국은 2022년 12월 발표한 인도태평양전략에서도 이러한 기조를 유지하여 중국이 주요 협력국이라는 점을 재확인하였다.

미중 전략 경쟁이라는 구조적 변화로 촉발된 자국 우선주의와 보호주의의 확산은 한국이 새로운 경제안보 전략의 대두를 촉진한 결정적 요인이었다. 한국이 미국의 정책 기조 변화에 사후적 조정을 추구하는 데서 나타나듯이, 자국 우선주의적 산업정책의 확산에 대한 대응에서도 한국 경제안보 전략의 반응적 성격이 드러난다. 바이든 행정부가 추진한 일련의 정책들―공급망 재편, 반도체과학법(CHIPS and Science Act), 인플레이션감축법(Inflation Reduction Act: IRA)―에 한국은 사후적 적응에 주력하였다. 한국 반도체 기업들이 중국 내 생산 시설의 유지 및 생산 확대와 관련, 미국 정부로부터

1년 단위로 적용유예(waiver)를 승인 받는 방식으로 문제 해결의 실마리를 찾았다. 한국 정부는 2023년 10월 미국 정부와 적용유예를 무기한 연장하는 방안을 논의하고 있는 것으로 알려졌다. 한국 내에서 뜨거운 논란의 대상이 되었던 IRA의 경우에도, 한국산 전기 자동차에 미치는 충격을 최소화하는 데 초점이 맞추어졌다.

IV. 미중 전략 경쟁과 새로운 경제안보 전략

1. 첨단 기술의 전략적 활용

21세기 한국은 대내외 환경 변화를 반영한 경제안보 전략의 탄력적 변화를 시도해왔다. 이 과정에서 한국은 첨단 기술을 경제안보 전략의 핵심 수단으로 활용하는 특징을 보인다(Lee 2022). 첫째, 한국은 경제와 안보의 넥서스로서 첨단 기술의 가능성에 주목한 경제 안보 전략 가능성을 모색하고 있다. 넥서스의 매개 없이 이루어지는 경제와 안보의 연계는 경제적 강압에 지나지 않는다. 전통적 경제적 통치술이 강대국의 전유물이었던 것은 넥서스에 기반한 실질적 연계 없이 상대국을 압박하는 수단으로 활용하였기 때문이다. 21세기는 경제와 안보를 연계할 것인지 '여부'를 뛰어넘어 경제와 안보를 '어떻게' 연계할 것인가가 핵심 과제이다. 경제안보 전략의 성패는 무엇보다 이슈의 '연계'를 효과적으로 하는 능력에 달려있다. 경제와 안보를 연계하기 위해서는 효과적인 연계를 가능하게 하는 넥서스의 존재를 필요로 한다. 넥서스의 확보가 경제 안보 전략의 성패에 영향을 미치는 관건인 것이다. 개별 국가 수준에서는 경제와 안보의 효과적 연계를 가능하게 하는 넥서스를 확보하는 것이 중요하다(이승주 2022). 한국은 첨단기술을 경제와 안보의 넥서스로서 적극 활용하는 경제 안보 전략을 추구하고 있다. 한국이 첨단기술에 기반한 경제와 안보의 연계를 추구하는 것은 첨단기술 역량, 특히 첨단산업의 제조 역량을 보유하고 있는 소수의 국가 가운데 하나라는 점과 관련이 있다. 한국은 첨단기술 역량을 강대국의 경제적 강압에 대응하고 국제협력을 이끌어내는 지렛대로 활용하는 경제 안보 전략을 구사하고 있다. 첨단기술의 활용은 또한 경제와 안보의 연계로 인해 국내적으로 발생하는 부담과 비용을 최소화하는 이점이 있다는 점에서 한국은 첨단기술을 경제 안보 전략에 긴밀하게 통합한다.

둘째, 21세기 지경학적 도전에 대한 대응 수단으로서 산업정책에서 과거와 차별화된 변화가 발견된다. 지경학적 접근의 핵심은 도전의 성격을 명확히 하고, 이에 초점을 맞춘 대응 수단을 확보하기 위해 노력하는 것이다. 전통적인 경제 안보 전략을 수립·추진하는 과정에서 나타난 지경학적 대응은 선발국의 추격과 후발국의 도전에 대한 대응이라는 다소 모호한 위협 인식에 기반한 것이었다. 그러나 21세기 한국에 가해진 지경학적 위협은 구체적이고 명확하다. 한국은 도소매업, 관광, 콘텐츠 산업 등에 집중된 중국의 경제 제재와 반도체 산업의 공급망 교란을 초래할 수 있는 일본의 첨단 소재 수출통제 위협과 같은 경제적 강압을 직접 경험하였다. 한국이 경제적 강압이라는 명확한 위협에 대응한 반응적 경제 안보 전략을 추구하는 한편, 중국의 경제적 강압을 선제적으로 예방하는 지렛대로서 첨단기술 역량의 강화를 시도하고, 일본의 경제적 강압에 대해서는 구조적 취약성을 감소시키기 위해 첨단산업 소재, 부품, 장비의 경쟁력을 강화하는 양면 전략을 추구하였다. 또한 한국은 경제안보의 향상을 위해 필수적인 대미 협력의 강화에도 첨단기술은 핵심 요소가 되었다. 한미 양국이 반도체와 배터리 등 첨단산업 공급망의 재편에서 상호 호혜적인 파트너로서 협력하고, 첨단과학기술에서도 협력 범위를 사이버, 우주, 퀀텀 등으로 확대하기로 한 것이 대표적인 사례이다(기획재정부 2023). 이처럼 첨단기술은 경제적 강압에 대한 대응뿐 아니라, 국제협력의 강화를 위한 핵심 수단으로 부상하였다.

셋째, 한국은 자국 산업의 보호와 육성 중심의 전통적 산업정책의 범위를 확장하여, 기술 주권의 향상을 위한 혁신 전략을 추구하는 변화를 추구한다. 추격기 산업정책 기반의 경제 안보 전략이 주로 산업 경쟁력의 강화에 초점을 맞춘 반면, 21세기 경제 안보 전략에는 기술 혁신 역량의 강화가 필수적이다. 또 다른 확장의 방향은 첨단산업 생태계의 구조적 취약성을 완화하는 것이다. 이 또한 특정 산업 내 특정 분야의 경쟁력 제고에 초점을 맞추었던 과거의 산업정책과 차별화되는 지점으로, 지정학적 불확실성에 대응하기 위해서는 생태계의 건강성을 강화하는 방향의 변화가 불가피하기 때문이다.

2. 지정학과 지경학의 이중 도전에 대한 대응

지정학과 지경학의 분리를 전제로 한 설명은 양자 사이의 상호작용

메커니즘을 설명하는 데 한계가 있다(이승주 2017). 지정학과 지경학의 상호작용은 궁극적으로 경제 안보 전략, 특히 국내적 차원에서 진행되는 첨단산업 정책을 설명하는 데 도움이 된다. 21세기 한국의 경제 안보 전략이 지정학과 지경학적 이중 도전에 대한 대응이라는 측면에서 산업정책적 요소를 여전히 내포하나, 전통적인 산업정책과 차이가 있다는 점에 주목할 필요가 있다. 전통적 산업정책은 자국 산업의 보호와 육성을 목표로 한다는 점에서 경제 안보 전략의 성격을 내포하였다. 그러나 전통적 산업정책은 추격이라는 중상주의적 목표를 설정하되, 추격의 대상이 불명확하고 도전의 성격을 규명하는 데도 높은 우선순위를 부여하지 않았다. 후발국으로서 대외환경을 전략적으로 활용하는 데 초점을 맞추었을 뿐, 추격의 실체를 명확하게 규명하는 데는 초점을 맞추지 않았다.

한편, 21세기 경제 안보 전략은 도전의 성격 또는 경쟁의 상대를 명시적으로 설정하고, 이에 대한 구체적 대응을 모색한다는 점에서 전통적 산업정책과 차별화된다. 중국과 일본의 경제적 강압, 반도체와 배터리 등 주요 첨단산업의 국내 생산 역량을 강화하려는 주요국들의 자국 우선주의, 코로나19의 확산 과정에서 전세계적으로 퍼져나간 보호주의 등이 21세기 지경학적 도전의 실체이다. 이러한 특징은 다시 대응 전략의 수립과 실행에도 영향을 미친다. 자국 우선주의와 보호주의의 확산은 도전의 성격과 대응의 대상의 규명을 촉진하는 결정적 요인이 되었다. 도전과 상대의 명확성은 대응 수단을 찾는 데 반영된다. 한국은 도전의 성격에 대한 규명을 바탕으로 공급망 복원력 강화, 다변화, 주요 첨단산업의 생태계 구축을 위한 산업

정책을 추구하였다.

또한 21세기 경제 안보 전략은 지정학적 도전에 대한 대응도 내포한다는 점에서 좁은 의미의 지경학적 대응보다 포괄적인 접근으로 변모하고 있다. 전략적 모호성에 기반한 경제 안보 전략은 주로 지경학적 도전에 대한 대응을 초점을 맞춘 경향이 있었다. 미중 전략 경쟁이 격화됨에 따라, 미국과 중국 사이에서 경제와 안보를 분리한 접근을 유지하기 어려운 문제가 두드러졌다. 2018년 무역 전쟁으로 시작된 미중 전략 경쟁은 첨단기술과 주요 산업으로 빠르게 전선을 확대하였다. 이 과정에서 미국은 중국에 대한 견제의 효과를 높이기 위해 동맹 및 파트너들과 협력의 강화를 추구하였고, 중국은 이에 대응하여 미국 주도의 협력 네트워크에서 약한 고리의 분리를 시도하였다. 한국은 미국의 정책 동조화의 압박과 중국의 경제적 강압의 리스크가 커지는 양면의 도전에 직면하게 되었다(Suri and Sharma 2023).

삼성전자 및 SK하이닉스와 같은 한국의 반도체 업체들의 경험은 이러한 딜레마를 잘 보여준다. 바이든 행정부는 반도체과학법(CHIPS and Science Act)에 근거하여 반도체 기업들에게 지급한 보조금을 자국의 반도체 제조 역량 확대와 중국의 기술 혁신을 지연시키는 두 가지 목표를 실현하는 수단으로 활용하였다. 삼성전자는 아리조나(Arizona)주에 170억 달러 규모의 투자를 단행하였고, SK하이닉스는 미국에 반도체 후공정 시설을 건설하기로 하였다. 반면, 미국 정부의 보조금은 이미 중국 내 첨단 반도체 생산 시설을 가지고 있는 삼성전자와 SK하이닉스가 생산 시설을 확대하는 것을 제약할 수 있는 수단이 되었다. 2022년 10월 바이든 행정부가 미국 정부의 보조금을 받는 반도체 기업들의 중국 내 첨단 반도체 생산 시설을 확대할 수 있는 한도를 연 5% 이하로 제한하였다. 반도체 산업의 사례는 경제 안보 전략의 전환을 촉진하는 계기가 되었다.

지경학적 대응의 한계는 한중 관계에서도 나타났다. 중국과의 경제 관계를 확대하는 데 우선순위를 부여하였던 한국은 북핵 위협에 대응하는 수단을 찾는 과정에서 중국과 갈등을 겪게 되었다. 2016년 박근혜 정부가 사드 배치를 결정하자 직전까지 최고조에 달했던 한중 관계가 순식간에 냉각되었다. 더 나아가 중국 정부는 한국에 대한 단체 관광을 금지하고, 화장품, 엔터테인먼트, 도소매업 등에 대한 사실상의 경제적 강압을 실행하였다. 이로 인한 경제적 피해는 한국 GDP의 0.5%에 달하는 것으로 추산되었다(한재진·천용찬 2017). 미국과의 안보 협력 강화와 중국과의 경제적 관계 확대라는 전략적 접근의 한계가 드러나게 된 것이다. 한국 경제 안보 전략에서 지정학과 지경학의 이중 도전에 대한 대응의 필요성이 부각된 배경이다.

3. 예방적 전략의 모색

1) 구조적 취약성의 완화

한국은 구조적 취약성을 완화하는 노력을 강화하고 있다. 이는 경제적 강압에 대한 선제적 대응의 성격도 내포하고 있기 때문에 반응적 전략의 한계를 보완한다는 의미도 있다. 취약성의 완화는 두 가지 차원에서 진행된다. 우선, 한국은 대중 의존도의 감소를 추구하였다. 한국이 2008년 글로벌 금융 위기 이후 중국의 경제적 부상을 적극 활용한 결과, 한중 무역이 빠른 속도로 확대되었다. 그러나 문제는 한중 무역 관계가 비대칭적 상호의존의 전형이라는 점이다. 중국이 한국을 상대로 경제적 강압을 행사할 수 있었던 근본 원인도 이와 관련이 있다.

이와 동시에 한국은 공급망의 구조적 취약성을 완화하는 데 범정부적 노력을 기울였다. 미중 전략 경쟁과 코로나19의 세계적 확산 과정에서 공급망 교란을 경험한 것이 한국이 유일한 것은 아니다. 다만, 한국은 2000년대 이후 중국과의 경제 관계를 확대하는 과정에서 한중 분업 구조를 형성하게 되었다. 이 과정에서 한국은 가치 사슬 내 상류 부문(upstream)에서 중국에 대한 의존도가 커졌다. 한국 정부가 공급망 취약성 분석을 시행한 결과에 따르면, 소재, 부품, 장비 등 중간재에서 대 중국 취약성이 높은 품목의 수가 무려 604개에 달하는 것으로 나타났다(김바우 외 2021). 한국 정부가 소재, 부품, 장비 분야의 구조적 취약성을 완화하기 위한 정책을 제시한 것은 또 다시 발생할 수 있는 공급망 교란뿐 아니라, 경제적 강압에 대응을 위한 것이기도 하다.

2) 산업정책-기술 혁신 넥서스의 확보

한국 경제안보 전략 가운데 지경학적 대응에서 산업 경쟁력과 기술 혁신 역량의 강화에 초점을 맞춘 정책 수단에 대한 의존도가 높아지는 특징을 보인다. 지경학적 목표의 실현을 위해서는 기술-산업 넥서스를 경제안보 전략에 통합하는 것이 우선 과제가 된다. 첨단기술의 최전선에서 경쟁 상대국에 대응하는 데 초점을 맞춘 정부 정책의 중요성이 더욱 커지는 것이다. 좁은 의미의 산업 경쟁력 강화에 초점을 둔 산업정책에서 탈피하여 기술 혁신 역량 강화가 핵심인 산업정책-기술 혁신 넥서스에 초점을 맞춘 전략의 추구 또한 새로운 경제안보 전략의 특징이다. 한국은 첨단기술 능력의 향상에 초점을 맞춘 경제안보 전략으로 변화를 추구해왔다. 특히, 한국 경제안보 전략의 특징은 공급망 안정과 복원력을 강화하는 동시에, 첨단기술 혁신 역량과 산업 경쟁력 강화를 연계하는 첨단기술-산업 넥서스를 강화하는 데 초점을 맞추고 있다(〈표 1〉 참조).

　　한국의 공급망 관리-첨단기술 혁신-산업정책 전략이 개별적으로도 추진되지만, 공급망 관리와 첨단기술 혁신의 연계 그리고 첨단기술 혁신과 산업정책 연계라는 두 가지 차원에서 추진되고 있다는 점이다. 첫째, 공급망 관리와 첨단기술 혁신의 연계이다. 공급망 전략과 관련 한국은 공급망 3법의 제개정을 통해 공급망 관리의 법적·제도적 기반을 강화하는 데 우선순위를 부여하였다. 한국은 2023년 리튬, 니켈, 코발트, 망간 등 핵심 광물 33종을 지정하고, 이 가운데 공급망 안정화에 우선적으로 필요한 10대 핵심 광물을 선정하였다. 핵심 광물의 기준으로는 공급 리스크와 국내 경제적 영향이 고려되었다(산업통상자원부 2023).[5] 주목할 것은 방어적 차원의 공급망 관리에 그치지 않고, 이를 첨단기술의 육성과 연계한다는 점이다. 소재·부품·장비산업(이하 소부장) 경쟁력 강화를 위한 핵심전략기술의 육성이 공급망 관리 차원에서 추진되는 것이다.

둘째, 첨단기술 혁신과 산업정책의 연계이다. 한국은 과학기술정보통신부가 2021년 10대 국가필수전략기술을 선정하고, 2023년 4월 산업통상자원부가 "슈퍼갭 R&D 전략"을 수립한 데서 나타나듯이, 첨단기술 혁신과 산업 경쟁력 강화를 연계하는 전략을 추구하고 있다. 산업정책의 범위를 확대하여 첨단기술 혁신과 연계하는 전략은 반응적 성격의 경제안보 전략의 한계를 보완하는 효과가 있다. 한국 정부는 2021년 12대 핵심 국가전략기술을 선정하고, 집중적인 지원을 제공하기로 한 데서 한국의 경제안보 전략에서 첨단기술 능력 강화의 중요성이 잘 나타난다. 한국 정부가 이러한 결정을 한 것은 기술 주권의 강화가 첨단기술 경쟁에 대한 대응 수단이 될 뿐 아니라, 다른 국가들과의 협력을 위한 지렛대가 된다고 인식하였기 때문이다. 반도체와 배터리의 사례에서 나타나듯이, 한국은 첨단기술 혁신과 제조 역량을 갖춘 국가로서 하나로서 위상을 확보하고 있기 때문에, 많은 국가들의 협력 요청이 쇄도하고 있다. 기술 혁신 역량을 지속적으로 제고하는 것이 국제협력을 강화하는 것은 물론, 미중

---

5 경제적 영향에는 수입 규모, 수요 확장, 산업 중요성, 탄소 중립 광물, 공급 리스크에는 자원 편재성, 수급 불안정, ESG 준수, 리스크 대응력을 고려하였다(산업통상자원부 2023).

〈표 1〉 한국의 공급망–기술 혁신–산업정책의 연계

공급망 전략	• 공급망 3법
	  − 소재·부품·장비산업 경쟁력 강화를 위한 특별조치법 일부개정법률안(소부장특별법) (2023년 5월)
	  − 공급망 안정 품목 선정
	  − 핵심전략기술 관련 품목의 생산·수급에 미치는 영향이 있거나, 교역 규모 및 국제 분업구조, 해외 특정 지역이나 국가로부터의 수입 비중, 국가 경제와 안보에 미치는 영향 등을 종합적으로 고려해 선정
	  − 중국 등 특정국 의존도를 50%까지 낮추기 위해 공급망 안정 품목을 119개에서 200개까지 확대 추진
	  − 경제안보를 위한 공급망 안정화 지원 기본법 (공급망 기본법: 경제안보 품목 지정) (2023년 12월)
	  − 경제 안보 관점에서 공급망 관리 시스템 구축
	  − 국가자원안보특별법 (2023년 11월 국회 상임위 통과)
	  − 5년 주기 자원안보기본계획 수립
	  − 자원안보위원회 설치
	  − 조기경보체계 구축
	  − 핵심 자원 비축 의무
	• 소부장 경쟁력 강화를 위한 100대 핵심전략기술 (2020)
	• 소부장 경쟁력 강화를 위한 7대 분야 150대 핵심전략기술 (2022년 10월)
	• 소부장 경쟁력 강화를 위한 10대 분야 200대 핵심전략기술 (2023년 4월)
	• 소부장 글로벌화 전략
	• '슈퍼 을' 육성 전략
	• 핵심광물 확보전략 (2023년 2월)

기술 혁신 전략	• 10대 국가필수전략기술 (2021년 10월)
	  − 연구개발에 3.3조원 투입
	  − Korean DARPA
	• 12대 국가필수전략기술 (2022년 10월)
	  − 50대 세부 중점 기술별 전략 로드맵
	  − 연구개발 5년간 25조 투입
	  − 콘트롤 타워: 과기부
	• 슈퍼갭 R&D 전략 (2023년 4월)
	  − 3대 주력 기술: 반도체, 디스플레이, 차세대전지
	  − 11개 부문 40개 기술
	  − 160조원 민관 연구개발 자금 투입(~2027년)
	  − 산업부

산업 정책	• K-CHIPS Act (2023)
	• 반도체 클러스터
	  − 300조원 민간 투자 촉진 (2022~2042)
	  − 반도체 소부장 기업 150개 유치
	  − 반도체 산업 생태계 형성
	• 핵심 광물 확보 전략 (2023년 2월)
	• 공급망 리스크 분석: 33종 핵심 광물 중 10대 전략 핵심 광물 선정
	• 경제적 영향 + 공급 리스크
	• 산업통상자원부

출처: 각종 자료를 취합하여 저자 정리

전략 경쟁과 같은 불확실성에 선제적으로 대비하는 데 기여한다는 점에서 첨단기술의 활용은 한국의 경제안보 전략의 주요 요소라고 할 수 있다.

첨단산업의 진흥은 기술 주권의 향상과 경쟁력 강화를 명시적으로 추구한다. 이는 첨단기술의 최전선에서 선도적 위치를 계속 유지해야 한다는 전략적 판단의 결과이다. 이러한 면에서 한국의 전략적 판단은 지정학과는 유리된 지경학적 요인에 근거한 것이라고 할 수 있다. 첨단산업의 최전선에 위치한다는 것은 리스크가 불확실성으로 변화하는 것을 의미하는데, 이때 국가 역할의 축소가 아니라 확대가 요구된다. 인내심 있는 자본, 네트워크적 협력을 통한 기업 능력의 향상, 정부 구매를 통한 수요 창출 등 다양한 정부의 역할이 필요한데, 이를 효과적으로 수행하기 위해서는 그에 걸맞은 거버넌스를 수립하는 것이 필수이다.

V. 결론 및 정책 제언

초불확실성 시대 경제안보 전략의 최우선순위는 이익의 극대화가 아니라, 리스크의 관리여야 한다. 리스크의 관리는 이슈를 유기적으로 연계하고, 수단을 효과적으로 결합하며, 제약 및 기회 요인 사이의 조화와 균형을 유지하는 것을 말한다.[6] 리스크의 관리는 때로는 그 효과 또는 이익이 상쇄될 것으로 예상되는 정책을 전략적으로 동시

---

6 결론 및 정책 제언은 이승주(2022)를 활용한 것임.

에 구사하는 것을 필요로 한다. 이를 통해 비록 국가 이익을 극대화하지는 못하더라도, 적정 수준의 국가 이익을 확보하는 가운데 리스크를 관리할 수 있게 된다.

21세기 경제와 안보의 연계가 불가피해짐에 따라 경제적 통치술(economic statecraft)의 귀환이 주목받고 있다(Aggarwal and Reddie 2020). 한국의 경제안보 전략은 한국의 하드파워, 국제정치적 지위, 세계 경제 네트워크 내 위치, 전략적 도전의 성격 등을 통합하여 담아내되, 지구적 도전에 대응하는 데 있어서 한국의 기여 등 보편과 특수의 결합을 지향할 필요가 있다. 한국의 특수성을 과도하게 강조하는 '한국형' 경제안보 전략을 추구하는 것은 한국과 같이 대외 의존도가 높은 국가에게는 자국 우선주의를 촉발하여 우호적이지 않은 대외 환경을 자초할 위험성이 있다는 점에 유의할 필요가 있다.

이러한 현실을 고려할 때, 한국 경제안보 전략의 첫 번째 전략은 연계이다. 경제 영역과 안보 영역이 연계되는 시대에는 전략적 우위를 확보하기 위해서는 넥서스를 가능한 한 많이 확보하는 것이 중요하다. 연계 전략은 이슈 연계와 장(forum)의 연계로 나누어진다. 이슈 연계와 관련, 한국은 경제와 안보의 효과적 연계에 활용할 수 있는 첨단기술 역량의 강화에 기반한 국제협력 전략을 추구할 필요가 있다. 연계 전략은 양자, 소다자, 지역, 다자 등 다양한 장을 활용하는 데도 필요하다. 한국은 한미 동맹을 국제협력 전략의 핵심으로 하되, 이를 배타적으로 운용하는 것이 아니라, 다양한 협력의 장과 연계하는 전략이 필요하다.

한국 경제안보 전략의 두 번째 전략은 다양한 이익을 유기적으로 결합하는 것이다. 초불확실성 시대에는 국가가 추구해야 할 이익의 범주가 확대될 수밖에 없는데, 이 과정에서 목표의 불일치, 더 나아가 상충이 발생할 가능성이 높다. 한국 역시 기술 주권의 강화와 국제협력의 추진이라는 일견 상충적인 목표를 추구하고 있다. 일상적인 시기 기술 주권의 강화는 다른 국가들과의 경쟁을 염두에 둔 배타적 전략으로 인식되기 때문에, 국제협력전략과 조화되기 어렵다. 그러나 이처럼 상충될 가능성이 높은 두 가지 목표 사이의 내적 긴장 관계를 해소하고, 더 나아가 양자 사이의 시너지를 낼 수 있는 전략적 접근이 요구된다. 특히 지금과 같은 초불확실성 시대에는 기술 주권의 강화가 불가피한 측면이 있다. 다만, 기술 주권의 강화를 배타적으로 추구할 것이 아니라, 이를 국제협력의 수단으로 활용하는 것이 필요하다. 첨단기술 역량을 확보하지 못할 경우, 국제협력을 위한 논의에 초대되지 못할 것이기 때문이다.

한국 경제안보의 세 번째 전략은 국가 이익과 민간 이익 사이의 균형이다. 경제안보의 향상을 위해서는 국가와 민간 사이의 협력과 조정이 필수적인 시대가 되고 있다. 특히, 경제안보 전략을 이행하는 실질적인 주체가 기업이라는 점에서 정부와 기업 간 협력의 중요성은 아무리 강조해도 지나치지 않다. 그러나 국가의 이익과 기업의 이익이 언제나 동일한 것은 아니며, 때로는 상충될 수도 있다는 점에 유의할 필요가 있다. 더욱이 국가 이익과 기업 이익 사이의 괴리가 커질 때, 경제안보 전략의 효용이 감소할 수밖에 없다. 이러한 면에서 경제안보 전략의 효과성은 국가가 기업의 이익을 통합하는 능력에 달려있다고 해도 과언이 아니다(Norris 2016). 국가 이익과 기업

이익에 대한 균형적 접근이 필요한 이유이다. 국가는 경제안보 전략을 독자적으로 선도하기보다 경제안보 전략 이행의 일차적 주체로서 기업의 이익과 전략을 체계적으로 파악하고, 촉진자의 역할을 추구할 필요가 있다.

참고 문헌

기획재정부. 2023. "한미 첨단기술동맹으로 핵심산업 경쟁력 강화." [보도참고자료]. 4월 30일.

김바우, 김윤수, 김계환. 2021. "한국 산업의 공급망 취약성 및 파급경로 분석." 『산업연구원』. 11월 18일.

김소연. 2023. "동아시아 지역 내 미국 동맹국의 대중국 헤징전략 연구: 한국과 호주 사례의 비교." 『중국사회과학논총』. 5, 2: 88-117.

김진기. 2011. "한국의 방위산업 발전전략에 대한 연구." 『한국동북아논총』. 58: 119-138.

류상영. 1996. "박정희정권의 산업화전략 선택과 국제 정치경제적 맥락." 『한국정치학회보』. 30, 10: 151-179.

반길주. 2020. "동북아 국가의 한국에 대한 회색지대전략과 한국의 대응방안." 『한국군사』. 7: 35-69.

산업통상자원부. 2023. "첨단산업 글로벌 강국 도약을 위한 핵심광물 확보전략." 2월 27일.

양재진. 2012. "산업화 시기 박정희 정부의 수출 진흥 전략 수출 진흥과 규율의 정치경제학." 『동서연구』. 24, 3: 5-28.

이승욱. 2021. "한국의 FTA 전략과 지경학적 상상으로서 '경제영토'." 이승주 책임편집. 『세계정치: 지경학의 기원과 21세기적 전환』. 서울: 사회평론아카데미.

이승주. 2010. "FTA의 확산과 동아시아 지역주의의 중층화." 『한국정치외교사논총』. 32, 1.

_____. 2017. "동아시아 지역경제질서의 다차원화: 지정학과 지경학의 상호작용." 『한국과 국제정치』. 33, 1: 169-197.

_____. 2021. "세계 경제의 네트워크화와 미중 전략 경쟁: 복합 지경학의 부상." 『정치정보연구』. 24, 3.

_____. 2022. "초불확실성 시대 한국의 경제안보전략." 『JPI PeaceNet』.

_____. 2023. "일본과 새로운 산업정책의 대두: 이익·정책 이념·제도 간 상호작용." 『한국정치학회보』. 57, 1: 143-168.

한재진, 천용찬. 2017. "최근 한중 상호간 경제 손실 점검과 대응 방안 – 한중 간 경제 협력 관계 재정립이 시급하다!" 『현대경제연구원』.

Aggarwal, Vinod K. and Andrew W. Reddie. 2020. "New Economic Statecraft: Industrial Policy in an Era of Strategic Competition." *Issues & Studies* 56, 2.

Bals, Lydia, Jon F. Kirchoff, and Kai Foerstl. 2016. "Exploring the reshoring and insourcing decision making process: toward an agenda for future research." *Operations Management* 9, 3-4: 102-116.

Carroll, Toby. 2023. "Constrained, competing and eking – the limits of economic statecraft in East Asia after national development." *The Pacific Review* 36, 5: 949-977.

European Commission. 2023. "An EU approach to enhance economic security." European *Commission Press Corner* June 20.

Higgott, Richard. 1998. "The Asian economic crisis: A study in the politics of resentment." *New Political Economy* 3, 3: 333-356.

Irwin, Douglas. 2023. "The Return of Industrial Policy." *International Monetary Fund*. June.

Katada, Saori N., Ji Hye Lim and Ming Wan. 2023. "Reshoring from China: comparing the economic statecraft of Japan and South Korea." *The Pacific Review* 36, 5: 1005-1034.

Kennedy, Andrew B. and Darren J. Lim. 2019. "The innovation imperative: technology and US–China rivalry in the twenty-first century." *International Affairs* 94, 3: 553-572.

Lee, Seungjoo. 2012. "The Emergence of an Economic-Security Nexus and the Diversity of FTA Linkage Strategies in East Asia." *The Korean Journal of Policy Studies* 27, 1: 109-129.

_____. 2022. "South Korea's Economic Statecraft in a Risky High-Tech World." *Global Asia* 17, 4: 34-38.

Liao, Jessica C. and Serena Waters. 2023. "State capacity, economic statecraft, and markets: Northeast Asian states' rise (and fall) as global coal capital powers." *The Pacific Review* 36, 5: 1032-1066.

Norris, William J. 2016. *Chinese Economic Statecraft: Commercial Actors, Grand Strategy, and State Control*. Ithaca: Cornell University Press.

Sohn, Yul. 2019. "South Korea under the United States–China rivalry: dynamics of the economic-security nexus in trade policymaking." *The Pacific Review* 32, 6: 1019-1040.

Suri, Moksh and Abhishek Sharma. 2023. "South Korea's Economic Security Dilemma." *The Diplomat* January 25.

Walter, Andrew. 2008. *Governing Finance: East Asia's Adoption of International Standards.* Ithaca: Cornell University Press.

Weiss, Linda and Elizabeth Thurbon. 2021. "Developmental State or Economic Statecraft? Where, Why and How the Difference Matters." *New Political Economy* 26, 3: 472-489.

저자약력

김연규 한양대학교 국제학대학원 원장 및 교수, 글로벌 기후환경학과 교수 및 한양에너지환경연구원(HY-IEE) 원장. 서울대학교 노어노문학과를 졸업하고 미국 퍼듀대학교(Purdue University)에서 정치학 박사학위를 취득하였다. 미국 허드슨연구소(Hudson Institute) 초빙연구원, 미국 드포대학교(DePauw University) 초빙조교수를 역임하였다. 주요 연구분야는 에너지안보, 국제석유정치, 자원생산국의 정치경제 문제, 첨단산업, 핵심광물지정학 등이다. 산업통상자원부 지원 글로벌에너지정책전문가 사업(GETPPP: Global Energy Technology Policy Professionals Program), 개도국공무원 에너지기술정책 석박사 과정 프로그램을 운영하고 있으며 산업통상자원부 '민간자원안보자문단' 위원이다, 주요 저서로 『전기차배터리순환경제』(한울아카데미, 2023) 『가난한 미국 부유한 중국』(라의 눈 출판사, 2022) 『한국의 미래에너지 전략 2030』(한울아카데미 2018) 등이 있으며, 주요 논저로는 "Iran and Afghanistan between China and India: Great Power Competition for Regional Connectivity in South, Central Asia," "2005년 이후 중국의 글로벌 희토류 공급망 장악과 미국의 대응," "The Emerging US-China-Russia Strategic Triangle in Central Asia: Still Defying Great Power Expectations?", "The Peaceful Rise of China Sino-Russian Rivalry in Central Asia", "Rethinking Security in Central Asia: Contending Paradigms and Current Perspectives", "Rethinking China's Approach to Border Disputes: China's Border Policy Toward Central Asia, 1991-2011", "The Arctic: A New Issue on Asia's Security Agenda", "Why is Russian Energy Policy Failing in East Asia?", "Russia and the Six-Party Process in Korea" 등이 있다.

김용신 인하대학교 중국학과 교수. 연세대학교 인문학부에서 중문학·사회학을 이중 전공하고, 정치외교를 부전공으로 하여 학부를 졸업했다. 이후 같은 학교에서 정치학 석사학위를 취득한 후, 미국 하와이대에서 중국 정치 전공으로 박사학위를 취득했다. 박사학위 과정 당시 홍콩 중문대학교, 베이징대학교, 난카이대학교 등에서 방문학자로 있으면서 중국 관련 연구를 진행한 바 있다. 주요 연구 분야는 중국 정치경제이다.

배영자 건국대학교 정치외교학과 교수. 서울대학교 외교학과를 졸업하고, 미국 노스캐롤라이나 주립대학에서 정치학 박사학위를 취득하였다. 주요 연구분야는 국제정치경제, 해외투자의 정치경제, 과학기술과 국제정치, 과학기술외교 분야이다. 주요 논문과 저서로 "과학기술의 세계정치 연구"(2021), "국제정치패권과 기술혁신: 미국 반도체 기술 사례"(2020), "외국인 직접투자 규제와 국가안보: 미국 사례를 중심으로"(2020), 『중견국 공공외교』(2013) 등이 있다.

손열 재단법인 동아시아연구원(East Asia Institute) 원장, 연세대학교 국제학대학원 교수. 시카고대학교 정치학 박사학위를 취득하였으며, 중앙대학교를 거쳐, 연세대학교 국제학대학원 원장과 언더우드국제학부장, 지속가능발전연구원장, 국제학연구소장 등을 역임하였고, 도쿄대학 특임초빙교수, 노스캐롤라이나대학(The University of North Carolina at Chapel Hill), 캘리포니아대학(University of California, Berkeley) 방문학자를 거쳤다. 한국국제정치학회 회장(2019)과 현대일본학회장(2012)을 지냈다. Fullbright, MacArthur, Japan Foundation, 와세다대 고등연구원 시니어 펠로우를 지내고, 외교부, 국립외교원, 동북아역사재단, 한국국제교류재단 자문위원, 동북아시대 위원회 전문위원 등을 역임했다. 전공분야는 일본외교, 국제정치경제, 동아시아국제정치, 공공외교이다. 최근 저서로는 『개념전쟁: 아시아에서인도-태평양까지, 강대국의 공간 지배 전략과 한국의 선택』(2023), 『2022 대통령의 성공조건』(2021, 공편), 『2022 신정부 외교정책제언』(2021, 공편), 『BTS의 글로벌 매력 이야기』(2021, 공편), 『위기 이후 한국의 선택』(2021, 공편), Japan and Asia's Contested Order (2019, with T. J. Pempel), Understanding Public Diplomacy in East Asia (2016, with Jan Melissen), "South Korea under US-China Rivalry: the Dynamics of the Economic-Security Nexus in the Trade Policymaking"(2019), 『한국의 중견국외교』(2017, 공편) 등이 있다.

이승주 EAI 무역·기술·변환연구센터 소장, 중앙대학교 정치국제학과 교수. 미국 캘리포니아 버클리대학교(University of California at Berkeley)에서 정치학박사를 취득했다. 싱가포르국립대(National University of Singapore) 정치학과 교수를 역임했다. 현재 국방부 정책자문위원, 외교부 경제안보외교자문위원회 위원, 한국국제정치학회 이사로 활동하고 있다. 저서 및 편저서로는 『Korea's Middle Power Diplomacy: Between Power and Network, Trade Policy in the Asia-Pacific』, 『사이버 공간의 국제정치경제』, 『일대일로의 국제정치』, 『미중 경쟁과 디지털 글로벌 거버넌스』 등이 있다. 이외에 "South Korea's Economic Statecraft in a Risky High-Tech World", "Changes in Interdependence, US-China Strategic Competition, and the New Dynamics of the East Asian Regional Order", "기술과 국제정치: 기술 패권경쟁시대의 한국의 전략", "세계 경제의 네트워크화와 미중 전략 경쟁: 복합 지경학의 부상", "경제·안보 넥서스(nexus)와 미중 전략 경쟁의 진화", "디지털 무역 질서의 국제정치경제", "Institutional Balancing and the Politics of Mega FTAs in East Asia", "불확실성 시대의 국제정치경제: 자유주의 국제질서의 위기?" 등 다수의 논문을 발표하였다.

이왕휘 아주대학교 정치외교학과 교수. 영국 런던정치경제대학교(LSE)에서 국제정치학 박사학위를 취득하였다. 주요 연구분야는 국제정치경제, 미중 경제관계 및 기업-국가 관계이다. 주요 논저로 "중국사와 국제정치: 21세기 중국 역사공정의 국제정치적 함의"(2023), "미중 전략경쟁 시대 지정학적 리스크와 경제안보"(2022), "대만의 경제안보: 신남향정책과 반도체 산업"(2023), "글로벌 금융위기 이후 중국 발전모델의 변화 반도체 산업정책 사례"(2022) 등이 있다.

이용욱 고려대학교 정치외교학과 교수. 미국 캔자스 대학에서 동아시아학을 전공하고, 남캘리포니아대학교(University of Southern California)에서 국제관계학 박사학위를 취득하였다. 구성주의 이론을 토대로 국제정치경제를 연구하고 있으며, 주요 연구분야로는 동아시아 금융통화 거버넌스와 지역협력, 글로벌 통화체제의 동학(달러체제의 미래와 위안화 국제화), 대안세계질서, 한국의 금융외교 등이다. 최근 논저로는 "Status Quo Crisis Again? RMB Challenges and Dollar Hegemony (Forthcoming)," "관계론으로 본 지역의 형성과 발전 (Forthcoming)," "Experience, Communication, and Collective Action: Financial Autonomy and Capital Market Development in East Asia (2022)" 등이 있다.

이효영 국립외교원 부교수. KDI 국제정책대학원 정책학 석사학위를 취득한 후, 서울대학교 국제학 박사학위(국제통상 전공)를 취득하였다. 국립외교원 부임 전 대외경제정책연구원 부연구위원, 청와대 경제수석실 행정관으로 재직하였다. 주요 저서 및 논문으로는 『디지털통상론』(2024), "글로벌 공급망 재편 시대 주요국의 통상정책과 시사점"(2023), "경제안보의 관점에서의 디지털무역 규범과 우리의 디지털경제 외교 전략"(2022) 등이 있다.

전재성 동아시아연구원 국가안보연구센터 소장, 서울대학교 정치외교학부 교수. 현재 통일부/외교부/국방부/육군/해군 자문위원을 맡고 있다. 한국국제정치학회 회장(2021), 서울대 국제문제연구소장, 서울대 통일평화연구원 부원장직을 맡은 바 있다. 일본 게이오 대학교 방문교수를 2년 간 역임한 바 있다. 주요 연구분야는 국제정치이론, 국제관계사, 동아시아 안보론, 한국외교정책 등이다. 서울대학교 외교학과 학사, 석사를 거쳐, 미국 노스웨스턴 대학교에서 국제정치이론으로 국제정치학 박사를 받았다. 주요 저서로는 『동북아 국제정치이론: 불완전주권국가들의 국제정치』(서울: 한울, 2020), 『주권과 국제정치: 근대주권국가체제의 제국적 성격』(서울: 서울대학교 출판문화원, 2019), 『정치는 도덕적인가?: 라인홀드 니버의 초월적 현실주의』(서울: 한길사, 2012), 『동아시아 국제정치: 역사에서 이론으로』(서울: 동아시아연구원, 2011)등이 있다. 편저로는 『동아시아 지역질서 이론: 불완전 주권과 지역갈등』(서울: 사회평론, 2018), 『복잡성과 복합성의 국제정치』(서울: 사회평론, 2017), 『미중 경쟁 속의 동아시아와 한반도』(서울: 늘품플러스, 2015) 등이 있다.

미중 경제전쟁과 한국
경제안보의 부상, 위기와 기회

초판 1쇄   2024년 4월 1일 발행
편저자   손열, 이승주

발행인   하영선
발행처   (재)동아시아연구원
주소   03028 서울특별시 종로구 사직로7길 1
전화   02-2277-1683
팩스   02-2277-1684
홈페이지   www.eai.or.kr
등록   제2-3612호(2002. 10. 7.)

ISBN   979-11-6617-735-4

이 책에 실린 글과 이미지의 무단전재·복제를 금합니다.
이 책 내용의 전부 또는 일부를 재사용하려면 반드시 발행처의 동의를 받아야 합니다.